Para

De

Fecha

Un año con Dios

Un año con Dios

365 devocionales para la mujer

8950 SW 74th Court, Suite 2010
Miami, FL 33156

Editora en general: Keila Ochoa Harris
Colaboración: Keila Ochoa Harris (ko), Margie Hord de Méndez (mh),
Mayra Gris (mg), Yuri Flores (yf)
Diseño de cubierta: www.produccioneditorial.com
Foto de cubierta: Wacomka/Shutterstock

Impreso en China / *Printed in China*

ISBN: 979-8-89098-169-1

24 25 26 27 28 29 10 9 8 7 6 5 4 3 2 1

Introducción

¿Te gustan los rompecabezas? No solo son pasatiempos para niños, sino para adultos también. Los científicos han concluido que ayudan a mejorar la memoria y a fomentar **conexiones** mentales. Además, nos ayudan a ejercitar los músculos de la creatividad, la tenacidad y la perseverancia.

Sin embargo, si sostienes una sola pieza del rompecabezas, ¿serías capaz de imaginar el producto final? Probablemente no. Del mismo modo, si tomas un solo proverbio bíblico no puedes ver el panorama completo de la vida humana. Cada proverbio debe ser estudiado de este modo: como una pieza del rompecabezas. En otras palabras, un proverbio no contiene "toda" la enseñanza sobre un tema.

Además, ¿te ha pasado que estás a punto de terminar el rompecabezas y te das cuenta de que te falta una pieza? Te aseguro que no estarás tranquila hasta encontrarla, porque ¡es indispensable! Así también sucede con los proverbios. Si decides prestar atención a los proverbios que hablan del dinero, pero desestimas los que enseñan a cuidar tus palabras, estarás menospreciando una parte importante de la sabiduría.

Los proverbios en conjunto nos ayudarán a saber, en diferentes situaciones, qué es lo correcto. Nos guiarán en esas áreas grises de la vida para actuar con justicia y equidad. Nos mostrarán, paso a paso, el cuadro final de la sabiduría divina, que producirá una vida fructífera.

Recuerda que siempre son las piezas pequeñas las que forman el gran cuadro. Así que, te invitamos a tomar una pequeña pieza del rompecabezas de la sabiduría, para hacer las conexiones pertinentes y ser sabia, un proverbio a la vez.

¿Comenzamos?

I DE ENERO

El temor del Señor es la base del verdadero conocimiento,
pero los necios desprecian la sabiduría y la disciplina.

Proverbios 1:7, NTV

Un dicho popular declara que: "Libros y años hacen al hombre sabio". Ciertamente el estudio es importante, así como la experiencia. Pero este proverbio nos recuerda que hay algo aún más fundamental en el centro de la sabiduría, y esto es el temor del Señor.

Me fascina una historia de mi suegra. Uno de sus yernos fue marxista convencido, con más de un doctorado, y había sido activo en el movimiento estudiantil de los años sesenta en México. Alguna vez comentó que se admiraba de la sabiduría de su suegra, que provenía de un pueblo indígena y nunca estudió una carrera. ¿Cómo podía un hombre estudiado admirar a una mujer humilde y sin estudios? Ella tenía un secreto: su fe en Jesús. A mí no me sorprendía la sabiduría de mi suegra, pues quien conoce a Dios y realmente estudia su Palabra está en contacto con la sabiduría más pura del mundo.

¿Qué es el temor a Dios? Además de ser un profundo respeto y reverencia por Dios, conlleva algo más. En Romanos 3, se da una descripción extensa de cómo actuamos los seres humanos cuando pecamos y estamos lejos de Dios. Una característica de las personas que rechazan a Dios es que "no tienen temor de Dios en absoluto" (v. 18, NTV). En otras palabras, quien no es hijo de Dios, no podrá tener temor de Dios y, por lo tanto, no tendrá la base de la verdadera sabiduría.

Quizá tú no tienes maestrías y doctorados, pero puedes ser sabia. Aun cuando seas joven, puedes ser sabia. La clave de la sabiduría está en conocer a Jesús como salvador y recibir de Él la sabiduría. ¿Has creído en Jesús?

Señor, quiero tener temor de ti.

MH

2 DE ENERO

Las decisiones sabias te protegerán;
el entendimiento te mantendrá a salvo.

Proverbios 2:11, NTV

¿Has escuchado el dicho: "Más vale maña que fuerza"? Aunque admiramos a los fortachones que sorprenden con sus hazañas, más nos impactan los listos y sabios, puesto que las consecuencias de sus acciones son más duraderas.

Una mujer tomó una decisión inapropiada y terminó en una profesión poco honrada. La ubicación de su vivienda reflejaba su poca respetabilidad. No sabemos qué la empujó a hacerlo; tal vez no tenía otra manera de sostener a su familia. Pero a pesar de su mala fama, su vida dio un giro cuando tomó una decisión sabia, que la protegió de la muerte a ella y a toda su familia.

Me refiero a la ramera Rahab. Este versículo habla sobre "decisiones sabias" que mantienen a alguien a salvo, y describe perfectamente a Rahab. Ella creyó que el Dios de los israelitas era el verdadero y escondió a los espías hebreos. Cuando los espías se marcharon, le dijeron que dejara un cordón escarlata colgando de su ventana para identificarse y ser salva cuando los israelitas atacaran la ciudad (Josué 2:18). Rahab hizo lo que le habían pedido y, aun cuando la población de Jericó fue destruida, ¡ella y sus familiares se salvaron!

Ese cordón rojo puede tomarse como un símbolo de la sangre de Cristo que representa la salvación. La decisión más sabia, y la que nos mantendrá a salvo por siempre, es creer que Jesús es Hijo de Dios, el salvador que necesitamos. ¿Has tomado una decisión al respecto? Da el paso; de ti depende hacerlo.

Señor, guíame para tomar decisiones sabias y recibir tu protección.

MH

3 DE ENERO

Hijo mío, nunca olvides las cosas que te he enseñado...
Si así lo haces, vivirás muchos años.

Proverbios 3:1-2, NTV

"La danza de los viejitos" es un legado prehispánico de la cultura purépecha de Michoacán, México. Cuatro bailarines llevan una máscara de madera con expresiones sonrientes de ancianos desdentados y rubicundos. Con un toque humorístico, los "viejitos" hacen alarde de su edad caminando de manera encorvada apoyándose en su bastón, y entre achaques y caídas demuestran gran agilidad zapateando con sus sandalias al ritmo de la música. Esta danza fue declarada por la UNESCO un patrimonio cultural intangible de la humanidad en el año 2010.

Es de gran manera deseable tener "largura de días y años de vida y paz" y, como estos viejitos, tener un rostro alegre, saludable y hasta poder bailar un buen danzón. Las mujeres maduras nos ponemos cremas, maquillaje, nos teñimos el cabello y, a veces, pareciera que usamos una máscara para disimular también nuestras tristezas y dolores.

El versículo de hoy nos recuerda que el secreto para vivir muchos años y hallar una vida que nos dé satisfacción es llevar siempre presentes las enseñanzas de la Biblia y obedecer sus mandatos. Como dice el salmista: "Felices son los íntegros, los que siguen las enseñanzas del Señor" (Salmos 119:1, NTV).

Quizá estás comenzando tu vida o llevas muchos años transitando este mundo. Recuerda que las arrugas o la falta de ellas no son símbolo de satisfacción. La satisfacción está en poder vivir con abundancia al obedecer a Dios y pensar cada día en la Palabra que nos protege, nos bendice, nos vivifica y, además, ¡es gratis!

Dios, quiero obedecerte y vivir para tu gloria todos los días de mi vida.

MG

4 DE ENERO

Pues yo, igual que ustedes, fui hijo de mi padre, amado tiernamente como el hijo único de mi madre.

Proverbios 4:3, NTV.

El proverbio de hoy nos anima a escuchar a nuestros padres. Pero ¿qué opinas de estos consejos? "Las respuestas a los problemas de la vida no se encuentran en el fondo de la botella… ¡se encuentran en la televisión!". O: "Niños, hicieron su esfuerzo y fracasaron miserablemente. La lección es: nunca se esfuercen". Estas son frases de Homero Simpson, el personaje animado que representa a un padre tonto, pero divertido, según la crítica.

No puedo presumir de haber tenido padres ejemplares. Mi padre era muy seco y cortante; no recuerdo que me haya abrazado o me haya dicho palabras de cariño. Mi madre era maestra y, tan pronto llegaba del trabajo, cocinaba y luego ayudaba en la tortillería de mi papá. Ninguno de los dos conocía a Cristo, así que las correcciones de mi padre que recuerdo son injustas y violentas.

Al conocer a Dios, me costó aceptar su corrección, ya que no sentía respeto por la corrección de mi padre. Mi alma se volvió rebelde e, incluso, me negaba a llamar a Dios "Padre". El Señor trabajó en mi corazón, ¡y logró conquistarlo! Hoy puedo decir que: "la disciplina de Dios siempre es buena para nosotros, a fin de que participemos de su santidad" (Hebreos 12:10, NTV).

Yo no sé las vivencias que hayas tenido en tu niñez, pero si se vio afectada negativamente por un padre terrenal imperfecto, existe un Padre perfecto, sabio y amante que puede reconstruir nuestra vida y que también puede arreglar el pasado para que, al oír su corrección, podamos adquirir inteligencia.

Amado Padre, moldea de tal manera mi corazón que siempre esté dispuesta a escuchar tu corrección.

YF

5 DE ENERO

Sea bendito tu manantial,
y alégrate con la mujer de tu juventud.

Proverbios 5:18, RVR1960.

Un manantial se puede detener poco a poco, con una piedra a la vez. Si te lo propones, y cada día colocas una piedra cerca de la naciente del agua, la corriente se hará menor en unos meses, y eventualmente, harás que desaparezca o encuentre otro camino.

En el proverbio de hoy, el manantial representa el matrimonio y la intimidad sexual de una pareja. La sabiduría desea que toda pareja sea bendecida y que se disfruten el uno al otro. Tristemente, muchas veces vamos colocando piedras, una a la vez, que detienen el flujo de una relación. ¿Algunas de ellas? Los problemas no resueltos, las expectativas que sobrepasan la realidad, los anhelos o preferencias que no se comparten, las excusas para no estar juntos.

Salomón, el escritor de muchos de estos proverbios, no supo ser el mejor ejemplo en esta área. Sin embargo, también nos dejó una serie de poemas que le escribió a una de sus primeras esposas, en el cual leemos: "Atrapen todos los zorros, esos zorros pequeños, antes de que arruinen el viñedo del amor" (Cantar de los Cantares 2:15, NTV).

Si eres casada, no arruines el manantial. Arregla a tiempo las cosas, aunque sean pequeñas. Expresa con amor tus gustos y tus deseos. Pide perdón aun en lo que parezca una nimiedad. Aclara tus expectativas y conversa mucho con tu pareja. Si no eres casada, los mismos consejos aplican para tu relación con tus hijos, tus amigos o tus compañeros de trabajo. Cuidemos el manantial de las relaciones sanas. No olvides que se arruinan una piedra a la vez.

Señor, que mi manantial sea bendito y encuentre gozo en él.

KO

6 DE ENERO

Tú, holgazán, aprende una lección de las hormigas.
¡Aprende de lo que hacen y hazte sabio!

(Proverbios 6:6, NTV)

En un programa de televisión investigan casos de personas que son adictas a la acumulación de objetos. Por pereza no ordenan sus posesiones, ni saben desechar lo que ya no es útil. Sus casas son un verdadero basurero.

Cuando era recién casada, y aún más cuando tenía hijos chicos, me di cuenta de que el quehacer de una casa era casi interminable. Si me sentaba a ver la televisión o a hojear un libro, volaba el tiempo y no me alcanzaban las horas para limpiar la casa, lavar la ropa y hacer la comida. Por eso trataba de disciplinarme y solo permitirme esos pequeños lujos cuando había hecho lo más importante. ¡Confieso que no siempre lo lograba!

La naturaleza nos da muchas enseñanzas y, en este proverbio, nuestro ejemplo son unos pequeños insectos. Las hormigas hacen su deber; son productivas y cumplen con el propósito que Dios designó. No cesan de llevar alimentos y construir sus hormigueros. No se distraen de lo más importante; no son holgazanas. Hacen lo que Dios las programó para hacer. El apóstol Pablo también nos enseñó la importancia de usar bien el tiempo: "Los que no están dispuestos a trabajar que tampoco coman" (2 Tesalonicenses 3:10, NTV).

¿Aprovechamos el tiempo como quiso el Creador? Hoy en día, el Internet y las redes sociales nos pueden distraer por horas si nos descuidamos. Aunque digamos que no es lo mismo que la pereza, en realidad estamos posponiendo actividades prioritarias y no atendemos lo importante, incluso a nuestra familia. ¡Aprendamos de las hormigas!

Señor, quiero vencer mi tendencia a la pereza; ayúdame a ocuparme en lo importante por amor a ti, a los demás y a mí misma.

MH

7 DE ENERO

¡Obedece mis mandatos y vive!
Guarda mis instrucciones tal como cuidas tus ojos.

Proverbios 7:2, NTV.

La palabra "pupila" proviene del latín y significa niña o muñeca. Se empezó a usar porque, si miras con atención, en el centro del iris se ve el reflejo de la persona a quien miras. En alemán, se le denomina "manzana del ojo", pero su sentido es el mismo: algo de mucho valor.

Lisa Reed, de Nueva Zelanda, quedó ciega a los 11 años. Un tumor cerebral le oprimió el nervio óptico. Después de una niñez llena de color, tuvo que irse adaptando a su nueva vida en la penumbra. Pasaron trece años. En una oportunidad, quería darle las buenas noches a su fiel amigo, un perro lazarillo. Se agachó para alcanzarlo debajo de la mesa. Al levantarse se pegó fuertemente en la cabeza. Sintiéndose un poco aturdida por el golpe, se fue a dormir. Cuando despertó a la mañana siguiente ¡había recuperado la vista!

Las pupilas, "las niñas de los ojos", son mencionadas varias veces en la Biblia cuando se quiere recalcar el valor de algo. David le pide a Dios que lo guarde como cuidaría sus propios ojos (Salmos 17:8). Así como valoramos el sentido de la vista, debemos valorar las recomendaciones de Dios en su Palabra.

En Proverbios, no es coincidencia que se nos dé este consejo en medio de un capítulo que trata un tema de inmoralidad sexual. Las advertencias contra la inmoralidad deben ser valoradas tanto como a la vista misma. Así que sometamos todo pensamiento a la obediencia a Cristo. Busquemos siempre la pureza. Quien comete un pecado sexual actúa como si estuviera ciego. Una vida colorida y plena se vuelve oscura y triste. ¡Que siempre podamos ver la luz!

Señor, que dé valor a mi pureza sexual tanto como doy valor a mis ojos.

MG

8 DE ENERO

¡Escuchen cuando la Sabiduría llama!
¡Oigan cuando el entendimiento alza su voz!

Proverbios 8:1, NTV.

¿Es la sabiduría una persona? Así lo creían las culturas antiguas. Por ejemplo, los griegos adoraban a Atenea, sabia, guerrera y justa. Los nórdicos le confirieron el don de la sabiduría a Odín, su dios principal. Los aztecas tenían a Quetzalcóatl, la serpiente emplumada, el dios de la vida y la sabiduría. En otras palabras, la sabiduría no solo debía ser una característica, sino que debía ser personalizada.

Desde temprana edad escuché de Hagia Sophia, uno de los museos más visitados en el mundo que se encuentra en Estambul, Turquía. El nombre en griego se podría traducir como la iglesia de la Santa Sabiduría de Dios. Muchos se han preguntado si el nombre surgió en honor a una mujer llamada Sofía, pero los cristianos bizantinos no tenían a una mujer en mente cuando levantaron este monumento. Para entender su propósito, basta leer que fue dedicada un 25 de diciembre a Logos, la segunda persona de la Trinidad. No en balde uno de los frescos más fotografiados en Hagia Sofía es, precisamente, el rostro de Jesús, la Sabiduría misma.

En la Biblia, la sabiduría no es algo místico e intangible, sino una persona: Jesús, el Logos del Nuevo Testamento, es decir, la Palabra. En 1 Corintios 1:24, leemos que: "...para los que Dios llamó a la salvación, tanto judíos como gentiles, Cristo es el poder de Dios y la sabiduría de Dios" (NTV).

La sabiduría no es un concepto abstracto, sino una persona. Jesús es el centro de la Biblia, y debe ser el centro de nuestras decisiones también. Nosotras podemos ser sabias si hemos confiado en Cristo. Dejemos que Jesús, la sabiduría de Dios, guíe nuestras vidas.

Señor, gracias porque Jesús es la sabiduría misma.

KO

9 DE ENERO

Instruye a los sabios, y se volverán aún más sabios.
Enseña a los justos, y aprenderán aún más.

Proverbios 9:9, NTV.

Algo que me altera los nervios es que mi computadora se descomponga o no funcione bien. Sin embargo, cada vez que tengo que descubrir cómo solucionar el problema, me vuelvo más "sabia" en el tema e, incluso, puedo aconsejar a otros.

Aunque nos cuesta trabajo reconocerlo, los problemas en la vida nos hacen más sabias. Muchas veces vemos la palabra "problema" como algo negativo. Pero pensemos en los problemas de matemáticas, que nos ayudan a aplicar las operaciones de una manera práctica, o en los problemas cotidianos que han inspirado a los inventores a crear desde un cortaúñas hasta una lavadora.

Los necios, al contrario de los sabios, ven estos contratiempos y deciden quejarse o no hacer nada. Tal vez ya han pasado por el mismo bache, y vuelven a caer en él. Pedro ofrece una imagen de esto, pues usa un proverbio que compara a los necios con el cerdo recién lavado que vuelve a revolcarse en el lodo (Pedro 2:22). Los sabios se vuelven más sabios cuando enfrentan los retos delante de ellos.

Quizá estás leyendo estas palabras antes de comenzar el día. Cuando enfrentes tu primer momento complicado, respira hondo y decide aprender. Pide a Dios su ayuda y enfrenta la situación con una actitud humilde y receptiva. Si estás leyendo este texto por la noche, reflexiona sobre algún problema que hayas enfrentado hoy. ¿Aprendiste de él? ¿Cómo te hará más sabia esta situación? No dejes que las "fallas" en tu computadora te provoquen dolor de cabeza. Úsalas como un escalón para volverte más sabia.

Padre, no me gustan los problemas, pero comprendo su valor y propósito. Dame la actitud correcta ante ellos.

KO

10 DE ENERO

El odio provoca peleas,
pero el amor cubre todas las ofensas.

Proverbios 10:12, NTV.

Recuerdo cuando ahorré para comprar mi primera computadora. Después de un largo tiempo, ya tenía casi toda la cantidad necesaria. Luego supe que mi esposo había hecho una decisión que afectaba nuestras finanzas de manera negativa, y mis ahorros tenían que usarse con otro objetivo. Lloré y estuve muy molesta, pero Dios me mostró que debía usar corrector, no para cubrir las imperfecciones de mi rostro o para "disfrazar" las manchas en la ropa o las alfombras. Dios me pidió que lo perdonara.

Esta no fue la primera, ni la última vez que tuve que perdonarlo. Y él, por su parte, tuvo que perdonarme en muchas ocasiones. En casi treinta y siete años de matrimonio, mi esposo y yo tuvimos muchas otras oportunidades para practicar el amor en nuestro trato diario. Hoy, mi esposo está en el cielo, y yo me alegro de haber practicado y recibido el perdón.

Dios nos recuerda que "el amor cubre gran cantidad de pecados" (1 Pedro 4:8, NTV). El que ama no sigue recordando las ofensas para usarlas en contra de los demás. Todos actuamos de forma incorrecta en muchas ocasiones, ya sea consciente o inconscientemente. El amor verdadero perdona las faltas y busca la reconciliación. El máximo ejemplo es Jesucristo, que dio su vida para cubrir nuestra maldad.

Al convivir mucho tiempo con otra persona, es inevitable que tengamos diferencias y discusiones, pero evitemos que sean peleas. El enemigo de nuestras almas quiere destruir nuestros matrimonios y familias. El que nos salvó en su mucho amor quiere que practiquemos el amor en el trato diario con quienes nos rodean.

Padre, hoy, como todos los días, renueva en mí tu amor para no tomar en cuenta las ofensas y vencer al enemigo.

MH

11 DE ENERO

Da con generosidad y serás más rico;
sé tacaño y lo perderás todo.

Proverbios 11:24, NTV.

Muchos campesinos cosechan frutas y viajan a las ciudades para vender sus productos. Los transportan en pesadas cubetas o canastas de palma. Cuando yo era niña, era frecuente que los vendedores tocaran la puerta de nuestra casa ofreciendo aguacates o pitayas. Venían cansados, con los pies agrietados y llenos de polvo de tanto caminar. Mi mamá los invitaba a pasar a la casa. Los hacía sentar, les daba agua fresca, comida y ropa. Platicaba con ellos con gran interés informándose de sus nombres y sus vidas. También les hablaba del amor de Dios. A veces ellos se marchaban de casa dejando atrás las más pesadas cargas: las del corazón.

En mis años atareados atendiendo a mis niñas, recordaba a mi mamá y me preguntaba cómo se había dado tiempo para escuchar a las personas y mostrar generosidad. Hoy pienso que daba prioridad a estas labores porque también su corazón quedaba lleno. Mi madre tenía la certeza de que es mejor dar que recibir. Y debo añadir que Dios siempre proveyó abundantemente a nuestra familia.

La generosidad es algo que está en el centro del corazón de Dios. Lo estipuló en la ley al decir: "Da al pobre con generosidad, no de mala gana, porque el Señor tu Dios te bendecirá en todo lo que hagas" (Deuteronomio 15:10, NTV).

En nuestra cotidianidad, marcada con apretadas agendas, tendremos interrupciones muchas veces. Está bien hacer pausas para poner atención a las personas que necesitan de nuestra generosidad. Voltea a tu alrededor y observa. ¿Hay alguien que te necesita? Dios promete prosperidad para el alma que comparte.

Señor, quiero ser un dador alegre. Hoy propongo en mi corazón ser generosa. Ayúdame a compartir tu provisión y tu amor.

MG

12 DE ENERO

Para aprender, hay que amar la disciplina;
es tonto despreciar la corrección.

Proverbios 12:1, NTV.

¿Has intentado aprender un idioma? Actualmente existen aplicaciones que te prometen que, con solo usarlas quince minutos al día, hablarás un nuevo idioma en tres meses. Pero para hablar de manera fluida y correcta los atajos no funcionan.

Aunque era holandés, Willem hablaba muy bien español. Curiosa, le pregunté cómo es que lo había aprendido. Me confesó que, cuando era joven, conoció a una chica española de quien se enamoró, así que se propuso aprender el castellano para impresionarla. El amor había sido su motivación. En contraste, conozco estudiantes que se conforman con pasar una asignatura con la más baja calificación aprobatoria. No tienen ni la motivación ni la disciplina para obtener el conocimiento. Aborrecen la disciplina porque, quizá, tampoco aman el conocimiento.

Para vivir la vida cristiana, necesitamos disciplina. Cuando conocemos al Señor Jesús, estamos llenas de hábitos como la pereza o el ocio. Sin embargo, cuando estamos enamoradas de Jesús, queremos conocerlo más y hablar con Él todo el tiempo. Creemos, como Pablo, que "todo lo demás no vale nada cuando se le compara con el infinito valor de conocer a Cristo Jesús, mi Señor" (Filipenses 3:8, NTV).

¿Qué tan grande es tu motivación para conocer a Dios a través de la lectura de la Biblia? ¿Cuánto tiempo inviertes en hablar con Él? El proverbio de hoy nos anima a amar la disciplina. No seamos necias y busquemos, como Willem, hablar un nuevo idioma: el idioma del amor a Dios.

Señor Jesús, ayúdame a ser disciplinada en conocerte. Ayúdame a darte tiempo y esforzarme en la lectura y la oración.

YF

13 DE ENERO

La vida del justo está llena de luz y de alegría,
pero la luz del pecador se apagará.

Proverbios 13:9, NTV.

Nadie quiere subir fotos a las redes sociales donde salga llorando o perdiendo los estribos. Si revisas las fotografías en Instagram, verás que todos aparecen sonriendo y pasándola bien. ¿De eso habla el proverbio de hoy? Leonard Cohen escribió una canción en 1992 que dice: "Toca las campanas que aún pueden sonar, olvida tu ofrenda perfecta; hay una grieta en todo, así es como entra la luz".

Quizá al leer este proverbio el día de hoy suspires y digas: "¡Pero mi vida no está llena de luz y alegría!". Tu hijo adulto sufre de depresión; tu hijita de dos años batalla con la leucemia; tu hija trató de quitarse la vida y está en el hospital; te han diagnosticado cáncer; te han negado la visa de trabajo que necesitas; se ha hecho recorte de personal en tu empresa. ¿Cómo puedes ser luz o ayudar a los demás si batallas con poner un pie frente al otro?

Las vidas perfectas no existen. Todos cargamos grietas causadas por el sufrimiento de una traición, una pérdida o una caída. Pero "Dios es luz y en él no hay nada de oscuridad" (1 Juan 1:5, NTV). En medio de los momentos más oscuros, la luz de Jesús es tan fuerte que puede atravesar esas grietas y darnos esperanza. Cuando pasamos por momentos complicados, lo que nos sostiene es el amor de Jesús que, más que una alegría superficial, nos brinda el gozo de su presencia.

Tal vez hoy las grietas te abruman, pero recuerda que, aun en medio del dolor, puedes brillar y compartir con otros que hay una luz que nunca se apaga, y es Jesús.

Padre, que tu luz atraviese mis grietas este día, y que esa luz ayude a otros a verte a ti.

KO

14 DE ENERO

La mujer sabia edifica su hogar,
pero la necia con sus propias manos lo destruye.

Proverbios 14:1, NTV.

En 2014, el Consejo de Arquitectos en Europa hizo un estudio en 30 naciones de este continente, y estimó que el 39% de los arquitectos practicantes son mujeres. En los Estados Unidos, aunque casi la mitad de los graduados en arquitectura son mujeres, apenas lo son el 18% de los arquitectos registrados como practicantes.

En pocas palabras, muchas mujeres han estudiado para ser arquitectas, pero no todas practican su profesión, quizá por falta de oportunidades o por cambios en sus vidas. Sin embargo, este proverbio nos dice que todas las mujeres practicamos la arquitectura del hogar. Las mujeres sabias somos "arquitectas" de hogares fuertes, construidos con valores, cariño y otros materiales no perecederos.

Desgraciadamente, lo opuesto también es común. También existen mujeres necias que, de forma irresponsable, destruyen sus propios hogares. Piensan más en ellas mismas que en los demás. Critican y no elogian. Se quejan en vez de confiar en Dios. Quizá, simplemente, no prestan atención a su responsabilidad como esposas, madres o hijas. Han olvidado que "la mujer sabia edifica su hogar, pero la necia con sus propias manos lo destruye". Posiblemente piensen que tienen muchos conocimientos, sin comprender que la sabiduría es algo muy distinto.

¿Cómo se construye un hogar? Aprendiendo del Arquitecto divino, pero también dedicando tiempo y esfuerzo. Cualquier arquitecto nos dirá que no se trata solo de diseñar, sino de calcular costos, revisar los planes con frecuencia y hacer cambios en el camino cuando las cosas no van bien. Dios nos ha dado las herramientas. Seamos sabias y usémoslas.

Señor, quiero ser una influencia positiva en mis seres amados.

MH

15 DE ENERO

El corazón contento alegra el rostro;
el corazón quebrantado destruye el espíritu.

Proverbios 15:13, NTV.

¿Sabías que puedes gastar desde sesenta hasta mil dólares por el peinado y el maquillaje en una boda? En Estados Unidos, muchas parejas gastan un promedio de trecientos dólares en el estilista el día de sus bodas. Estos costos solo reflejan la importancia que tiene para la novia verse "bella".

Me encanta ver las fotos de la boda de mi hija. Como todas las novias, lucía esplendorosa y radiante. Uno de los días más felices en la vida de una mujer es el de su matrimonio con el hombre que ama. Su corazón está alegre. Se le ve bella y plena cuando sus sueños se convierten en realidad en medio de flores blancas y el vestido ideal. Esta es una de las mejores demostraciones de la veracidad del proverbio cuando afirma que "el corazón contento alegra el rostro".

Sin embargo, en ocasiones, la alegría es pasajera y, cuando el corazón duele, el espíritu se abate. Los ojos pierden su brillo y el ceño se frunce en nuestra frente. La felicidad es momentánea cuando la experimentamos por motivaciones externas, pero la Biblia nos habla del gozo como parte del fruto del Espíritu Santo. A diferencia de la felicidad, el gozo emana del interior. No depende de las circunstancias, sino de la plenitud de Dios en nosotros.

Tal vez has enfrentado desilusiones y problemas. La vida no es perfecta. Pero es posible volver a sonreír. ¿Hay algo que impide a tu corazón rebozar de gozo? Entrégalo al Señor y mantente en comunión con Él. Dios escucha tu oración, te responde y te llena. Te llena de amor, gozo, paz, paciencia, benignidad, amor, fe, mansedumbre y templanza y, cuando eso sucede, ¡te ves hermosa!

Señor, cambia mi tristeza en gozo y haz que mi sonrisa refleje tu amor.

MG

16 DE ENERO

Mejor es adquirir sabiduría que oro preciado;
y adquirir inteligencia vale más que la plata.

Proverbios 16:16, RVR1960.

A lo largo de la historia, el oro ha sido el motivo de conquistas, disputas e incluso asesinatos. Quizá se deba a que es difícil de conseguir. Las rocas pulverizadas de los yacimientos se vierten en un recipiente al que después se agrega agua. Los minerales pesados, como el oro, se van al fondo y después, hay que tirar poco a poco el agua e ir añadiendo más. Con mucha paciencia, se sigue lavando hasta que, en el fondo, poco a poco se vea el ansiado polvo amarillo. Hay técnicas para que el polvo se compacte y se obtenga una pelotita pequeñita. ¿Fácil? No, pero vale la pena para los amantes del oro.

Todo el libro de Proverbios nos anima a buscar la sabiduría de lo alto. ¿Qué pasaría si los buscadores de oro se dieran cuenta de que buscar la sabiduría de Dios es mucho mejor que el oro y que es mejor arriesgar su vida para ser sabios? ¿Qué tal si conquistaran naciones para compartir esta verdad? Claro que el mundo sería diferente. No existiría toda la maldad que estamos viviendo hoy.

La sabiduría es el interior de Dios. Él está anhelando que miremos adentro de su corazón y que actuemos conforme a lo que vemos ahí. Pero, me preguntarás: ¿cómo puedo hurgar dentro de su corazón? La Biblia nos da la respuesta. El Señor Jesús es el corazón de Dios. "Él es la imagen del Dios invisible" (Colosenses 1:15, RVR1960).

No podemos cambiar al mundo, pero podemos hacer nuestra parte en donde estamos y con los que nos rodean. Pero antes debemos hurgar en el corazón de Dios. Como al oro, busquemos cada día la sabiduría de lo alto.

Señor, quiero conocer tu corazón por medio de Jesús. Abre mis ojos.

YF

17 DE ENERO

Los padres son el orgullo de sus hijos.

Proverbios 17:6, NTV.

Cuando no sepas qué tema de conversación comenzar con una madre, pregúntale por sus hijos. Los padres, por lo general, se sienten orgullosos de sus hijos y les gusta compartir con otros sus logros e idiosincrasias. Sin embargo, si te fijas en el proverbio de hoy, el predicador ha cambiado el orden de los factores. En lugar de ver una generación más abajo, orienta nuestros ojos para mirar hacia arriba.

Muchas de nosotras comprendemos que hemos sido bendecidas con padres que nos han legado la fe o nos han dado un ejemplo de responsabilidad. Otras, quizá, no conocimos a nuestros progenitores o fuimos lastimadas por ellos. Sin embargo, vayamos un paso más adelante. ¿Eres madre? ¿Están tus hijos orgullosos de ti? La clave para ser una madre digna es mirar al Padre por excelencia.

Si hemos puesto nuestra fe en Jesús, tenemos un Padre de quien nos podemos sentir sumamente orgullosas. Contamos con un Padre eterno, sin principio ni fin. Hemos sido adoptadas por un Padre de misericordias que se desborda en compasión. Nuestro Padre es perfecto y no nos fallará jamás.

Cuando nos enorgullecemos de algo, solemos hablar de ello todo el tiempo. Para saber si nuestro Padre celestial es nuestro orgullo, pensemos en lo siguiente. ¿Hablamos de Él con frecuencia? ¿Es él un tema recurrente en nuestras conversaciones? ¿Nos emociona poder contar a otros de su amor?

Padre, tengo en ti al mejor padre y me siento conmovida por ser tu hija.

KO

18 DE ENERO

> El egoísta solo busca satisfacer su propio bien;
> está en contra de todo buen consejo.
>
> Proverbios 18:1, NBV.

¿Te ha pasado que alguien pide tu consejo solo para no hacer lo que sugeriste? En tu opinión, tu consejo era bueno y sabio. ¿Por qué la gente pide consejo si no piensa escuchar? ¿Seremos todos así?

Después de la universidad, yo no sabía qué pasos seguir para buscar empleo. Mis papás vivían en un pueblo chico, así que tendría que salir a alguna ciudad. Llevaba poco tiempo de haber conocido más de Dios, y con temor y temblor le pedí consejo a mi papá. Un poco sorprendido, porque yo siempre había sido tan independiente, mi padre me indicó unas posibilidades para emprender mi búsqueda. Después me dijo: "A fin de cuentas, son algunas sugerencias mías. Pero siempre has hecho lo que tú quieres". En otras palabras, me dijo: "¿Por qué me pides consejo si no me vas a hacer caso?".

Notemos que el proverbio nos indica que el egoísta se opone a todo "buen" consejo. ¿Por qué haríamos eso? ¿Por qué cerrar los oídos a las sabias recomendaciones de un padre, como en mi caso? Santiago 3:15 dice que la "envidia y el egoísmo no forman parte de la sabiduría que proviene de Dios" (NTV). Cuando queramos tomar una buena decisión, escuchemos el consejo.

Es fácil que uno busque "satisfacer su propio bien", pero aun eso no garantiza que sea un bien real y duradero. Consideremos el valor de recibir el consejo de personas con más experiencia y madurez espiritual para guiarnos hacia cosas buenas.

Padre, ayúdame a escuchar el buen consejo.

MH

19 DE ENERO

Una esposa que busca pleitos
es tan molesta como una gotera continua.

Proverbios 19:13, NTV.

"Solo por hoy" es el lema que ha ayudado a más de seis millones de personas en todo el mundo a dejar el alcohol. "Concentramos la energía en evitar la borrachera el día de hoy, de mañana nos ocuparemos cuando llegue", dice Carlos de Marco, magíster en psicología social.

"Solo por hoy" es un propósito que puede ser útil para motivarnos a dejar cualquier tipo de hábito. Algunas mujeres desarrollamos el hábito de quejarnos constantemente y nuestros seres queridos llegan a hartarse de nuestras supuestas críticas constructivas. El resultado es tan molesto como una gotera constante cayendo en una cubeta. A nadie le gusta vivir con una persona así. Podríamos proponernos evitar estas conductas "solo por hoy".

La Biblia nos ha provisto del ejemplo de Ana, una mujer de la que sólo se expresan cosas positivas. Su situación era complicada. Ana era estéril y su esposo tenía otra esposa que, además, la afligía con sus palabras. Sin embargo, ella cerró sus labios. Cuando fueron al templo, desbordó su afligido corazón ante Dios. Su voz apenas era un murmullo, pero Dios la escuchó y le concedió convertirse en madre.

Hay cosas que solo Dios puede cambiar. Las contiendas no ayudan ni resuelven las cosas. La oración sí. Cuando te sientas tan afligida como Ana, puedes hacer lo que hizo ella. Cierra tus labios y entra en la presencia del Dios Todopoderoso con toda oración y ruego. Te escuchará y te responderá.

Padre, ayúdame a no quejarme "solo por hoy".

MG

20 DE ENERO

Honroso es al hombre evitar la contienda,
pero no hay necio que no inicie un pleito.

Proverbios 20:3, NVI

Definitivamente, para evitar una pelea se necesita sabiduría divina. Hay una línea muy delgada entre involucrarnos en una pelea o dejarla pasar. Nuestra vieja naturaleza se siente ofendida fácilmente y reacciona a la más mínima provocación.

Éramos cuatro personas al frente de una reunión de mujeres. Al principio todo parecía funcionar muy bien, pero poco a poco empezaron las fricciones. Nuestro orgullo y nuestra falta de consideración iban reflejándose en el ánimo, así que nos reunimos para darle la cara al asunto. Salieron a relucir los enojos y las molestias que hacían que no quisiéramos estar con alguien en particular. Tuvimos que sacrificar nuestro orgullo, pedir perdón y tratar de comprender y sobrellevar a las que considerábamos insoportables. El ambiente se transformó y pronto sentimos que el Señor nos había unido de una manera increíble. Nos amábamos unas a otras y pudimos trabajar mucho mejor.

El apóstol Juan nos dice claramente que no amamos a Dios si no amamos a nuestros hermanos. El amor que debe caracterizar a los creyentes debe mostrarse en los momentos en que el otro nos decepciona o nos agrede. Si no soy lo suficientemente madura para dejar pasar la ofensa y, en cambio, decido "pelear" por mi honor, entonces me portaré como necia a los ojos de Dios.

Cuánta falta hacen las personas sabias que deciden sacrificar su orgullo y evitar las contiendas. No es fácil tomar esa decisión, pero si decides amar a la otra persona y tratas de amistarte con ella, verás que vas a ganar a una amiga maravillosa y con ello también honrarás a a Jesús nuestro Señor.

Señor, ayúdame a ser sabia y no ser parte de los pleitos, sino amar a los demás.

YF

21 DE ENERO

La mente del rey, en manos del Señor,
sigue, como los ríos, el curso que el Señor quiere.

Proverbios 21:1, DHH.

El cine nos ha influenciado tanto que entendemos bien cuando alguien nos dice que vivimos dentro de una película. El problema es cuando, siendo solo actrices, queremos ser guionista y directora. Algunas estrellas famosas tienen muchas actuaciones por un tiempo hasta que, de pronto, desaparecen de la pantalla. ¿La razón? Gente a su alrededor afirma que es muy difícil trabajar con esas figuras, pues exigen demasiado e, incluso, se atreven a cuestionar a los guionistas. Tristemente, nosotras solemos comportarnos así.

El proverbio de hoy nos habla de los ríos que tienen un curso, un lugar definido que recorren, y cuando se desbordan, causan estragos. Sin embargo, Dios ha creado un mundo tan coordinado que, tarde o temprano, el río vuelve a su cauce. Tristemente, en la vida nos desbocamos y nos rebelamos contra el curso trazado para el río o, dicho de otro modo, contra el guion de la película. Somos ríos caudalosos que se niegan a seguir una ruta.

En la historia de la humanidad, tú y yo somos personajes secundarios, aunque en el fondo queramos ser siempre protagonistas. El actor principal de la historia es Jesús, quien nos ha dado la salvación. Dios es el guionista, director y productor de la película, ¡y somos dichosas al ser una parte de esta gran y magnífica historia! Nuestra labor es, como dice el proverbio, ponernos en las manos de Dios.

Decide hoy no rebelarte al "papel" que Dios te ha dado en su gran historia. Tú y yo podemos hacer grandes cosas cuando nuestros propósitos y metas están guiados por Dios. Dejemos que Dios controle el cauce de nuestra vida y todo estará bien.

Señor, sé Tú quien dirija mi vida.

KO

22 DE ENERO

El rico y el pobre tienen esto en común:
a ambos los hizo el Señor.

Proverbios 22:2 NTV.

"Nadie de aquí rico va: lo que tenga aquí lo dejará", dice el refrán. En general, los dichos populares contrastan la pobreza y la riqueza, pero aquí se sobreentiende que, sin importar la economía, ¡no nos llevaremos nada a la otra vida!

Mira con atención este refrán: "Acomodarse con la pobreza es ser rico. Se es pobre no por tener poco, sino por desear mucho". Constantemente encasillamos a la gente según su nivel económico. Aunque la mayoría no seremos ni "ricos" ni "pobres" en el sentido técnico, este dicho da un nuevo giro a esas palabras. ¡Estar contentos con lo poco es tener abundancia! Y la pobreza interior resulta por vivir deseando tener más de lo que necesitamos.

Sea cual sea nuestra situación económica, ante Dios todos somos iguales. No vale más el que más posee. Tampoco debemos denigrar al que poco tiene. La Biblia nos enseña sobre los peligros del materialismo: "No amen el dinero; estén contentos con lo que tienen, pues Dios ha dicho: "Nunca te fallaré. Jamás te abandonaré" (Hebreos 13:5, NTV).

Nuestra verdadera fortuna no tiene precio, pero tiene gran valor. "Más vale lo poco de un justo que lo mucho de innumerables malvados" (Salmo 37:16, NVI). En este día, como dice un viejo himno, ¡cuenta tus muchas bendiciones! Seas rica o pobre, Dios te ha dado familia, amigos, la belleza de su creación, oportunidades nuevas cada día y, sobre todo, ¡su regalo de salvación!

Señor, gracias por las muchas riquezas que me has dado. Como hija del Rey de reyes, las recibo con las manos abiertas.

MH

23 DE ENERO

Dame, hijo mío, tu corazón,
y que tus ojos se deleiten en mis caminos.

Proverbios 23:26, LBLA.

A todos nos encanta recibir regalos, especialmente a las mujeres. Nos emocionan los diseños del papel, los diferentes tipos de moños, las tarjetitas y las sorpresas. Lo mejor de todo es recibir exactamente lo que queríamos: el libro o el perfume que deseábamos con tanta ilusión. Y aunque a veces también recibimos cosas que en realidad no nos gustan, fingimos una sonrisa y tratamos de tener la mejor actitud de agradecimiento.

Si tuviéramos que escoger un regalo para Dios, estoy segura de que trataríamos de darle algo que Él quiere. Pues bien, el proverbio de hoy nos da la pista: Dios quiere nuestro corazón. A veces tratamos de agradarle con otras ofrendas. Por ejemplo, involucrarnos en todas las actividades de la iglesia, repetir una oración muchas veces y dar el diezmo. Son cosas que seguramente Dios valora, y podríamos adornarlas con un papel hermoso y un moño enorme, pero lo que más desea nuestro Señor es que le amemos con todas nuestras fuerzas, mente y corazón.

En Isaías 29:13 Dios revela sus pensamientos: "Porque este pueblo se acerca a mí con su boca, y con sus labios me honra, pero su corazón está lejos de mí y su temor de mí no es más que un mandamiento de hombres que les ha sido enseñado" (RVR1960). Él desea que andar en sus caminos sea un verdadero deleite para nosotros.

Cuando le damos nuestro corazón a alguien, queremos pasar tiempo con él, agradarle, escucharle, y le demostramos ese amor con nuestras decisiones y acciones. Tu corazón es tu vida misma. ¿Se la has dado a Dios?

Dios, te amo y quiero decírtelo con cada latido de mi corazón.

MG

24 DE ENERO

Con sabiduría se construye la casa;
con inteligencia se echan los cimientos.

Proverbios 24:3, NVI.

Mis padres me dejaron como herencia una pequeña casa construida por mi abuelo. En la remodelación, tuve que raspar la pintura de unas siete u ocho capas, resanar agujeros, quitar clavos hincados, volver a pintar y escoger mosaicos y azulejos para el baño y la cocina. Y ahora que ya estoy viviendo en esta casita, ¡cómo la disfruto! Pero tengo un enemigo en contra: ¡la humedad! Mi abuelo no tenía los conocimientos de cómo evitar esta plaga. ¿Sabes cómo se hubiera evitado? ¡Con unos buenos cimientos!

En los tiempos antiguos, se tenía que buscar un lugar en donde hubiera piedras grandes para construir la casa encima. Se necesitaba un lugar con dureza suficiente para que los fenómenos de la naturaleza, no destruyeran la casa construida. Hoy en día se hace un estudio del suelo para saber qué tipo de cimiento se debe usar. ¡La clave para una buena casa son los cimientos!

¿Por qué será que la Biblia habla tanto de los cimientos? Porque Dios se autodenomina la Roca Eterna, Piedra de ayuda, Piedra angular, Piedra preciosa, Piedra viva, Piedra de tropiezo, y quien decida descansar en Él, dará a conocer al mundo su gran sabiduría e inteligencia.

Tu vida y tu alma no tendrán estabilidad si no están sobre el cimiento perfecto que es Jesús. Ninguna tempestad podrá derribarte si, has escogido estar sobre la Roca verdadera. Tu vida emocional, económica, familiar, laboral, intelectual y espiritual será sólida y bien fundamentada cuando decidas escoger a Jesucristo como tu fundamento.

Señor, te elijo a ti como el cimiento de mi vida. En ti construyo mi existencia.

YF

25 DE ENERO

Decir mentiras acerca de otros
es tan dañino como golpearlos con un hacha.

Proverbios 25:18, NTV.

¡Qué revuelo hubo en la escuela cuando un chico fue golpeado por sus compañeros! Los padres de la víctima exigieron que los agresores fueran expulsados del colegio. Los padres de los agresores sintieron vergüenza y prometieron vigilar a sus hijos con más cuidado. Los culpables fueron suspendidos una semana. Pero observa lo que sucedió unos días después.

Una chica fue calumniada en las redes sociales por otras chicas. Los padres de la víctima propusieron que las agresoras fueran expulsadas del colegio. Los padres de las agresoras se sintieron ofendidos. ¡No era para tanto! ¿La resolución? Una advertencia verbal que se quedó en el olvido.

De acuerdo con el proverbio de hoy, ambos casos ameritan fuertes sanciones. Tanto causar un daño físico con los puños como el daño emocional de una mentira son acciones violentas que requieren atención. De hecho, la mentira tiene un terrible origen. En el evangelio de Juan leemos que el diablo "ha sido asesino desde el principio y siempre ha odiado la verdad, porque en él no hay verdad. Cuando miente, actúa conforme a su naturaleza porque es mentiroso y el padre de la mentira" (Juan 8:44, NTV).

La próxima vez que estemos a punto de decir una mentira —sea "pequeña" o "grande", sea "dicha" o "escrita"— recordemos que estamos sujetando un arma. Y, sin importar el tamaño del arma —una navaja o una espada, una pistola o una ametralladora—, decir mentiras acerca de otro puede "matarlo".

Padre, tú detestas la mentira. Quiero apartarme de ella porque no solo me lastima a mí, sino a otros también.

KO

26 DE ENERO

Como la nieve no es para el verano ni la lluvia para la cosecha, tampoco el honor es para los necios.

Proverbios 26:1, NTV

Existió un verano extraordinario en 1816. Se convirtió en el año sin verano para millones en Europa y Estados Unidos. En este último, hubo nieve en junio y temperaturas bajo cero en julio. Las cosechas se perdieron y las condiciones se acercaron a la hambruna. Fue mucho después que científicos e historiadores determinaron que la causa había sido la erupción volcánica más grande de la historia. En efecto, el año anterior, el monte Tambora de Indonesia había echado millones de toneladas de polvo y ceniza al aire, lo cual cambió temporalmente el clima mundial.

El proverbio de hoy nos dice que así como es inaudito que nieve en verano, no es normal tampoco que se nombre a los necios. Desgraciadamente, en ocasiones se enaltece a personas groseras y necias. Entre ellas se encuentran algunos deportistas, artistas y políticos. Sin embargo, a la larga, los que llegan a tener más reconocimiento son los sabios, los rectos, los que respetan a los demás y los que influyen para bien.

¿A quién debemos honrar entonces? Se nos recomienda honrar a los mayores, pero también a los que trabajan predicando y enseñando sobre Dios (1 Timoteo 5:17). Para no traer nieve en verano, veamos a quién alaban nuestros labios.

En nuestras conversaciones, enfoquémonos a hablar de personas ejemplares y que nos inspiran. No traigamos el témpano frío de alguien que no vive rectamente en una cálida conversación de verano.

Señor, quiero tomar como ejemplo a los que merecen honor y ser una persona digna de honor.

MH

27 DE ENERO

El hombre saciado desprecia el panal de miel;
pero al hambriento todo lo amargo es dulce.

Proverbios 27:7, RVR1960.

En pleno siglo XXI ha surgido una nueva moda y su *hashtag* se ha convertido en tendencia. Se conoce como *tradwife* o esposa tradicional en español. Una *tradwife* es una mujer que puede tener una profesión, pero ha elegido dedicarse al cuidado de su familia y su hogar. Alena Kate Pettitt es una *tradwife*. Escribe su blog *The Darling Academy* y dice que este movimiento se trata de "someterte a tu esposo y consentirlo como si fuera 1959". Así que vemos mujeres horneando pasteles, limpiando y hasta alimentando a sus gallinas.

Aunque este movimiento tiene aspectos controversiales, consentir al esposo me parece buena idea. Una esposa, como ayuda idónea de su marido, puede satisfacer ciertas necesidades, dar reconocimiento, respeto, satisfacción sexual y apoyo doméstico, además de hallar en su hogar un oasis.

Proverbios 7 menciona a la mujer extraña que lisonjea con sus palabras. Dice que rindió al hombre con la suavidad de sus muchas palabras y "al punto se marchó tras ella, como va el buey al degolladero" (Proverbios 7:22 RVR1960). Posiblemente era un esposo "hambriento": desatendido sexualmente y menospreciado por su esposa.

La mujer de hoy, trabaje fuera de casa o no, es activa y ocupada. Las casadas tenemos el reto de amar efectivamente a nuestra familia y estar pendientes de que, al salir por la puerta del hogar, salgan personas amadas, reconocidas y satisfechas. Martín Lutero dijo: "La esposa debe lograr que su marido se alegre de llegar a su casa, y él debe lograr que ella se lamente al verlo partir". Si eres casada, ¿consideras que tu esposo es un hombre saciado?

Señor, por favor, libra de tentación a mi esposo y ayúdame a ser una esposa sabia.

MG

28 DE ENERO

El malvado huye aunque nadie lo persiga.

Proverbios 28:1, NVI

¿Quién era Herodes el Grande? Cuando fue nombrado gobernador de Galilea, su brutalidad llegó a ser rechazada por el pueblo judío, aunque seguía teniendo el apoyo de Roma. Para asegurar su reinado, desterró a su primera esposa y a su hijo, y se casó otra vez. Por todos lados veía traidores y conspiradores, incluso en su propia familia. Así que mandó asesinar a su segunda esposa y a sus hijos, y también al esposo de su hermana por conspiración. Y la lista es larga. La Biblia nos relata que ordenó la matanza de los niños en Belén porque no soportaba la idea de que hubiera otro rey de los judíos. Incluso en su muerte fue sádico.

Como sabía que todo el pueblo le aborrecía, al verse afectado por una infección renal, sarna agusanada y gangrena, sabía que nadie iba a llorarlo. Entonces apresó a un grupo de trescientas personalidades importantes para que fueran asaeteados a la hora de su muerte, de modo que hubiera lamento y llanto.

Por la vida inmoral, cruel y despiadada de este hombre, lo reconocemos como un "malvado que huye sin que nadie lo persiga". Isaías nos dice: "No hay paz para los malvados" (Isaías 57:21, NVI). La falta de paz en el corazón de los impíos les hace ver peligro por todas partes.

Nuestra paz interior depende de haber depositado nuestra confianza en Dios totalmente. Otro de nuestros Proverbios dice: "Cuando los caminos del hombre son agradables a Jehová, aun a sus enemigos hace estar en paz con él" (Proverbios 16:7, RVR1960). Si piensas que todos te tienen mala voluntad, que eres criticada o que nadie te quiere, ora al Señor entregándole todos esos pensamientos. Pídele su paz en tu vida y disfruta de todas las cosas maravillosas de las que Él te ha rodeado.

Padre, dame tu perfecta paz.

YF

29 DE ENERO

Los justos se preocupan por los derechos del pobre;
al perverso no le importa en absoluto.

Proverbios 29:7, NTV

En la actualidad contamos con organismos que se encargan de vigilar el cumplimiento de los derechos humanos. Desafortunadamente, a pesar de ellos, aún se pisotea a los menos privilegiados. ¿Te imaginas formar parte de un sector en la sociedad que se considera invisible o poco importante?

Mary McLeod Bethune nació en una época donde el color de su piel no era bien visto. Creció en Carolina del Norte a finales del siglo XIX. Mostró ser una excelente estudiante que, al crecer, decidió hacer algo más por los derechos de los pobres y fundó una escuela para niñas afroamericanas.

Hijas de ministros y tenderos, de trabajadores del ferrocarril y de albañiles se sentaban frente a ella para aprender las letras, pero también la Palabra de Dios. Mary les enseñaba que Dios amó de tal manera al mundo que envió a su Hijo para que todo aquel que creyera no se perdiera. "¿Saben quién es 'todo aquel'?", les decía. "Gente blanca, gente rica, gente de color, ¡ustedes y yo! Nuestra dignidad humana proviene del mismo Creador".

Mary lo creía de todo corazón, y por eso se preocupó durante toda su vida por ayudar a las niñas de color a mejorarse. Mary educó sus mentes con datos académicos, pero también transformó sus corazones al recordarles que los derechos más elementales de las personas fueron, primero, idea de Dios. ¿Nos interesamos en los derechos de los desprotegidos? No seamos como esos perversos a quienes los menos afortunados no les importan en absoluto.

Dios Poderoso, creador de todos los seres humanos, quiero ver con tus ojos a las demás personas, incluyendo a los "invisibles" en la sociedad.

KO

30 DE ENERO

Toda palabra de Dios demuestra ser verdadera.

Proverbios 30:5, NTV.

En 2017 se hizo un estudio según el cual solo el 24% de los norteamericanos cree que la Biblia es la Palabra de Dios. Sin embargo, el 71% sigue creyendo que la Biblia es un documento santo.

Frank Morison era un periodista investigador y escéptico en cuanto a la fe cristiana. No creía en la Biblia y se propuso refutar la resurrección de Cristo y demostrar que era una farsa. Al estudiar, se convenció de que había estado equivocado y que Jesús realmente había resucitado. Como resultado, se dedicó a dar los argumentos que le convencieron en el libro llamado *¿Quién movió la piedra?* En años más recientes, ese libro fue un eslabón importante en las evidencias que llevaron al periodista Lee Strobel a creer en la veracidad de la Biblia. Después Strobel escribió *El caso de Cristo*, entre otros escritos apologéticos.

La palabra de Dios es fiel y fiable. Miles de los hechos históricos se han confirmado. Muchas de sus profecías se han cumplido. No se le han encontrado errores. Sobre todo, Jesús mismo dijo: "Tu Palabra es verdad" (Juan 17:17, RVR1960).

¿Qué opinas tú de la Biblia? ¿Es para ti un libro antiguo y sin relevancia? ¿Es la verdad? Lo que contestes es vital para tu vida. Que la veracidad de la Biblia hable a tu vida y te dé confianza.

Señor, no me dejes dudar de ti; ¡tu Palabra es verdad!

MH

31 de enero

Confecciona ropa de lino y la vende;
provee cinturones a los comerciantes.

Proverbios 31:24, NVI

Sara Breedlove, hija de esclavos, huérfana y luego viuda, tuvo que trabajar como lavandera. Una mañana, frente al lavadero, mirando sus brazos sumergidos en la espuma de jabón, se preguntó qué sería de ella cuando envejeciera y no pudiera lavar más. Sara sufría de pérdida de cabello y usaba un producto que le funcionó tan bien que decidió venderlo. Creó su propia fórmula y decidió lanzar su línea de productos. Entonces conoció al publicista Charles Joseph Walker, se casó con él y por ello se le conoce como Madam C.J. Walker. Su compañía tuvo tanto éxito que llegó a contar con cuarenta mil agentes de ventas, principalmente mujeres. Vivió en el mismo barrio que el magnate Rockefeller y donó parte de su fortuna a instituciones educativas.

Así como Madam C.J. Walker, la mujer ejemplar de Proverbios 31 es emprendedora. Confeccionaba vestidos finos y cintos que comercializaba con los mercaderes fenicios. Esta actividad le permitía tener una fuente extra de ingresos y, al mismo tiempo, ella misma podía vestir de manera digna y hermosa.

Hechos 16:14-15 menciona a otra empresaria próspera llamada Lidia. Vendía "púrpura". Su libertad financiera le permitió ser hospitalaria con Pablo, Silas y Timoteo. Fue la primera creyente en Europa, y su casa estuvo disponible para recibir a la primera iglesia en Filipos.

El ejemplo, voluntad y energía de estas mujeres nos pueden motivar a ser productivas y trabajadoras. Ellas usaron sus recursos e influencia para beneficio de otros y para la obra de Dios. Podemos emprender proyectos personales, sociales o lucrativos usando nuestros talentos y creatividad. Estos logros nos dan bienestar y seguridad personal.

Señor, bendice mis proyectos, quiero usarlos para ti.

MG

1 DE FEBRERO

El propósito de los proverbios es enseñar sabiduría y disciplina,
y ayudar a las personas a comprender la inteligencia de los sabios.
Proverbios 1:2, NTV.

En la película *Christopher Robin, un reencuentro inolvidable,* Winnie Pooh le pide un globo a Christopher Robin, pero este titubea. ¿Para qué necesita un globo? Winnie responde: "Sé que no necesito uno, pero me gustaría mucho uno, por favor". Robin, al final, se lo compra, y Winnie se pone muy feliz.

En esta vida hay muchas cosas que deseamos, pero que no necesitamos. Cada vez que vamos a una tienda, la cantidad de cosas que nos gustaría tener sobrepasan por mucho lo que en realidad requerimos para sobrevivir. El proverbio de hoy nos muestra tres cosas que necesitamos: sabiduría, disciplina e inteligencia.

Los habitantes de la Palestina del primer siglo "querían" un mesías que los librara de los romanos. Anhelaban un libertador con espada en mano que destruyera a sus enemigos. En vez de eso, recibieron a Jesús sentado en un burro, y aunque al principio lo recibieron con fanfarrias, unos días después gritaban: "¡Crucifícale!". Muchos se perdieron de la mejor oportunidad de su vida por no reconocer que necesitaban a Jesús, aun cuando no fuera lo que deseaban.

En la sabiduría de Dios, que está registrada en la Biblia, encontraremos muchos consejos que no nos "gustarán". Algunas veces querremos rechazar la Sabiduría misma, la persona de Jesús, por no conformarse a nuestras "expectativas". Pero, así como el globo rojo de Winnie Pooh ha desaparecido al final de la película, las cosas temporales y superficiales, tarde o temprano se van. Pero la relación de Winnie Pooh con Christopher Robin continúa, aun sin el globo rojo. Aprendamos la lección. Lo que no necesitamos "desaparece". Nuestra relación con Jesús es lo único que dura.

Padre, hay muchas cosas que quiero, pero ¿sabes qué realmente necesito? A ti.

KO

2 DE FEBRERO

Afina tus oídos a la sabiduría
y concéntrate en el entendimiento.

Proverbios 2:2, NTV.

Cuando unos cantantes de ópera no lograban dar con precisión ciertas notas que estaban en su rango, se contrató a un entrenador vocal. Después de hacer varias pruebas, el entrenador descubrió que estos cantantes no lograban cantar ciertas notas porque ¡no las oían! El problema no estaba en su voz, sino en sus oídos. ¿Acaso no nos pasa lo mismo?

Quizá nuestro problema para cantar la tonada divina está en que no escuchamos la voz de Dios. En otras palabras, estamos "desafinados" —atrapados en hábitos pecaminosos y ciclos negativos— porque no estamos en sintonía con lo que Dios dice. ¿Y cómo podemos escuchar su voz?

Dios habla a través de la creación, de las personas que nos rodean y de nuestra conciencia, pero nada se compara con la Biblia. Nada habla mejor a nuestra alma como la Escritura cuando la leemos y la meditamos. Abrir la Santa Biblia es como si Dios abriera la boca "para enseñarnos lo que es verdad y para hacernos ver lo que está mal en nuestra vida. Nos corrige cuando estamos equivocados y nos enseña a hacer lo correcto. Dios la usa [la Biblia] para preparar y capacitar a su pueblo para que haga toda buena obra" (2 Timoteo 3:16-17, NTV).

¿Lees la Biblia diariamente? ¿Tomas un tiempo para "masticar" lo que has leído? ¿Tratas de obedecer lo que allí encuentras? Entrena tu oído para escuchar la voz de Dios. Así como dice nuestro proverbio: "afina tus oídos". Amar a Dios con toda tu mente comienza con oír la verdad y, después, síguela.

"Santa Biblia, eres un tesoro para mí". Gracias, Señor, por tu Palabra.

KO

3 DE FEBRERO

No te niegues a hacer el bien a quien es debido,
cuando tuvieres poder para hacerlo.

Proverbios 3:27, RVR1960

En México, mientras esperas la luz verde del semáforo, es posible distraerse con las peripecias de algún malabarista o la danza de bailarines ataviados con penachos. Te ofrecerán limpiar el parabrisas o te venderán chicles, jugos, muñecos de peluche y raquetas eléctricas para terminar con los mosquitos. Todo a cambio de algunas monedas.

En una ocasión vi a la conductora de un automóvil obsequiar dos botellas de protector solar a una señora que vendía chicles en una encrucijada. La vendedora tenía un bebé envuelto en un rebozo a su espalda. Pasaban largas horas bajo el sol y afortunadamente alguien encontró una manera de hacerles un bien. Nosotros como familia hemos decidido traer latas de atún en el auto y obsequiarlas en lugar de monedas.

Así como en el libro de Proverbios, Gálatas 6:10 también nos anima así: "según tengamos oportunidad, hagamos bien a todos, y mayormente a los de la familia de la fe" (RVR1960). Algo hermoso se despertó en la humanidad durante la pandemia del covid-19: la generosidad de las personas, ayudando de maneras diversas y creativas. Nos hicimos más sensibles a las necesidades de otros, y los tantos que hemos sufrido pérdidas de familiares y amigos, podemos ser más empáticos.

Hay sabiduría en el refrán: "Haz el bien sin mirar a quién". ¿Has pensado en las diferentes maneras en que podemos hacer el bien? Todos tenemos algo que dar: comida, ropa, tiempo, palabras de ánimo, nuestras oraciones o, al menos, una sonrisa.

Dios, ayúdame a recordar que la fe sin obras es muerta.

MG

4 DE FEBRERO

Retenga tu corazón mis palabras,
guarda mis mandamientos y vivirás.

Proverbios 4:4, NBLA.

En muchos países está prohibido enseñar la Biblia. Los creyentes son perseguidos y encarcelados, y las Biblias son confiscadas y quemadas. Una vez, un predicador americano llegó a uno de estos países para entrenar líderes de congregaciones cristianas. Los veintidós asistentes habían viajado trece horas en tren y llegaron a un hotel en donde se sentaron en el piso, sin aire acondicionado y sin Biblias. El predicador sólo llevaba quince Biblias para repartir, así que siete personas no obtuvieron una Biblia. ¿Qué pasó?

El predicador notó que una mujer le dio su Biblia a otra persona que no tenía porque ella sabía de memoria el capítulo que leyeron. En el descanso, él se acercó y le preguntó dónde había memorizado las Escrituras. Ella contestó: "En prisión". Él se enteró que allí introducen la Palabra en pedazos de papel que también confiscan. "Por eso memorizamos lo más rápido que podemos, porque, aunque te quiten el papel, no te pueden quitar lo que tienes en el corazón".

Me gusta mucho la expresión en inglés *by heart,* que quiere decir que cuando memorizas algo, lo aprendes de corazón. Nuestro versículo nos invita a que nuestros corazones retengan sus palabras. Cuando de verdad amamos la Biblia y la valoramos en toda su preciosidad, la guardamos en el alma.

Nuestros hermanos cristianos, perseguidos por ser creyentes, han escogido llevar consigo la Palabra de Dios durante su reclusión. Su pasión ha sido memorizarla. ¿Cuánto tiempo le dedicas a memorizar las Palabras de tu Padre?

Señor, dame la intención, la voluntad y la inteligencia para memorizar tu Palabra.

YF

5 DE FEBRERO

Sus caricias te satisfagan en todo tiempo.

Proverbios 5:19, RVR1960.

Una famosa canción que ha sido interpretada por Celine Dion y Barbra Streisand pregunta: "¿Cómo mantienes la música sonando? ¿Cómo la haces durar? ¿Cómo evitas que la canción se acabe tan rápido?". Este proverbio nos recuerda que la manera de mantener encendida la llama del amor marital está en las manos.

Las caricias son algo que todos apreciamos. Un abrazo, un roce, un apretón de manos o una palmadita en la espalda comunican mucho y nos pueden llenar de energía en un momento de debilidad o tristeza. ¿Cuánto más ese contacto físico debe estar presente en la relación voluntaria más cercana que un ser humano puede tener: el matrimonio?

Aunque no lo creas, tu esposo desea tus caricias. Tus manos pueden transmitirle el mensaje que él está anhelando escuchar de ti. En el Cantar de los Cantares, el esposo le canta a la mujer con palabras dulces lo que todas deseamos escuchar. Pero ¿cómo lo enamora ella? Con sutiles invitaciones al jardín donde sus manos hablarán más que sus palabras.

Todas hemos pensado en la posibilidad de que la música se acabe. El divorcio es hoy tan común que quizá no lo veamos como una tragedia, pero Dios lo ve de otro modo. Podemos hacer que la música perdure si, entre otras cosas, estamos dispuestas a ser cariñosas. La canción mencionada dice al final: "Si podemos ser los mejores amantes y aún ser los mejores amigos, si podemos intentarlo todos los días… entonces supongo que la música no terminará". Que así sea.

Señor, que mis caricias demuestren mi amor.

KO

6 DE FEBRERO

¿Cómo son las personas despreciables y perversas? Nunca dejan de mentir.

Proverbios 6:12, NTV.

En tiempos recientes, ha surgido el término *fake news* para describir esas noticias falsas que se propagan en las redes sociales. ¿Alguna vez has compartido una noticia interesante o alarmante, solo para descubrir después que no es verdad? Me ha pasado en varias ocasiones. Después siento pena por haber sido engañada tan fácilmente. Inmediatamente procuro borrar esas publicaciones de mi muro o avisar que fue un error.

Hace tiempo, terribles incendios arrasaban con las selvas de la Amazonia en Brasil. En Facebook apareció una noticia que muchos compartieron con alivio: ¡grandes aguaceros estaban apagando el fuego! Resultó que en ese momento era falso el reporte, y miles habían difundido ese dato antes de comprobar su veracidad. ¡Lo lamentable es que existen individuos dedicados a crear esas mentiras! El resultado de estas mentiras es confusión y, en ocasiones, alarma.

La mentira puede engañarnos a pecar, como lo hizo el principal engañador, Satanás, cuando dijo a Adán y Eva: "¡No morirán!" (Génesis 3:4, NTV). Las noticias falsas corren como un fuego incontrolado y, cuando se demuestra que no son verdad, ya es tarde para corregir la impresión original y resarcir el daño. Aun así, las personas que se dedican a difundirlas nunca dejan de mentir, tal como lo afirma el proverbio de hoy.

La mentira puede causar daño irreparable. ¡Parece que se propaga más rápido que la verdad! Investiguemos las fuentes para saber si son de fiar. Si nos equivocamos, hagamos todo lo posible por corregir la noticia falsa. ¡Seamos portadoras de la verdad!

Señor, líbrame de mentir y de difundir mentiras.

MH

7 DE FEBRERO

Hijo mío, sigue mi consejo.

Proverbios 7:1, NTV.

Un dicho popular reza: "Si no estoy pobre por falta de consejo". En otras palabras, si los consejos fueran dinero, ¡seríamos millonarias! ¿Cuántos consejos has recibido de tus padres a lo largo de tu vida? Lo complicado es seguir esos consejos, ¿cierto?

Imagino a José en la carpintería, cuando Jesús, siendo adolescente, aprendía el oficio. "Toma el martillo de esta manera", le instruía. "Fíjate en la dirección en las vetas de la madera antes de cortarla". Seguramente Jesús valoraba y obedecía sus consejos. Y probablemente le aconsejó en otras áreas de su vida también.

Años más tarde, el Maestro tuvo que dedicarse de lleno a los negocios de su Padre celestial. Allí fue obediente también. Dios se agradaba tanto de Él que un día se oyó su voz cuando dijo: "Éste es mi hijo amado en quien tengo complacencia" (Mateo 3:17, RVR1960). Llegó el día en que cumplir con la voluntad de su Padre implicaba dolor, sufrimiento, escarnio, sangre y muerte. Aun allí, sus labios dijeron: "Que se haga tu voluntad, no la mía" (Lucas 22:42, NTV). ¡Qué sublime ejemplo de obediencia!

Cuando los padres viven, es un privilegio contar con su sabia dirección aun cuando ya hemos crecido y tenemos nuestra propia familia. Si tu papá vive, atesora sus palabras y nunca lo menosprecies. Si solo vive en tu recuerdo, ten siempre presente que no eres huérfana; tienes un Padre celestial que te ama, te habla, te ilumina y te guía. Obedécele. ¡Sigue el ejemplo de Jesús!

Jesús, hoy quiero darte gracias porque me diste el mejor ejemplo de un hijo obediente. Quiero ser como tú.

MG

8 DE FEBRERO

¡Escuchen cuando la Sabiduría llama!
¡Oigan cuando el entendimiento alza su voz!

Proverbios 8:1, NTV.

¿Sabías que hay lugares en el mundo donde no se conoce de Jesús ni de la Biblia? Se calcula que de las seis mil quinientas lenguas del mundo, solo tres mil trecientos cincuenta tienen una parte de la Biblia traducida. ¿Cómo escucharán de la Sabiduría?

Los moradores de cierta tribu tenían la creencia que, en algún tiempo no lejano, llegarían personas para enseñarles a adorar a un Dios maravilloso. El jefe de la tribu esperaba con anhelo ese momento, pero murió sin ver cumplido su deseo. Su hijo tomó su lugar y, después de algunos años, llegó a la isla un misionero con su familia. Cuando el jefe de la tribu oyó y comprendió el mensaje de la Biblia, les preguntó: "¿Por qué tardaron tanto en llegar? Mi padre los esperaba ansiosamente y murió sin conocer su mensaje".

Algunos llaman al capítulo de Proverbios 8 la "sabiduría personificada en Jesús". Describe lo que Cristo hizo durante el tiempo de su ministerio: llamaba y clamaba en las calles y los montes, tratando de convencer a los hombres del amor de Dios. Sus labios hablaban lo correcto y su boca expresaba la verdad. Como el misionero más grande de la historia, el Señor Jesucristo se interesó por el mundo perdido y le dio auxilio. ¡Pero se fue! Entonces, ¿se acabó su obra? ¡No! La encomendó a aquellos que ha salvado para que sean su voz.

Tú y yo oímos la Palabra de la Sabiduría y la hicimos nuestra. Nos hemos convertido en misioneras también. Somos las que bendeciremos a otras mujeres con su mensaje. Hablemos hoy a quien podamos y donde podamos.

Señor amado, abre mi boca para que tu sabiduría alcance a otros.

YF

9 DE FEBRERO

Dejad las simplezas, y vivid,
y andad por el camino de la inteligencia.

Proverbios 9:6, RVR1960

David Hume, un filósofo inglés que concluyó que no podemos saber lo que sabemos, habló sobre el diseño en la creación. Dijo que lo que vemos, en realidad, es la permutación casual de partículas que caen en un orden temporal o permanente, que tiene la apariencia de diseño. ¿Qué quiso decir con esto?

En otras palabras, Hume dijo que si tienes una caja llena de Legos —los juguetes de plástico que los niños usan para construcción—, y lanzas esas "partículas" en el aire, la casualidad hará que caigan sobre el piso en el lugar exacto y perfecto para construir un avión, un tren, una casa, o cual sea el dibujo representado en la caja.

¿Locura? ¿Insensatez? ¿Verdad? ¿Qué opinas? En el capítulo 9 de Proverbios, la sabiduría, personificada por una mujer, llama desde lo más alto de la ciudad y pide que dejemos las simplezas y andemos por el camino de la inteligencia. El hermoso mundo en que vivimos no puede ser producto de la casualidad. Apuesto a que si haces el experimento de los Legos cien, trescientas o mil veces, jamás se pondrán en el lugar correcto sin que haya un diseñador, una mano que los ponga en donde deben estar.

Demos gracias a Dios porque Él es el Creador de este mundo y nos ha dado una mente capaz de entenderlo y alabarlo por su grandeza. Aprovecha el día de hoy para gozarte en el diseño de este mundo y de tu propio cuerpo. ¡Elige el buen juicio!

Señor, te alabo por el hermoso mundo que has creado.

KO

10 DE FEBRERO

Tenemos buenos recuerdos de los justos,
pero el nombre del perverso se pudre.

Proverbios 10:7, NTV.

"Cría fama y échate a dormir, cría mala fama y échate a huir". Esta frase popular nos recuerda que nuestra reputación tiene que ver con nuestras acciones y tiene consecuencias, ya sean buenas o malas. ¿Cómo nos recordarán en el futuro?

Uno de los temas más populares para un ensayo es: "Describe a la persona a quien más admiras". En cuanto a mí, elegiría a una mujer que me sirvió de ejemplo por su carácter amable, su fe constante y su servicio cristiano. Era buena consejera, sobre todo porque conocía la Palabra de Dios y sabía aplicarla. Era justa porque era verdadera seguidora de Jesucristo. Reflejó su inteligencia y gracia en la obra misionera que llevó a cabo con su esposo y en su trabajo como profesora universitaria.

Efectivamente "tenemos buenos recuerdos de los justos". La palabra para justo tiene varias facetas, tanto en hebreo como en español. En español se refiere al "que obra según la justicia, la moral o la razón". En la Biblia, se describe como una persona de andar recto y justificado delante de Dios. El patriarca Abraham "creyó al Señor, y el Señor lo consideró justo debido a su fe" (Génesis 15:6, NTV). Como cristianos, reconocemos que la verdadera justicia en nuestras vidas es un regalo inmerecido del Señor.

¿Quieres que tus hijos, tus amistades y tus parientes tengan un buen recuerdo de ti? Sigue el ejemplo de esas personas dignas de admiración para ser una persona como ellas. Vístete, más que todo, de la justicia de Cristo. Con su poder, toma decisiones que te lleven por el camino recto. Que tus palabras y tus acciones reflejen su presencia en tu vida.

Padre mío, permite que refleje a Cristo y su justicia el día de hoy.

MH

11 DE FEBRERO

El chismoso anda contando secretos;
pero los que son dignos de confianza saben guardar una confidencia.
Proverbios 11:13, NTV

Barack Obama tuvo que guardar un secreto de su esposa Michelle cuando fungía como presidente de los Estados Unidos. La pareja presidencial se encontraba hospedada en el palacio de Buckingham en una visita al Reino Unido. Una noche, mientras el presidente preparaba su discurso en una de las habitaciones, se acercó uno de los mayordomos para darle un aviso: "Señor presidente, hay un ratón en el baño". El entonces mandatario hizo una petición: "No le digan a la Primera Dama".

"Tarde o temprano, todo se sabe", dice la sabiduría popular. Michel Cox coordinó una encuesta con tres mil mujeres. Los resultados arrojaron que el tiempo promedio que tarda en revelarse un secreto es de veintidós minutos. Algunas podían guardarlo un máximo de dos días. Según el estudio, las nuevas tecnologías favorecen la indiscreción de las personas. Benjamín Franklin sabía de este problemita cuando dijo: "Tres podrían guardar un secreto si dos de ellos hubieran muerto".

El proverbio de hoy nos dice que hay dos tipos de personas: los chismosos y los dignos de confianza. Alguien que comparte con nosotros un secreto está demostrando su amistad y confianza. La mejor manera de corresponder a eso es saber guardarlo. ¿Alguien te ha fallado alguna vez contando lo que le confiaste? La persona se siente avergonzada y defraudada.

Apliquemos la regla de oro: "Haz a los demás todo lo que quieras que te hagan a ti" (Mateo 7:12, NTV). Recuerda que cuando uno hace algo en repetidas ocasiones, vamos creando hábitos y, también, una reputación.

Señor, quiero ser digna de confianza. Ayúdame a tener un espíritu fiel.

MG

12 DE FEBRERO

Vale más un Don Nadie con criado
que un Don Alguien sin pan.

Proverbios 12:9, NVI.

La mayoría de los problemas financieros se deben a la mala administración del dinero. Si analizamos la vida de personas famosas que se han declarado en bancarrota, descubriremos que estuvo llena de derroche. Así que, cuando les llegó una situación de emergencia, no pudieron solventarla.

Uno de los grandes boxeadores de todos los tiempos es Mike Tyson. Es famoso por ganar la mayoría de sus peleas por nocaut en los primeros asaltos. Ha ostentado varios títulos y récords pugilísticos a lo largo de su vida y ha participado en varias películas. Fue incluido en el Salón Internacional de la Fama del Boxeo en junio de 2011 junto a Julio César Chávez y Rocky Marciano. Durante toda su carrera como boxeador, ganó cerca de trescientos millones de dólares. Pero su vida ha sido un desastre. Adicto a las drogas, a la vida nocturna desenfrenada y a la promiscuidad, Tyson gastaba cuatrocientos mil dólares al mes. Por si fuera poco, en el año 2003 enfrentó una deuda de veintisiete millones de dólares (la mayor parte en impuestos) y se declaró en bancarrota, perdiendo su casa. ¡Un gran Don Alguien sin pan!

El significado de nuestro proverbio se puede resumir en esta frase del apóstol Pablo: "El que no provee para los suyos, y sobre todo para los de su propia casa, ha negado la fe y es peor que un incrédulo" (1 Timoteo 5:8, NVI).

Conozco a muchas mujeres que quizá no son famosas, pero han provisto para su hogar. Hay algunas que incluso han dado parte de su dinero a otros como una ofrenda de amor. ¿Con quién te identificas? ¿Eres un Don Nadie o un Don Alguien?

Señor, que sea sabia en el uso de mi dinero.

YF

13 DE FEBRERO

Los que controlan su lengua tendrán una larga vida;
el abrir la boca puede arruinarlo todo.

Proverbios 13:3, NTV

Cuando Andrés, conocido también como el Hermano Andrés, comenzó a trabajar en una fábrica de chocolates en Holanda después de la guerra, no imaginó que se toparía con Greetje, quien enfadaba a las otras chicas y contaba historias sucias. Andrés y otra chica cristiana comenzaron a invitar a personas de la fábrica a sus reuniones, y Greetje solía burlarse de ellas, hasta que Andrés perdió la paciencia y le dijo: "¡Cállate, Greetje! El autobús sale a las nueve el sábado por la mañana para ir a las reuniones. ¡Más te vale estar ahí!". ¿Y qué pasó?

Para sorpresa de todos, Greetje asistió a la reunión, pero se mantuvo distraída e indiferente. Finalmente, Andrés ofreció llevarla a su casa en bicicleta. Supuso que el tiempo a solas sería ideal para confrontarla con su pecado y su necesidad de salvación. Sin embargo, algo muy fuerte en su interior le decía que no tocara temas espirituales, así que Andrés habló de los campos de tulipanes que veían al pasar.

La Biblia nos recuerda que hay "un tiempo para callar y un tiempo para hablar" (Eclesiastés 3:7, NTV). El lunes, Greetje buscó a Andrés: "¿Sabes? Supuse que aprovecharías el camino para presionarme a creer, pero no lo hiciste. Entonces pensé que quizá tú creías que alguien tan pecadora como yo jamás hallaría el perdón de Dios. Así que le pedí a Dios que me perdonara y ¡ahora me siento genial!". Andrés sonrió. ¡Qué bueno que no abrió la boca, pues lo hubiera arruinado todo!

Pidamos a Dios que nos muestre cuándo hablar y cuándo cerrar los labios. ¡No sea que arruinemos las cosas!

Señor, ayúdame a escuchar tu voz con claridad cuando quieras que permanezca callada.

KO

14 DE FEBRERO

La paz en el corazón da salud al cuerpo;
los celos son como cáncer en los huesos.

Proverbios 14:30, NTV.

La forma del símbolo del corazón que usamos hoy proviene de la antigua Grecia; se asemejaba a la hoja de la hiedra. Ahora abunda en calcomanías, tarjetas, joyería y más. Se ha vuelto popular hasta en los emoticones. Ya sea como ícono o como palabra, resulta común relacionar el corazón con el amor y la vida afectiva.

"Ojos que no ven, corazón que no siente". "Corazón apasionado no quiere ser aconsejado". "Barriga llena, corazón contento". Estos refranes y muchos más se refieren al corazón como el centro de las emociones, especialmente el amor.

Los salmos se escribieron originalmente en hebreo, en el que la palabra que se traduce "corazón" tiene un sentido más amplio. Se refiere a lo más íntimo del ser, no solo sentimientos sino también pensamientos y razonamientos. Experimentar paz emocional y mental está ligado con la salud integral. De hecho, algunos creen que muchas enfermedades tienen una conexión con emociones negativas como el estrés, el rencor, la ira y, como menciona este verso, los celos. Estos "son como cáncer en los huesos".

Cualquiera de nosotros anhelaría tener paz en vez de ese sufrimiento. Recordemos que si vivimos envidiando a los que poseen más, o que en nuestra opinión son más guapos o talentosos, lo único que nos espera es dolor interior y amargura de corazón. Lo contrario es reconocer y alegrarnos con los dones y oportunidades que Dios nos ha dado. Aunque pases por limitaciones o adversidad, si tu rostro refleja paz, permite que los demás vean el poder de Cristo en tu vida.

Señor, gracias por ser mi paz. Déjame reflejar esa paz en mi rostro.

MH

15 DE FEBRERO

Los ojos de Jehová están en todo lugar,
mirando a los malos y a los buenos.

Proverbios 15:3, RVR1960

Una noche fui a arropar a mis hijas a la hora de dormir. Una tenía cinco años y la otra tres. Yo deseaba transmitirles que Dios nos cuida a toda hora y en todo lugar, así que les dije: "Dios está en todas partes. Él está aquí ahora, en este cuarto, y Él mira todo lo que hacemos. No podríamos escondernos de Él. Si nos metemos al closet, Él nos mira, y si nos metemos debajo de la cama, también". No me esperaba su reacción. Me miraban con los ojos bien abiertos, volteando alrededor, llenas de temor al tomar consciencia de la omnipresencia de nuestro Creador.

El temor de Dios es un sentimiento de respeto reverente. Es "el principio de la sabiduría". Es bueno estar conscientes de que Dios nos ve, pero no solo observa. Él toma acciones conforme a nuestros hechos. Para los malos "horrenda cosa es caer en manos del Dios vivo" (Hebreos 10:31, RVR1960).

Y ¿qué pasa cuando Él ve a los buenos? La Biblia dice: "Porque los ojos de Jehová contemplan toda la tierra, para mostrar su poder a favor de los que tienen corazón perfecto para con él" (2 Crónicas 16:9, RVR1960). Su objetivo es favorecernos, ¡mostrar su poder a favor de quienes viven en integridad!

En la medida en que leemos la Palabra de Dios y le vamos conociendo más cada día, nos damos cuenta de las dimensiones de su amor. Al mirar nuestra vida en el pasado descubrimos que el Buen Pastor siempre ha estado ahí para ayudarnos, bendecirnos, sanarnos y proveernos. ¿Qué te produce saber que los ojos de Dios te observan en todo momento?

Amado Dios, ve si hay en mi andar perversidad, y guíame en el camino eterno.

MG

16 DE FEBRERO

Pon en manos del Señor todas tus obras,
y tus proyectos se cumplirán.

Proverbios 16:3, NVI.

Cuando queremos realizar un proyecto y necesitamos la ayuda de un experto, buscamos al más calificado. Supongamos que vas a construir una casa. ¿A quién acudirás? Seguro que buscarás que alguien te recomiende el arquitecto perfecto. Querrás conocer las obras que ha hecho y oír de diferentes personas cuál ha sido su trayecto profesional. Probablemente, hasta intentarás comprobar por ti misma si lo que te dicen es verdad. No le puedes encargar a un inexperto la obra de tu casa.

Josh McDowell era un estudiante escéptico. No confiaba a nadie su vida. Es más, estaba dispuesto a probar que el cristianismo era mentira y que el Señor Jesús no era Dios y que no había resucitado. Investigó profundamente la historia y la Biblia hasta que reconoció que todo lo que él trataba de desmentir era verdad. Tuvo que verlo por él mismo. El trabajo de su investigación está recopilado en varios libros. Uno de ellos se llama *Evidencia que exige un veredicto*, en donde demuestra la deidad de Jesús y su resurrección.

Dios es confiable. Josh lo descubrió y puso en sus manos todas sus obras. Dios dice en Jeremías 29:13: "y me buscaréis y me hallaréis porque me buscaréis de todo vuestro corazón", pues Él está dispuesto a darse a conocer si así lo deseamos (RVR1960).

¿Quieres acudir al experto en vidas? Quizá estás experimentando dudas, pero busca a Dios con todo el corazón y te llevarás una grata sorpresa. ¡Él te está buscando a ti!

Gracias, Padre, por ser el experto en vidas.

YF

17 DE FEBRERO

Absolver al culpable y condenar al inocente son dos actos que el Señor detesta.

Proverbios 17:15, NTV

Darryl Beamish, sordo y mudo, fue condenado a los dieciocho años por la muerte de Jillian Brewer. Después de quince años en prisión, se descubrió que era inocente y fue exonerado. David McCallum y Willie Stuckey entraron a la cárcel por matar a un chico blanco. Veinte años después, una prueba de ADN probó la inocencia de ambos. McCallum salió de la cárcel. Stuckey ya había muerto en prisión. ¿No nos escandalizan estas injusticias?

Todas detestamos cuando el culpable es liberado y el inocente recibe una condena. Tristemente, si bien estamos convencidas de que el asesino debe pagar, existen otras áreas donde hemos comenzado a llamar "bueno" a lo malo, "malo" a lo bueno, "amargo" a lo dulce y "dulce" a lo amargo (Isaías 5:20).

A veces, justificamos la mentira y el engaño. Usamos palabras menos fuertes para describir nuestro proceder. Sin embargo, para Dios hay una claridad tajante cuando se trata de la conducta humana. Así como Dios detesta la injusticia, también odia la mentira, la avaricia y la venganza.

¿Cómo saber si hemos comenzado a cambiar la etiqueta de las cosas llamando a lo bueno malo? ¿Cómo saber si condenamos lo que Dios condena? Preguntemos a un niño y veamos su reacción. O pongámonos del otro lado de la moneda. O analicemos qué dice la Biblia sobre el tema. Dios detesta el pecado. Nosotras debemos hacerlo también.

Señor, quiero odiar lo que tú odias. Ayúdame a regocijarme cuando se hace justicia.

KO

18 DE FEBRERO

La gente poco amistosa solo se preocupa de sí misma; se opone al sentido común.

Proverbios 18:1, NTV.

¿Te has preguntado por qué algunas aves hablan todo el día? Los pericos, por ejemplo, hacen mucho ruido porque son sociables. Suelen comunicarse todo el tiempo con los de su especie, pero también con sus amos. ¿No te dan ganas a veces de pedirles que guarden silencio? ¿Y qué me dices de las personas?

¿Tienes una de esas amigas que solo habla de ella misma, sus problemas y mil detalles de su vida diaria? Casi no pregunta por ti. Sus temas no tienen fin, desde su salud, su familia y su preocupación por la inseguridad. No encuentras cómo cambiar el giro de la conversación. Incluso tienes miedo de hacerle una llamada telefónica porque ¡con dificultad te despides! Quién saben si, tal vez, sin darnos cuenta, también somos así.

Como dice este proverbio, este tipo de persona "solo se preocupa de sí misma". Es probable que no escuche la razón y se oponga al sentido común. Sus palabras no contienen sano juicio, sino más bien reflejan su imaginación exagerada. Otra versión dice: "se entremete en todo negocio" (RVR1995).

Antes de señalar con el dedo a quien habla sin parar, primero pensemos en nosotras mismas. ¿Escuchamos más de lo que hablamos? Segundo, si conocemos personas que solo se preocupan por sí mismas, pidamos sabiduría a Dios para ser pacientes y aprender a desviar la conversación a gratitud y alabanza. No hay mejor antídoto para las quejas que la gratitud.

Señor, no permitas que sea poco amistosa, y dame sabiduría para tratar con amor a los que aún están aprendiendo.

MH

19 DE FEBRERO

El entusiasmo sin conocimiento no vale nada;
la prisa produce errores.

Proverbios 19:2, NTV

Una tarde, saqué del horno un pastel que deseaba tener listo para la cena. Estaba muy animada para decorarlo, así que, aunque no se había enfriado totalmente, empecé a desmoldarlo. Alguien con experiencia sabe que si el pastel todavía está caliente, lo más probable es que se rompa. Eso ocurrió. Unas partes se desprendieron; la parte del centro se quedó pegada al molde y, en consecuencia, tardé el doble de tiempo decorando pequeños cuadritos que corté para rescatar algo del pastel.

Aprendí la lección: tenía el entusiasmo, pero no la experiencia. Ahora que ya tengo ese conocimiento aún debo desarrollar mi capacidad de ejercer paciencia. Cada día tomamos muchas decisiones. Nuestros éxitos y fracasos son el resultado de cada una de ellas. El proverbio de hoy nos habla de dos factores vitales para tomar una buena decisión: estar informados y actuar sin prisas.

Jesús también enseñó la importancia de tomarnos tiempo para obtener y analizar la información antes de un proyecto. Dijo: "Porque, ¿quién de ustedes, deseando edificar una torre, no se sienta primero y calcula el costo, para ver si tiene lo suficiente para terminarla? No sea que cuando haya echado los cimientos y no pueda terminar, todos los que lo vean comiencen a burlarse de él, diciendo: 'Este hombre comenzó a edificar y no pudo terminar'" (Lucas 14:28-29, NBLA).

Durante nuestra vida habrá decisiones más trascendentales que otras, como elegir a tu pareja de vida, el momento oportuno de convertirte en mamá, comprar tu primera casa o usar o no una tarjeta de crédito. Haz tus cálculos, toma tu tiempo y siempre pon en manos de Dios todo lo que hagas. ¡No lo hagas con prisa!

Señor, que pueda honrarte con cada una de mis decisiones.

MG

20 DE FEBRERO

Cuando es tiempo de arar, el perezoso no ara;
pero al llegar la cosecha, buscará y no encontrará.

Proverbios 20:4, DHH

Es muy común en México ver a personas subir a los autobuses y pedir dinero contando historias conmovedoras. En una ocasión, subió un hombre y dijo que tenía una hijita en el hospital y que, a pesar de que trabajaba duro, no tenía lo suficiente para comprar un medicamento. Contó la historia con mucho sentimiento y la mayoría de las personas le dimos dinero para el medicamento. Cuando bajó del autobús, la persona que estaba a mi lado me dijo: "Encuentro seguido a este hombre en los autobuses pidiendo dinero y cada vez su historia es diferente. Ahora fue su hijita; ayer fue su abuelita".

Todos hemos sentido pereza en algún momento, pero ojalá que no sea nuestro estilo de vida. Pienso en las personas que ni siquiera buscan una excusa para vivir perezosamente y han hallado la manera de vivir a costa de los demás.

El perezoso no trabaja cuando debe hacerlo. Nuestro versículo no sólo habla del fruto que puede disfrutar una persona como recompensa de su trabajo en forma inmediata. También habla en sentido figurado del tiempo de la vejez. ¿Qué harán los perezosos cuando envejezcan? ¿Habrá alguien que les dé después de que desperdiciaron su vida viviendo de los demás?

No sabemos lo que pasará en el futuro. Estamos confiadas en que nuestro Dios siempre provee para nuestras necesidades, pero eso no quiere decir que no trabajemos. Si ponemos manos a la obra, el Señor bendecirá el fruto de nuestro trabajo con creces y aún nos alcanzará para nuestra vejez.

Señor, líbrame de la pereza.

YF

21 DE FEBRERO

Al hombre le parece bien todo lo que hace,
pero el Señor es quien juzga las intenciones.

Proverbios 21:2, DHH

Seguramente has comprado fruta que luce estupenda por fuera; de buen color, tamaño y textura. Al llegar a casa, la lavas y la rebanas. Entonces, ¡descubres que por dentro está desabrida o inmadura! ¡Qué decepción! El proverbio de hoy nos recuerda que a veces nosotros somos como esa fruta engañosa.

Delante de nuestros ojos, según nuestro criterio, somos buenas personas o estamos haciendo algo para el bien comunitario. Sin embargo, Dios ve más adentro y sabe que, detrás de las apariencias, se ocultan motivaciones erróneas. Quizá nos ofrecemos para ayudar con un evento con tal de quedar bien; o lisonjeamos para ganar favores; o sonreímos cuando por dentro estamos maldiciendo a la persona.

La Biblia nos recuerda que "no hay nada en toda la creación que esté oculto a Dios. Todo está desnudo y expuesto ante sus ojos; y es a él a quien rendimos cuentas" (Hebreos 4:13, NTV). Tal vez otros no adivinen por qué hacemos las cosas e, incluso, nos elogien por nuestras acciones. Sin embargo, nuestra alma está desnuda delante de Dios.

Por lo tanto, no solo tomemos este proverbio como una advertencia, sino también como un aliciente. Quizá tú, sin llamar la atención, estás ayudando a otros, atendiendo tu casa y esforzándote por tener relaciones sanas y de respeto, ¡Dios lo ve! No justifiquemos lo que hacemos, ni siquiera ante nosotras mismas. Que Dios examine nuestros corazones y encamine nuestras intenciones.

Señor, sondea mi corazón y no dejes que me engañe por mi propia opinión.

KO

22 DE FEBRERO

Así podrás conocer la verdad
y llevar un informe preciso a quienes te enviaron.

Proverbios 22:21, NTV

Una reina africana llegó con un gran séquito de sirvientes y una enorme caravana de camellos cargados con oro, piedras preciosas y especies. Esta muestra de grandeza iba de la mano con el monarca que iba a visitar. La reina de Saba se había enterado de la fama de Salomón y fue a visitarlo para ponerlo a prueba con preguntas difíciles. ¿Qué le preguntó?

Tal vez inquirió por los misterios de la naturaleza. Quizá habló de las cuatro preguntas vitales que todos debemos responder: de dónde venimos, para qué existimos, quién decide lo que está bien y mal, y qué pasa después de la muerte. La Biblia nos dice que Salomón tuvo respuestas para todas las preguntas que ella le hizo y nada le resultó demasiado difícil de explicar. Ella quedó atónita.

El proverbio de hoy nos recuerda que Dios tiene las respuestas a todas nuestras interrogantes. Como la reina de Saba, necesitamos buscarlo y hacer nuestras preguntas. Si no lo hacemos, nada averiguaremos. Estoy segura de que cuando escuchemos lo que Dios tiene para decir, diremos como la reina: "¡Todo lo que he oído de ti, Señor, es cierto! Tu sabiduría y prosperidad superan ampliamente lo que me habían dicho".

La reina de Saba regresó cargada de regalos generosos y llevó un informe de regreso a su tierra: en Israel había un rey con un Dios increíble. Tú y yo podemos conocer a ese Dios. Habla con Él de todo lo que tengas en tu mente y así podrás conocer la verdad.

Señor, disipa mis dudas.

KO

23 DE FEBRERO

Oye a tu padre, a aquel que te engendró;
y cuando tu madre envejeciere, no la menosprecies.

Proverbios 23:22, RVR1960

Gerontocracia es la forma de gobierno en que el poder está en manos de los ancianos. Existen pueblos indígenas en México que, dentro de sus usos y costumbres, conservan este tipo de gobierno. Por ejemplo, los mixes de Oaxaca y zoques de Chiapas. *Kubguy jyara* quiere decir 'papá del pueblo' en lengua zoque. Es una persona de edad avanzada que está investida de sabiduría, prestigio, poder y liderazgo. Esto ha llamado la atención de los etnólogos, quienes piensan que este tipo de gobierno, popular en la antigüedad, tiende a extinguirse. En Japón, cada tercer lunes de septiembre se celebra el *Keiro no hi*, que es el día del respeto a los ancianos.

La Biblia parece advertir la actitud de "sabelotodo" que vamos adquiriendo frente a nuestros padres y abuelos. A medida que crecemos, los vamos descartando. Hay pocos oídos dispuestos a escuchar a quienes tienen mucho que contar, y también hay pocas manos fuertes dispuestas a sostener a quienes ya no tienen fuerza.

¿Qué es lo opuesto al menosprecio? Romanos 13:7 nos enseña a dar honra. Pagad a "todos lo que debéis: al que tributo, tributo; al que impuesto, impuesto; al que respeto, respeto; al que honra, honra" (Romanos 13:7, RVR1960).

Es posible desarrollar una cultura más empática hacia esta etapa de la vida. Podemos encontrar maneras prácticas de demostrar honra. Hay lenguajes y actitudes que se entienden a cualquier edad. El respeto es una expresión de amor. ¿Qué podrías hacer hoy para honrar a alguien mayor que tú en edad?

Dios, que tus brazos abracen al anciano por medio de los míos y que escuche tu consejo por medio de su voz.

MG

24 DE FEBRERO

No envidies a los malvados,
ni procures su compañía.

Proverbios 24:1, NVI

La madre Teresa de Calcuta encabeza la lista de personas más admiradas del siglo veinte hecha por la Organización de Gallup. Sin embargo, aun cuando digamos que ella es digna de imitar, por lo general nuestras tendencias son distintas y admiramos a mujeres bellas, exitosas y con romances interesantes. En secreto deseamos ser como las modelos de revistas, las cantantes de pop o las actrices de telenovelas y películas que dominan la farándula.

Conocía a una chica que tuvo la oportunidad de trabajar en una importante televisora. Ella oraba porque Dios le ayudara a cumplir su sueño de ser artista y pedía a la iglesia que orara por eso también. Llegó a molestarse con los que le advertían del peligro de la vida en el negocio del entretenimiento y sobre lo pasajero de la fama. Pasó el tiempo y, como no se concretó el propósito de trabajar ahí, tuvo que conformarse. Después de algunos años se dio cuenta de que Dios la había librado de muchos peligros.

Es fácil envidiar a los malvados y procurar estar en su compañía cuando queremos tener lo que tienen. Pero David se hace eco del proverbio de hoy y nos dice: "No te inquietes a causa de los malvados ni tengas envidia de los que hacen lo malo. Pues como la hierba, pronto se desvanecen; como las flores de primavera, pronto se marchitan" (Salmo 37:1-2, NTV).

Si admiras a alguna celebridad, ora por esa persona. No sabes lo que pasa con su vida en realidad. Seguramente necesita que alguien le hable del Señor y le dé su Palabra.

Señor, hoy oro por... para que te conozca.

YF

25 DE FEBRERO

La crítica constructiva es, para quien la escucha, como un pendiente u otras joyas de oro.

Proverbios 25:12, NTV

La joyería de fantasía es solo eso, ¡una falsedad! Son aretes, collares o pulseras que parecen de oro, plata o piedras preciosas, pero que en realidad están hechos de materiales de poco valor.

A mi hija le gusta hacer pulseras y collares con cuentas de plástico. Si voy a una boda, prefiero usar un collar de perlas o una cadena de oro. Pero para el día a día no me incomoda usar las pequeñas "joyas" que mi hija ha confeccionado. En ambos casos, me adornan.

El proverbio de hoy nos dice que escuchar la crítica es como usar joyas. La crítica es la opinión que emitimos después de analizar una situación. ¿Qué diferencia hay entre la constructiva y la destructiva? La intención es lo que cuenta. ¿Para qué compartimos una evaluación: para desanimar al otro o para que el trabajo mejore? El propósito de la crítica destructiva siempre será detener el progreso del otro. El que da una crítica constructiva busca "ayudar a otros a hacer lo que es correcto y edificarlos en el Señor" (Romanos 15:2, NTV).

Aprende de las críticas de "oro" que surgen de corazones que te aman y buscan tu bien. Siempre acepta y atesora la crítica constructiva, pero también saca provecho de las críticas de "plástico" que surgen de la envidia. Busca discernir, pero también aprovecharlas para ser una mejor persona. Adórnate con las joyas que vienen de un corazón sabio que aprende de la crítica.

Padre, no quiero solo escuchar las cosas buenas de lo que hago o cómo lo hago, sino también aquello que me ayude a mejorar.

KO

26 DE FEBRERO

Entrometerse en los pleitos ajenos es tan necio como jalarle las orejas a un perro.

Proverbios 26:17, NTV

¿Has escuchado la palabra *metomentodo*? Es un sinónimo de chismoso o entrometido. Estos términos se refieren a la persona que quiere saber los asuntos personales de los demás y a menudo quiere "meter su cuchara" y opinar también. En nuestra cultura, cuando alguien hace preguntas o expresa opiniones acerca de lo que no le incumbe, en ocasiones le contestarán: "¿Qué te importa?".

Es fácil dar consejos a otros sobre hijos, matrimonio y moda. Sin embargo, muchas veces nuestros consejos, y nuestra experiencia en relaciones humanas ayuda muy poco.

El proverbio de hoy nos recalca que nos cuidemos de meternos en las contiendas de los demás. Otra versión se expresa así de los metiches: "se deja llevar de la ira en pleito ajeno" (RVR1960). Es peor si tomamos lados en una discusión, dominados por el enojo. Si agarramos a un perro por las orejas, nos metemos en problemas, causamos dolor y lo más probable es que nos muerda.

¿Es demasiado fácil para nosotras interesarnos en los asuntos de otros y opinar, cuando nadie nos está pidiendo un consejo? Cuidado: podemos hacer un juicio y favorecer a una de las personas involucradas en un pleito, sin conocer otros puntos de vista. Con la ayuda del Señor, podemos mantenernos calladas y hacer algo mucho más importante: interceder por ellos y ¡ver lo que Dios puede hacer!

Padre, me cuesta no entrometerme en los asuntos de otros; enséñame a ponerlos en tus manos.

MH

27 DE FEBRERO

El ungüento y el perfume alegran el corazón,
y el cordial consejo del amigo, al hombre.

Proverbio 27:9, RVR1960

El uso de aceites esenciales y vaporizadores es cada vez más popular en el hogar. En YouTube, los *influencers* recomiendan las mejores combinaciones para mantener una atmósfera armoniosa. Aromas como lavanda, bergamota, verbena, azahar y jazmín se utilizan para fomentar el buen humor y las emociones positivas. La aromaterapia ha sido practicada desde la antigüedad.

¿Recuerdas la placentera sensación de aspirar profundamente y, mientras te inundas de un delicioso aroma, tu mente se conecta con algún bello recuerdo de la infancia o simplemente sientes un agradable sentimiento de bienestar?

El autor del proverbio de hoy nos asegura que cuando recibimos el consejo de un amigo sentimos algo parecido. No siempre resulta agradable recibir consejo. Parece que el secreto está en la forma de darlos. Un consejo cordial no es un regaño, no es invasivo. Se da con tacto y las mejores intenciones.

Si quieres que el efecto de tu consejo se parezca al de un plácido aroma, toma con sumo cuidado la forma en que lo das. Y si quieres llenarte hoy de un aroma cálido que te traiga tranquilidad, escucha el consejo de un amigo.

Señor, que mis palabras siempre puedan brindar alegría al corazón de mis amigas.

MG

28 DE FEBRERO

Cuando el país anda mal, los gobernantes aumentan,
pero el buen dirigente sabe mantener el orden.

Proverbios 28:2, DHH

A mayor número de partidos políticos, mayores problemas, pues esto puede dividir más un país y permitir que así siga reinando la corrupción. Tristemente, en casi todos los países hoy existen problemas políticos de todo tipo.

Cuando los del pueblo de Israel pidieron a Samuel que les diera un rey, Samuel se entristeció y oró al Señor exponiéndole el problema. Y el Señor le dijo: "Oye la voz del pueblo en todo lo que te digan; porque no te han desechado a ti, sino a mí me han desechado, para que no reine sobre ellos" (1 Samuel 8:7, RVR1960). No querían que Dios fuera su rey. Querían ser como todas las demás naciones.

¿Qué se necesita para que un país tenga un buen dirigente que sepa mantener el orden? Se necesita que nuestro Dios reine. El Señor Jesús prometió volver para reinar. Esa es nuestra esperanza. La Escritura nos promete en Apocalipsis 11:15 que, en un futuro no muy lejano, los reinos vendrán a ser de "nuestro Señor y de su Cristo; y él reinará por los siglos de los siglos".

La situación en el mundo no se va a componer con los dirigentes humanos. ¿Qué nos toca hacer a nosotras? Pedir que el Señor venga pronto; amar y anhelar su venida. Leamos: "Por lo demás, me está guardada la corona de justicia, la cual me dará el Señor, juez justo, en aquel día; y no sólo a mí, sino también a todos los que aman su venida" (2 Timoteo 4:8, RVR1960).

Ven pronto, Señor Jesús.

YF

29 DE FEBRERO

El orgullo termina en humillación,
mientras que la humildad trae honra.

Proverbios 29:23, NTV

Edwin Stanton, el secretario de guerra de Abraham Lincoln, no ocultaba su falta de respeto por el presidente. En un momento crítico de la guerra civil de los Estados Unidos, Lincoln dio una orden que Stanton se negó a obedecer e, incluso, dijo en público que el presidente era un tonto. ¿Qué haría un presidente hoy en día?

Seguramente se enfadaría y podría destituirlo de su puesto, o encontraría cosas en su contra para difamarlo. Lincoln no hizo ninguna de estas. Primero, dijo: "Si Stanton dice que soy un tonto, entonces lo soy". Luego organizó una reunión con él en la que escuchó con atención lo que tenía para decir y concluyó que Stanton tenía razón y retiró la orden. No fue la única ocasión en que Lincoln demostró que estaba dispuesto a reconsiderar sus opiniones si estaba equivocado.

Vemos en Lincoln un ejemplo de humildad. La humildad es tener un concepto claro de uno mismo, lo que incluye reconocer que no lo sabemos todo y que no somos perfectos. Por lo tanto, una persona humilde dice: "no sé" o "me equivoqué" o "tienes razón". Así seguimos la instrucción: "Sean siempre humildes y amables. Sean pacientes unos con otros y tolérense las faltas por amor" (Efesios 4:2, NTV).

Durante el día de hoy, muestra humildad de manera práctica. ¿Cómo? Admite que no sabes algo y ten una actitud dispuesta a aprender. Reconoce cuando te equivocas y pide perdón. Acepta que, quizá, otros saben más que tú. Abraham Lincoln mostró humildad y se cumplió la promesa de este proverbio, pues aún hoy es considerado uno de los mejores líderes de su país y del mundo entero.

Señor Jesús, quiero ser humilde como eres Tú.

KO

1 DE MARZO

Hijo mío, presta atención cuando tu padre te corrige.

Proverbios 1:8, NTV

Hoy en día está muy de moda tener un entrenador personal. No solo basta con ir al gimnasio, sino que uno busca la ayuda de un profesional del *fitness* para lograr resultados.

Yo soy una rebelde cuando se trata de ejercitarme. Prefiero ir al gimnasio y subirme desapercibida a la escaladora o caminadora para tranquilizar mi conciencia después de veinte minutos, que seguir una rutina. Sin embargo, en cierta ocasión tuve una entrenadora personal que durante toda la sesión me mantenía vigilada, y se colocaba a centímetros de mí, animándome o retándome —a veces no notaba la diferencia— a terminar una serie de abdominales. Su constante presencia me forzaba a rendir cuentas, y de ese modo logré lo que nunca más he conseguido: llegar a mi peso ideal y mejorar mi condición cardiovascular.

En el proverbio de hoy, el autor usa la palabra "corregir" que viene de la palabra hebrea "musar". La palabra encierra la idea de entrenamiento bajo supervisión. ¿Te das cuenta de las dos personas encargadas de proveer esta capacitación? ¡Los padres!

Si aún estás bajo la tutela de tus padres, toma este consejo con mucha seriedad. Aun cuando a veces te sientas presionada, vigilada o monitoreada por tus padres, sé sabia y recibe su instrucción. Si eres madre, no dejes a un lado tu responsabilidad de ser la entrenadora personal de tus hijos. Requiere de tu tiempo y compromiso, pero es parte de tu "trabajo". Corrígelos, instrúyelos, ámalos.

Gracias, Señor, por mis padres. Ayúdame a imitar las cosas que han hecho bien, y a aprender de sus errores también.

KO

2 DE MARZO

Ella abandonó a su marido
y no hace caso del pacto que hizo ante Dios.

Proverbios 2:17, NTV

De acuerdo con las cifras del Instituto Nacional de Estadística y Geografía, desde 1986 el índice de divorcios en México ha crecido cuatro veces. En otros países latinoamericanos también sigue en aumento, aunque también son cada vez más las parejas que optan por no casarse.

Ian y Larissa eran novios. Un día Ian tuvo un accidente grave que afectó su cerebro y lo dejó discapacitado. Tardó en poder hablar y todavía lo hace con dificultad. En vez de casarse después de graduarse, esperaron otros cuatro años hasta que estuvieran seguros. Ian Murphy todavía usa silla de ruedas y tiene muchas limitaciones físicas, pero Larissa y él saben que el amor va más allá de las expectativas tradicionales.

El caso de Larissa es todo lo contrario al de la mujer que "abandonó a su marido y no hace caso del pacto que hizo ante Dios". Este versículo subraya la importancia de ver el matrimonio como un pacto ante Dios, no ante los hombres. Jesús mismo enfatizó el mensaje de Génesis 2:24, que el hombre y la mujer se unirán para ser una sola carne. Añadió: "Por tanto, lo que Dios juntó, no lo separe el hombre" (Mateo 19:6, RVR1960).

Como parte de los votos matrimoniales, las casadas prometimos amar en salud y enfermedad, pobreza y riqueza. Dijimos que nuestro amor sobreviviría el embate de las tormentas, y mucho más. Cuando vengan esas circunstancias adversas, recordemos que el pacto lo hicimos ¡ante Dios! Él mismo nos dará fuerzas para seguir amando y apoyando a nuestros esposos.

Señor, confío que en este día me ayudarás a ser fiel a mis promesas.

MH

3 de marzo

Fíate de Jehová de todo tu corazón,
y no te apoyes en tu propia prudencia.

Proverbios 3:5, RVR1960

Invité a un par de amigas a desayunar en casa. Serví la comida en una preciosa vajilla con filos dorados que nos dieron como regalo de bodas. Metí al microondas un platillo que ya se había enfriado y una de mis amigas, al notar el borde metálico del plato me aconsejó no hacerlo. No tomé en cuenta su advertencia y como era de esperarse empezaron a salir chispas.

A veces hacemos las cosas a nuestro modo porque pensamos que es la mejor manera. Podemos recordar a Abraham y Sara, que pensaron que la forma en que Dios les daría descendencia sería a través de su sierva. Hicieron las cosas a su modo y las consecuencias fueron muy tristes para Sara, para Agar y sus descendientes que han estado enemistados hasta el día de hoy. Dios tenía un mejor plan; solo tenían que confiar y esperar.

El Salmo 37:5 es uno que conviene memorizar: "Encomienda a Jehová tu camino, y confía en él; y él hará" (RVR1960). Confiemos plenamente en que Dios desea siempre lo mejor para nosotros. La impaciencia a veces nubla nuestro entendimiento como cuando metí aquel plato en el microondas. Así es como Rita hizo oídos sordos al consejo de: "No os unáis en yugo desigual con los incrédulos", solo para convertirse años más tarde en una esposa maltratada y engañada. O el caso de Roberto, que cuando leyó "no miréis el vino cuando rojea" le pareció una exageración. Pensó que tomarse unas copas de vez en cuando no lo iría convirtiendo en el alcohólico en que se convirtió, perdiendo salud, trabajo y familia.

Dios no quiere ver nuestras vidas quemadas y marcadas por las chispas del pecado. Seguir todo el consejo de Dios es la mejor manera de demostrarle tu amor y tu confianza.

Encomiendo mis planes a ti, Dios. Espero y confío en ti.

MG

4 DE MARZO

Adorno de gracia dará a tu cabeza;
corona de hermosura te entregará.

Proverbios 4:9, RVR1960

En el reino animal, los machos son los preocupados por conquistar a las hembras. Entre las aves, los machos tienen plumajes preciosos mientras que las hembras son muy simples. Sin embargo, entre los humanos, somos las mujeres las que tratamos de llamar la atención de los varones y lo hacemos de la manera que lo dicta nuestra cultura.

Hay una tribu dispersa entre Myanmar y Tailandia en la que las mujeres son consideradas hermosas por los anillos de latón que van añadiendo a su cuello desde que tienen cinco años. Cada año, añaden un anillo del grueso de un dedo. Les llaman "las Mujeres Jirafa". Cuanto más largo esté su cuello, son más atractivas. Hay mujeres que han llegado a tener hasta 27 anillos en su cuello. Cada anillo, además de aumentar la belleza de la mujer, indica también su posición económica.

Nuestro proverbio dice que la sabiduría pone un adorno de gracia en nuestra cabeza y una corona de hermosura. ¡Siempre es agradable encontrarse con una persona sensata, confiable, amable, pura, de buenos sentimientos, prudente y llena del Espíritu Santo! Y cuando hablamos de esa persona decimos que es hermosa por dentro y por fuera. Dichas personas siempre están rodeadas de otras personas que se deleitan con su presencia. Su personalidad irradia paz. Sus ojos tienen un brillo especial. Aman al Señor por sobre todas las cosas y lo que hablan tiene alguna enseñanza.

Tú y yo podemos ser hermosas por dentro y por fuera. En Proverbios, Dios nos dice el secreto de la verdadera belleza: buscar a la sabiduría como si fuera oro. Amar lo que Dios ama y sumergirnos en ello, nos dará una corona de gracia que todos admirarán.

Padre, quiero ser bella por dentro y por fuera.

YF

5 DE MARZO

Hijo mío, presta atención a mi sabiduría...
entonces demostrarás discernimiento.

Proverbios 5:1-2, NTV

Mi amiga Nicola es una artista capaz de distinguir entre dos colores que, delante de mis ojos, son azul claro. Yo los veo iguales, ¡ella nota las diferencias! Por otra parte, cuando cantamos, yo puedo detectar si alguien está desafinado. Mi amiga me mira como si hubiera perdido la razón. A este arte se le llama discernimiento, la habilidad de percibir tonalidades y diferencias. Mi amiga Nicola, por ejemplo, es más sabia en arte, mientras que yo me distingo más por mis conocimientos musicales. En la vida necesitamos discernimiento.

Podemos discernir cuando prestamos atención a Jesús, la Sabiduría de Dios. Cuando entendemos las prioridades que gobernaron los pasos de Jesús al caminar por este mundo, podemos aprender qué camino tomar.

Pablo pide en oración que nuestro "amor abunde aún más y más en este conocimiento para que aprobéis lo mejor" (Filipenses 1:9-10, RVR1960). En otras palabras, Pablo quiere que aprendamos a discernir entre lo bueno y lo malo, lo bueno y lo mejor. En muchas ocasiones he elegido algo bueno, como descansar, pero no me he esmerado en lo mejor, un descanso acompañado de la Palabra de Dios.

Que Dios nos permita ver las finas distinciones que tantas veces pasamos por alto. Que aprendamos lo que es bueno pero, sobre todo, lo que es mejor. ¿Qué cosa "buena" harás hoy? ¿Hay una opción que sea "mejor"?

Padre, dame unos ojos capaces de reconocer lo "mejor", en cada persona y cada situación.

KO

6 DE MARZO

Hay seis cosas que el Señor odia...
los ojos arrogantes...

Proverbios 6:16-17, NTV

"Ruin arquitecto es la soberbia; los cimientos ponen en lo alto y las tejas en los cimientos", escribió Francisco de Quevedo. La soberbia o la arrogancia es el sentido de superioridad de una persona sobre otra y realmente ¡sugiere la bajeza de quien la posee! Hemos oído del racismo en los Estados Unidos donde el color de piel hace una clara distinción. ¿Y en nuestros países latinoamericanos? Creo que los grupos más marginados están formados por los pueblos originarios de nuestros pueblos.

El autor de Proverbios insiste: "el Señor odia... los ojos arrogantes". La arrogancia se define como: "altanería, soberbia o sentimiento de superioridad ante los demás". Esta actitud es todo lo contrario a la del patriarca Moisés, quien "era muy humilde, más que cualquier otra persona en la tierra" (Números 12:3 NTV). Cuando sus hermanos Aarón y Miriam lo criticaron por casarse con una mujer cusita, Dios se enojó y castigó a Miriam convirtiendo su piel en blanca y leprosa.

Los cusitas eran de ascendencia africana, probablemente etíope y posiblemente de raza morena. Moisés clamó al Señor: "¡Por favor, no nos castigues por este pecado que tan neciamente cometimos!" (Números 12:11, NTV). Ante la arrogancia de sus hermanos, fue humilde y tomó responsabilidad parcial por el pecado. Suplicó a Dios que sanara a Miriam y su petición fue contestada.

¿Alguna vez nos portamos con soberbia y superioridad? Quizá hayamos despreciado a alguien por tener menos estudios, por ser extranjero, por ser más pobre o por tener alguna discapacidad. Si es así, confesemos nuestro error. Las que somos mamás o maestras, inculquemos en los hijos o alumnos el respeto hacia los demás.

Padre, ayúdame a reflejar la humildad de Cristo en mi andar diario.

MH

7 DE MARZO

Lígalos a tus dedos;
escríbelos en la tabla de tu corazón.

Proverbios 7:3, RVR1960

El Código de Hammurabi es un conjunto de leyes grabadas en piedra de diorita. Fue escrito alrededor de 1750 a.C. por el rey de Babilonia Hammurabi, aunque está redactado como si su dios Marduk o Shamash las hubiera escrito. Antiguamente se creía que las leyes eran dictadas por los dioses, por ello eran sagradas. Una estela de este código se conserva en el museo de Louvre en París. Hammurabi sabía que escribir sus leyes en piedra era la mejor manera de asegurar su permanencia.

Jehová, el Dios único y verdadero, escribió mandamientos con su propio dedo sobre tablas de piedra que entregó a Moisés para que el pueblo pudiera recordarlas y obedecerlas. Pero el hombre aun así desobedeció los estatutos.

Dios quiere que guardemos y atesoremos sus mandamientos, y la única manera de hacerlo es grabarlos en nuestro ser interior, es decir, escribirlos en nuestra mente y corazón. Eso solo puede ocurrir con la presencia del Espíritu Santo en nosotros. Pablo nos dice: "Y se ve claramente que ustedes son una carta escrita por Cristo mismo y entregada por nosotros; una carta que no ha sido escrita con tinta, sino con el Espíritu del Dios viviente; una carta que no ha sido grabada en tablas de piedra, sino en corazones humanos" (2 Corintios 3:3, DHH).

De nada serviría tatuarnos las leyes en el corazón si con nuestros hechos y actitudes no demostramos nuestra obediencia. Que tu vida sea una carta hermosa, donde escribas un poema eterno de adoración y gozo que sea de testimonio y bendición a todo aquel que lo lea.

Señor, en mi corazón he guardado tus dichos, para no pecar contra ti.

MG

8 DE MARZO

En verdad, quien me encuentra halla la vida
y recibe el favor del Señor.

Proverbios 8:35, NVI

Al estar escribiendo estas palabras, he sabido de muchos de mis conocidos que han enfermado por el covid-19. Algunos han muerto ya. Una doctora mencionó que, con este virus, debemos estar preparados para perder a alguien de nuestra familia. Algunos, seguramente, piensan en dar todo lo que tienen con tal de no perder la vida propia o a alguien amado.

¿Qué tan desesperada estaba por sanidad cierta mujer, que se expuso al rechazo e incluso a que la apedrearan por "contaminar a los varones" con su enfermedad? La Ley de Moisés decía que una mujer en su tiempo de menstruación no podía salir de su casa. Pero ella había estado encerrada en su casa doce años por ese flujo que no quería parar. Había gastado todo lo que tenía en médicos y nadie le había ayudado, hasta que ¡encontró a Jesús!

Para ella, encontrar al Señor Jesús fue encontrar la vida, literalmente. Había encontrado a la sabiduría humanada, al Dios hecho hombre que le mostró su favor ¡y la sanó! Las mismas palabras del proverbio de hoy parecieran salir de la boca del Señor Jesús cuando dijo: "Yo soy la resurrección y la vida" (Juan 11:25, RVR1960).

Nosotras hemos encontrado al que es la vida. Un virus, un flujo de sangre, un cáncer, o cualquier otra cosa, no lo han podido detener. Él sigue dando vida ahora. Tenemos ejemplos de gratitud en nuestra congregación de quienes han recibido el favor del Señor, triunfando sobre el covid-19 y sobre otras enfermedades de muerte. Pero la mayor victoria es cuando un pecador se arrepiente y gana ¡la vida eterna!

Padre, en ti encuentro la vida. ¡Gracias!

YF

9 DE MARZO

Preparó un gran banquete.

Proverbios 9:2, NTV

Se cuenta de dos enormes mesas con personas alrededor. En ambas, la comida se puso en medio y se repartió a los comensales unos largos tenedores. En una de las mesas, los invitados murieron de hambre pues jamás lograron llevar la comida a sus bocas. Podían alcanzarla con el tenedor, pero no hasta sus labios. En la segunda, los invitados decidieron alimentar a los demás, es decir, a los que pudieran alcanzar, y de ese modo, ¡disfrutaron el banquete! ¿En cuál mesa quieres estar?

En Proverbios 9 hay dos banquetes. El primero es el que ha preparado la sabiduría. Ha puesto comida y mezclado los vinos. ¡Invita a todos a venir! Quiere que todos disfruten su comida. En el segundo, la mujer insensata llama a los que andan ocupados. ¿Y qué les ofrece? Agua robada y comida que se deguste a escondidas. ¿Cuál de las dos invitaciones te apetece?

La Biblia está llena de alusiones a dos caminos, dos puertas, dos señores. Y tristemente, nos recuerda que no podemos "servir a dos amos" (Mateo 6:24, NTV). No podemos acudir a las dos mesas ni a los dos banquetes. En esta vida, debemos elegir. ¿Iremos a la mesa de la generosidad? ¿Acudiremos al banquete de la sabiduría? ¿O nos moriremos de hambre por no querer compartir y comeremos pan robado?

Cada decisión nos ofrece dos alternativas. Cada día tenemos que optar por la sabiduría o la insensatez. ¡Qué triste que muchas veces preferimos el camino de la necedad y el egoísmo! Pero hoy podemos marcar la diferencia. ¡Escojamos hoy la sabiduría!

Señor, quiero asistir al banquete de tu amor. ¡Gracias por invitarme!

KO

10 DE MARZO

El Señor no dejará que el justo pase hambre.

Proverbios 10:3, NTV

Una pareja mexicana se dedicaba a capacitar jóvenes con cursos y llevarlos a zonas indígenas para hacer prácticas. Promovían las misiones interculturales antes de que esto fuera común en muchas iglesias. Vivían por fe con algunas ofrendas pero sin entradas constantes. Un día, al llegar su hija del colegio, la mamá pidió que pusiera la mesa. Al preguntar: "¿Qué vamos a comer?", supo que no había comida en casa, ni siquiera cereal. Su mamá le aseguró que Dios proveería.

Efectivamente, mientras daban gracias por los alimentos que no había, sonó el timbre. Era el jardinero del conjunto habitacional, a quien la mamá había ofrecido un vaso de agua en ocasiones. Ahora él, agradecido por esa generosidad, llevaba una canasta con abundante barbacoa y tortillas de una fiesta en su pueblo.

La promesa de este proverbio se cumplió. De manera semejante, el rey David escribió en su vejez: "Nunca he visto abandonado al justo ni a sus hijos mendigando pan" (Salmo 37:25, NTV). Estas palabras sirven para fortalecer a los que padecen alguna falta material y confían en Dios para su provisión. Jesús también enseñó sobre la provisión que da el Padre a los que buscan primero su reino (Mateo 6:25-33).

En los países de América Latina conocemos la pobreza. En algunos países la tasa de pobreza sobrepasa el 60%. De hecho, en muchas de las comunidades de fe tenemos familias que luchan para salir avante a diario. Sin embargo, también hemos visto cómo Dios provee por ellos. Si estás preocupada por alguna necesidad, pon tus ojos en tu Padre celestial y confía en sus promesas.

Padre mío, sé que proveerás lo que necesito, porque soy tu hija.

MH

11 DE MARZO

Donde no hay dirección sabia, caerá el pueblo;
mas en la multitud de consejeros hay seguridad.

Proverbios 11:14, RVR1960

Existe una organización internacional de líderes globales llamada "The Elders" o "Los Mayores" en español. Fueron reunidos por Nelson Mandela y ofrecen su influencia y experiencia colectiva para resolver problemas mundiales relacionados con la paz, los derechos humanos y la pobreza, por mencionar algunos. La mayoría de sus integrantes han recibido el Premio Nobel de la Paz. Estas personas han demostrado con su trayectoria, que pueden liderar con su ejemplo y que han sido capaces de crear cambios sociales.

Todo gobierno, iglesia, familia y persona, necesita líderes sabios que los guíen por la dirección correcta. Los consejeros son una necesidad para solucionar los problemas individuales y colectivos. Los han tenido los reyes, los presidentes y toda persona que reconoce la importancia de tomar no una buena decisión, sino la mejor.

Uno de los nombres de Jesús es Consejero (Isaías 9:6). Él nos ha dejado en su Palabra, nuestra lámpara, los consejos que necesitamos para ver con claridad. Si queremos los mejores consejos, solo pueden venir de quien todo lo sabe, todo lo ve y todo lo puede.

¿Has pensado que puedes compartir esa luz con otros? A veces te tocará estar en la silla del aconsejado y otras posiblemente te toque aconsejar. Es un trabajo necesario e importante. Que nuestra sabiduría provenga del Consejero divino.

Señor, ayúdame a dar consejos sabios.

MG

12 DE MARZO

El justo sabe que sus animales sienten,
pero el malvado nada entiende de compasión.

Proverbios 12:10, DHH

Desde que el Señor le dio a Adán el dominio sobre todas las cosas en la tierra, el hombre ha aprovechado esto para mostrar la crueldad que anida en el fondo de su corazón malvado. Las matanzas y cacerías indiscriminadas contra animales indefensos son muy comunes. En estos últimos años, se han formado organizaciones que luchan por los derechos de los animales y por su bienestar. En algunos países se ha prohibido la cacería de ciertas especies y el uso de animales en los circos.

Me dio mucha tristeza ver el video de una perrita ciega y embarazada que había sido golpeada y abandonada en la montaña. ¿Puedes creer que esto lo hizo un ser humano? Por dicha, una familia la encontró y llamó a una organización de ayuda para animales en peligro. Los rescatistas llevaron a esta perrita al hospital. Los bebés estaban muertos, así que la primera cosa que hicieron fue sacarlos y esperar a que el animalito se restableciera. Después se encargaron de las fracturas y, gracias a la bondad de estas personas, también pudieron salvarle un ojo. Hoy, la pequeña está a salvo con una familia que la adoptó y le da mucho cariño.

El justo sabe que sus animales sienten. Es innegable que las expresiones de dolor y amor en los animalitos son capacidades que Dios les dio para comunicarse con nosotros. Sólo mentes retorcidas no pueden ver esta maravilla.

No necesitamos formar parte de una organización como estas, pero sí tenemos la responsabilidad de ayudar a las vidas en peligro que pueblan la tierra. Si nos consideramos justas, hijas de Dios, nuestra obligación es ayudar a los indefensos, incluyendo los animales. ¡Amemos la creación de Dios!

Señor Creador, hazme una embajadora de tu creación.

YF

13 DE MARZO

Las personas sabias piensan antes de actuar;
los necios no lo hacen y hasta se jactan de su necedad.

Proverbios 13:16, NTV

Cinco horas de sueño no son suficientes. Los médicos y expertos en el tema nos indican que requerimos de, por lo menos, ocho horas de sueño ininterrumpido para funcionar. Sin embargo, nos desvelamos como si nada nos fuera a suceder. Actuamos como si fuéramos hechas de otro material. Aún más, nos jactamos frente a otros de ello. ¿No es insensato?

Recuerdo que de joven parecía una competencia en la universidad. ¿Quién había dormido menos? ¿Quién aguantaba más sin dormir? La insensatez, traducida también como necedad, se identifica por una falta de prudencia y madurez que muchas veces vemos en otros, pero no en nosotras mismas. Sin embargo, haríamos bien en analizarnos. Fumar y pensar que no nos dará cáncer, maltratar a nuestro subordinado y esperar lealtad, consumir comida chatarra y no planear engordar, son ejemplos de una evidente carencia de sensatez.

Jesús usó el ejemplo de un hombre que construye una casa sobre la arena, sin cimientos ni previsión para las lluvias. El hombre fue necio, insensato e imprudente. Meneamos la cabeza al leer que su casa se derrumbó y nos decimos: "Lo sabía". Pero ¡en cuántas cosas somos ciegas a nuestra propia necedad!

¿No menea el médico la cabeza cuando nos quejamos de bajo rendimiento o debilidad física y luego confesamos que dormimos entre cuatro y cinco horas diarias? Analicemos en qué áreas mostramos insensatez y corrijamos. Como dice nuestro proverbio de hoy, los sabios piensan antes de actuar.

Señor, tengo hábitos que no son saludables y que me niego a dejar aun cuando sé que sería sensato hacerlo. Dame fuerzas para dejarlos.

KO

14 DE MARZO

Los sabios son precavidos y evitan el peligro;
los necios, confiados en sí mismos, se precipitan con imprudencia.
Proverbios 14:16, NTV

En marzo 2019 se dio a conocer que unos estudiantes ignoraron las restricciones y subieron al cráter del volcán Popocatépetl de México. Al fin se supo de su "travesura" porque publicaron un video en las redes sociales. Días después, el volcán dio su mayor explosión en años; asustó a los habitantes de las ciudades cercanas con su estruendo y cimbraron las ventanas de las casas en zonas más alejadas. Se dispararon fragmentos incandescentes que provocaron un incendio forestal en las laderas de la montaña.

¿Qué habrán sentido esos jóvenes? Por un lado, habrán dado un respiro de alivio, puesto que ya no estaban en la cima del volcán cuando hizo erupción. Por otro lado, seguramente se dieron cuenta de que habían arriesgado la vida, aunque quizá su aventura irresponsable les haya parecido divertida al principio. Por ejemplo, en 1996 fallecieron cinco alpinistas por escalar el volcán sin permiso.

Nuestro proverbio dice que los sabios son precavidos y evitan el peligro. Si saben que algo les puede causar daño, no se atreven a acercarse. En los tiempos bíblicos, quizás pensarían en leones; hoy en día podríamos hablar de las drogas o el sexo fuera del matrimonio. No se debe jugar con el peligro. Aun Jesús supo alejarse a otra región cuando tramaban matarlo antes del tiempo designado por Dios (Marcos 3:6-7).

Quizá tú y yo no cometamos la misma imprudencia de los estudiantes, pero sí otras que pongan en riesgo nuestra salud, nuestro bienestar o el de nuestras familias. La Palabra de Dios nos guía para tomar las mejores decisiones.

Padre, guía mis pasos y mis decisiones, para que actúe con prudencia.

MH

15 DE MARZO

Todos los días del afligido son difíciles;
mas el de corazón contento tiene un banquete continuo.

Proverbios 15:15, RVR1960

Irma nació en una familia numerosa de escasos recursos. En sus pláticas, siempre menciona sus carencias y su resentimiento hacia el padre que los abandonó, y a sus cincuenta años, sigue soltera. A Rosa le encantó tener muchos hermanos porque podían hacer equipos para jugar y, aunque extraña la camaradería, ahora ha formado su propia familia. Lo curioso es que ellas son hermanas. Vivieron las mismas experiencias, pero si les muestras un vaso con un poco de agua, Irma opina que es un vaso medio vacío y a Rosa le parece que está medio lleno.

El optimismo y el pesimismo son actitudes. Una es negativa y la otra positiva. Lo importante es notar que no se trata solamente de quién la pasa bien y quién la pasa mal. En realidad, estas actitudes determinan la capacidad de adaptación y la plenitud de vida de una persona.

Irma y Rosa vivieron una niñez complicada, pero Rosa imitó la actitud del profeta Habacuc que decidió: "Aunque las higueras no florezcan y no haya uvas en las vides, aunque se pierda la cosecha de oliva y los campos queden vacíos y no den fruto, aunque los rebaños mueran en los campos y los establos estén vacíos, ¡aun así me alegraré en el Señor!" (Habacuc 3:17-18, NTV). Podemos tener algo mejor que un corazón contento, ¡podemos tener un corazón gozoso!

Cuida tu relación más importante: tu relación con Dios. Lee la Biblia, ten conversaciones largas con Él en oración. Cada día reconoce y confiesa tus errores, cántale y obedece sus mandamientos. Es la mejor manera de experimentar su llenura. Experimenta una actitud optimista al ver las cosas como Dios las ve.

Tu gozo, oh, Dios, es la fortaleza de mi vida.

MG

16 DE MARZO

Justas son todas las razones de mi boca;
no hay en ellas cosa perversa ni torcida.

Proverbios 8:8, RVR1960

Durante la pandemia del covid-19, la mayoría de las personas dijo: "No es justo que la gente no use cubrebocas. Estamos cansados de este encierro". En las elecciones de los Estados Unidos se oyó: "No es justo, hicieron trampa". Cuando oímos del asesinato de un periodista que estaba investigando el móvil de un cuerpo abandonado en una carretera de Guanajuato, México, su familia declaró que no era justo.

Por todas partes oímos noticias de hechos injustos. Cuando expresamos "¡No es justo!", queremos decir que nos sentimos impotentes ante tantas cosas malas que suceden. En otras palabras, ¡queremos justicia!

Queremos que en este mundo haya justicia. ¡Imposible! No va a haber justicia porque la humanidad no quiere seguir a quien dice que "todas las razones de su boca son justas". En el mundo habrá justicia cuando oigamos y sigamos las razones justas que Dios tiene en su Palabra.

¡Qué dichosos somos los que escuchamos y amamos las razones de su boca! Sabemos que, aunque en este mundo haya injusticia, el Señor es justo y nos hará justicia cuando sea el tiempo debido.

Señor, Tú eres justo. Gracias por ello.

YF

17 DE MARZO

Los padres de un necio sufren.

Proverbios 17:21, NTV

Hudson Taylor creció en una familia cristiana. Sin que él lo supiera, sus padres lo dedicaron a Dios desde su nacimiento, en especial al trabajo en China. Sin embargo, a los quince años, él comenzó a trabajar en un banco. Pronto se dejó seducir por el dinero y la diversión. Empezó a imitar a sus amigos y usó palabras maldicientes. Perdió todo interés en la oración y la lectura de la Biblia. A los 17 años, Hudson tenía un humor irascible y violento. Como dice el proverbio, por la necedad de Hudson, sus padres sufrieron. Nada de lo que decían lo hacía cambiar. ¿Y qué pasó?

Su madre Amelia decidió irse unos días de viaje y los dedicó a orar por su hijo. Se encerró en una habitación y se propuso no dejar de interceder por su salvación hasta que Dios le diera paz. Y la paz llegó. Mientras ella hablaba con Dios, Hudson leía un panfleto que hablaba de la salvación, y creyó en Jesús. Curiosamente, no era la única orando por él. La hermana menor de Hudson, de apenas 13 años, hacía lo mismo.

El resto es historia. Hudson Taylor viajó a China donde dedicó gran parte de su vida a compartir del amor de Dios. Las oraciones de su madre y su hermana surtieron efecto. En realidad, no podemos subestimar el poder de una madre, una hermana, una tía, una sobrina, una prima, una abuela o una cuñada que ora. "La oración eficaz del justo puede mucho" (Santiago 5:16, RVR1960).

Si no quieres ser una madre que sufre por la necedad de sus hijos, no desmayes y sigue orando por tus seres queridos. Nuestros hijos bien valen la pena el esfuerzo, el tiempo y el amor que invirtamos en acudir al único que puede cambiar sus corazones: el Señor.

Padre, a veces flaqueo al orar por mis hijos, pero renueva mis fuerzas.

KO

18 DE MARZO

Las palabras sabias son como aguas profundas;
la sabiduría fluye del sabio como un arroyo burbujeante.

Proverbios 18:4, NTV

En los estados cercanos a los volcanes Popocatépetl e Iztaccíhuatl en el centro de México, abundan los manantiales de agua pura y fresca que provienen de la nieve cuando se derrite. En uno de los pueblos, donde hay un lugar para llenar tus botellas de agua directamente del manantial, un letrero anuncia las propiedades certificadas por químicos que confirman la pureza del agua.

El proverbio dice que "las palabras sabias son como aguas profundas". Para alcanzarlas, digamos que necesitamos una cubeta con una cuerda muy larga. Así fueron las narraciones de Jesús que llamamos parábolas. En ocasiones solo los que ansiaban entenderlas procuraban absorber su mensaje real y oculto. Solo aquellos que tenían hambre de sabiduría y de Dios.

Por ejemplo, al haberse ido la multitud después de que Jesús contara la parábola del sembrador, los discípulos le preguntaron el significado. Solo los que preguntaron, comprendieron la aplicación. Después de dar otra ilustración similar, Jesucristo exhortó: "Presten mucha atención a lo que oyen. Cuanto más atentamente escuchen, tanto más entendimiento les será dado" (Marcos 4:24, NTV). Escuchar en este contexto es poner atención, ir más allá de la superficie del agua al significado profundo, donde "la sabiduría fluye... como un arroyo burbujeante".

En el ajetreo de la actualidad, ¿te cuesta detenerte y realmente escuchar a Dios? Para prestar atención necesitas tiempo y silencio. Busca estas cosas en medio de tu rutina para poder beber del arroyo de la sabiduría de Dios.

Padre, quiero escuchar tu voz y tu sabiduría; dame entendimiento para ir más allá a las "aguas profundas".

MH

19 DE MARZO

La pereza hace caer en profundo sueño,
y el alma negligente padecerá hambre.

Proverbios 19:15, RVR1960

Una de las sensaciones que me encanta experimentar es la del "deber cumplido". Me gusta lo que siento después de una jornada de quehaceres domésticos cuando todo queda ordenado y oliendo a limpio. Leí las técnicas de la japonesa Marie Kondo, experta en organización, para mantener la casa despejada. A veces las cosas se van acumulando y tenemos tantas que no sabemos dónde ponerlas. Entonces es más difícil empezar.

La pereza y la dilación se hacen presentes cuando vemos una montaña de ropa o una pila de papeles. Luchamos contra nuestra alma negligente. Sabemos que no hay que dejar para mañana lo que se puede hacer hoy, pero la autocomplacencia, las redes sociales o Netflix nos distraen de nuestros objetivos diarios.

Efesios 6:7 puede servirnos de motivación: "Trabajen con entusiasmo, como si lo hicieran para el Señor y no para la gente" (NTV). Enfocarnos más en para quién hacemos lo que hacemos puede dar un nuevo significado a nuestras labores.

Cuando comenzamos a movernos, el cuerpo responde llenándonos de energía. El primer paso es vencer la pereza para empezar. ¿Tienes algún proyecto pendiente? No lo postergues más. ¿Qué puedes hacer hoy mismo al respecto?

Padre, gracias te doy por este día. Ayúdame a usarlo con sabiduría y a vivir con entusiasmo.

MG

20 DE MARZO

Muchos hombres proclaman cada uno su propia bondad,
pero hombre de verdad, ¿quién lo hallará?

Proverbios 20:6, RVR1960

En la novela *El gran Gatsby*, Jay Gatsby, un millonario, miente todo el tiempo. Miente sobre el origen de sus riquezas, su vida amorosa, e incluso dice que ha leído todos los libros en su biblioteca, lo cual no es verdad. Miente tanto, y con tanta frecuencia, que hoy su personaje es una referencia para muchos hombres que pretenden ser algo que no son. Nuestro proverbio dice que muchos prometen ser honrados, ¿pero hay algún hombre digno de confianza?

Este versículo parece que es la contraparte de Proverbios 31:10 donde se nos pregunta: "Mujer virtuosa, ¿quién la hallará?" (RVR1960). Los hombres buscan una mujer ejemplar. Las mujeres necesitamos un hombre leal y digno de confianza. ¿Dónde encontrarlo? ¿No será esta la pregunta en la mente de muchas mujeres solteras?

Tenemos el ejemplo por excelencia: el Señor Jesús. ¿Qué debes buscar en una pareja? Si el varón tiene un corazón obediente a la Palabra y ama al Señor con todo su corazón, la chica no tendrá de qué preocuparse: su futuro estará asegurado. Tendrá un hombre que la amará como Cristo ama a la iglesia; alguien que la tratará como a vaso frágil y como coheredera de la gracia de la vida.

¿Quieres un hombre de verdad? Pues empieza por gastar tiempo en oración para que el Señor lo envíe a tu vida. Y en tu lista de prioridades al buscar pareja, incluye a un hombre sincero, digno de confianza. Recuerda que solo alguien con Dios en su vida puede mostrar este rasgo de carácter.

Padre, te pido hoy por mi pareja. Prepárame para ser la persona que él necesita; y que él sea un siervo tuyo.

YF

21 DE MARZO

Hacer justicia y juicio es a Jehová
más agradable que sacrificio.

Proverbios 21:3, RVR1960

En los templos de la diosa Kali, al sur de la India, se celebra al dios Garuda Colgado. En el festival anual, los fieles son colgados de ganchos que traspasan la piel de su espalda y la parte posterior de sus piernas. En un andamio móvil, avanzan en procesión al templo, mientras que los otros penitentes rezan, bailan y cantan. Las imágenes no son nada agradables, pero quizá no estamos muy lejos de ser como ellos.

Todo ser humano busca ganarse el favor divino, sin importar la religión. Algunos hacen peregrinaciones y otros ofrendan; incluso los que confiesan no creer en nada, se privan de cosas en ciertas temporadas en la espera que sus sueños se hagan realidad o el destino les sonría. Pero el proverbio de hoy nos recuerda que hay algo más importante que los sacrificios.

Imagina que un devoto de Kali, después de su piadosa demostración, se baja de los ganchos y discute con su esposa, roba unas monedas ofrendadas a la diosa y las gasta en intoxicarse con alcohol. ¿De qué valió tanto espectáculo? Ese es el punto que Dios quiere mostrarnos. Lo importante no es lucir religioso, sino practicar lo que Dios dice (Santiago 1:22).

A Él le interesa un corazón humilde y arrepentido, más que muestras externas e hipócritas. No caigamos en la trampa de hacer cosas para ser vistos por otros, mientras que en nuestro interior no hay bondad ni amor. Hagamos lo que es correcto y agradaremos a Dios. Para Dios vale mucho más una vida limpia y honrada que "colgarnos de ganchos".

Señor, ayúdame a practicar la rectitud y no fingir.

KO

22 DE MARZO

Elige una buena reputación sobre las muchas riquezas;
ser tenido en gran estima es mejor que la plata o el oro.

Proverbios 22:1, NTV

Durante largos años trabajé en la misma institución de tiempo parcial. Me encantaban el ambiente y mis compañeros. Pero un año me pusieron entre la espada y la pared. Tenía que firmar una declaración falsa, pues convenía a los dueños por razones fiscales, y me negué a hacerlo. Mi coordinadora me rogó que lo reconsiderara. Amistades me recordaron que "así es la vida" en América Latina.

Pensé en mis alumnos. Había insistido en que fueran íntegros. ¿Cómo ir en contra de mis propios principios porque me convenía en lo económico? ¿Cómo enseñar una cosa y practicar otra? Era posible que nadie se hubiera dado cuenta, pero mi conciencia me habría reclamado si firmaba. El final de la historia es que tuve que buscar otro empleo.

Desde tiempos antiguos, la abundancia material ha sido "prueba" del éxito, pero a la vez ha sido causa de la caída de muchos. Aun los discípulos se sorprendieron cuando Jesús les indicó que era casi imposible que los ricos entraran en el reino de los cielos (Mateo 19:24-25). El joven rico que quería seguir a Jesús descubrió que amaba más sus muchas posesiones que a Jesús y se alejó con semblante triste (Mateo 19:22).

Quizá en momentos de locura queremos ser "ricos" más que de buena reputación. Pero según vemos aquí, el éxito verdadero viene con la integridad. En los momentos importantes, acude a las personas que practican lo que creen y que tienen buena reputación más que en los que acumulan plata y oro. ¿Cómo puedes mostrar integridad hoy?

Padre, hazme anhelar la verdadera riqueza de una buena reputación, que te honre a ti.

MH

23 DE MARZO

Todo mi ser celebrará
cuando hables con rectitud.

Proverbios 23:16, NTV

Mi amiga Mayra ha pasado por momentos que yo todavía vislumbro a futuro. Mi hija apenas tiene siete años, pero la hija mayor de Mayra ya se casó y se graduó de la universidad. Pude ver en Mayra la alegría de ambas ocasiones, reflejada en sonrisas y lágrimas. Todo su ser celebró los logros de su hija. ¿Qué cosas celebramos nosotras?

Festejamos el cumpleaños de nuestros hijos, así como cuando culminan ciclos escolares, desde el prescolar hasta una maestría. Nos gozamos cuando ganan un partido de fútbol o consiguen una medalla en el concurso de poesía. Aplaudimos cuando tocan en su primer recital de piano o bailan su primera pieza del Cascanueces. El autor de proverbios se alegraba cuando su hijo hablaba lo que es recto. Sin embargo, no olvidemos la celebración más importante de todas.

El momento más importante en la vida de nuestros seres queridos no pasa desapercibido por los ángeles. Jesús contó la historia de una mujer que perdió una moneda de plata y se alegró con sus amigos y vecinos cuando la encontró. Luego Jesús concluyó: "De la misma manera, hay alegría en presencia de los ángeles de Dios cuando un solo pecador se arrepiente" (Lucas 15:10, NTV).

Sé que mi amiga Mayra también ha celebrado el nuevo nacimiento de su hija mayor. ¡Cuántas buenas celebraciones! Cuando los nuestros vengan a Dios, ¡será la ocasión más hermosa para que, como dicen versiones antiguas de este proverbio, "se regocijen nuestras entrañas"!

Señor, te pido hoy por… que aún no te conoce.

KO

24 DE MARZO

Con conocimientos se llenan sus cuartos de objetos valiosos y de buen gusto.

Proverbios 24:4, DHH

Tengo muchos cuadros bellos en las paredes de mi casa y otros con buenos mensajes que quería que vieran los que me visitan. Tengo fachadas de cerámica que yo misma pinté y recuerdos de los lugares que he visitado que adornan los muros del lugar en que vivo. Me da gusto que cada persona que viene me dice lo bonita que está mi casa. Todas estas cosas preciadas las he venido coleccionando desde hace mucho tiempo y ahora que tengo mi lugar propio, puedo adornarlo con ellas.

Cuando la Palabra de Dios habla de llenar de objetos valiosos y de buen gusto los cuartos, hace referencia a las habitaciones de nuestro corazón. ¡Hay que llenarlas de conocimientos valiosos! Así como adornamos nuestra casa con cosas lindas, los conocimientos escogidos y atesorados adornarán lo profundo del corazón.

Pablo dice: "Y ciertamente, aun estimo todas las cosas como pérdida por la excelencia del conocimiento de Cristo Jesús, mi Señor" (Filipenses 3:8, RVR1960). Conocer a Cristo es lo excelente. Cuando investigamos o preguntamos a personas sabias lo que no entendemos de la Biblia, estamos atesorando objetos valiosos y de buen gusto que los demás van a alabar cuando salgan de nuestra boca.

Necesitamos llenar el corazón de buenas enseñanzas y de versículos bíblicos que van a fortalecernos en los tiempos precisos. Serán los adornos que embellezcan nuestra presencia ante los demás. ¡Adorna hoy las habitaciones de tu corazón!

Padre, sé que de la abundancia de mi corazón, habla la boca. Que haya en mi alma adornos agradables.

YF

25 DE MARZO

El consejo oportuno es precioso,
como manzanas de oro en canasta de plata.

Proverbios 25:11, NTV

De acuerdo con un sitio web, esta canción ha sido grabada más de 6,600 veces. La oímos en funerales y después de tragedias como el 11 de septiembre del 2001. Se ha cantado durante la pandemia del 2020 y se escucha en labios de cristianos y no cristianos, así como en distintos idiomas. Nos referimos al himno "Sublime Gracia", pero ¿de dónde surgió?

John Newton, su compositor, no siempre fue un cristiano. Después de ser un rudo hombre de mar que contrabandeaba esclavos, conoció a Cristo y su vida cambió. Pero su caminar con Dios empezó mucho antes. Comenzó a los pies de su madre, Elizabeth Newton, quien era una cristiana comprometida. Elizabeth estaba enferma de tuberculosis, y decidió aprovechar el tiempo con su pequeño hijo hasta que murió cuando ella tenía 27 años y él tan solo siete. Elizabeth leyó la Biblia y enseñó de Jesús a su hijo en sus años más importantes: la infancia. John diría después que lo que su madre le comunicó desde pequeño se quedó grabado en su corazón hasta dar fruto. Se cumplió este proverbio y la Escritura que nos anima como madres a instruir a nuestros hijos desde pequeños (Proverbios 22:6).

Si eres una madre joven, aun entre la locura de cambiar pañales y limpiar manitas sucias, no pierdas la oportunidad de leer la Biblia con tus hijos y hablarles de Dios en todo momento. No sabemos cuánto tiempo tengamos en este planeta, así que cada minuto es valioso. Si tienes un hijo que se ha alejado de Dios, no desesperes. Sigue dando consejo oportuno y confía que algún día ese corazón comprenderá que Dios lo ama. Mientras tanto, ámalo y dale consejo oportuno.

Padre, que mis palabras sean dichas como conviene, en la niñez y la juventud de mis hijos, para grabar en ellos tu Palabra.

KO

26 DE MARZO

Guía al caballo con el látigo, al burro con el freno,
¡y al necio con la vara en la espalda!

Proverbios 26:3, NTV

¿Sabías que no existían las bestias de carga en América hasta que llegaron los españoles? En el México antiguo se acostumbraban los "tamemes" u hombres cargadores. Los primeros cuatro asnos o burros llegaron a La Española con Cristóbal Colón. ¿Has viajado en alguno de estos animales?

Cuando participaba en una capacitación misionera en la selva de Chiapas, nos tocó hacer una caminata difícil de veinte kilómetros, en la que se hundían nuestros pies en el fango del sendero. Era tan agotador que nos alegrábamos cuando nos tocaba nuestro turno en alguna de las mulas. Pero a la vez me asustaban estas cuando subíamos por caminos empinados o cuando se portaban tercas y no querían avanzar. Por eso se necesitan frenos y látigos para que obedezcan.

Así como hay animales que solo obedecen con el uso de la fuerza, hay humanos necios también. En los tiempos bíblicos, existía el castigo corporal. Si no había otra forma de que aprendieran, sufrían dolor. En el siglo XXI, en muchos países está penado golpear a las personas, pero ante la necedad se necesitan medidas fuertes para poner un alto.

Sabemos que si nos comportamos de forma egoísta y rebelde, Dios puede usar una enfermedad, un accidente o la pérdida del trabajo para llamarnos la atención. No toda prueba tiene ese propósito, pero si hemos hecho algo que desagrada al Señor, ¡debemos saberlo! No seamos como animales que requieren de "un látigo" para hacer caso. Escuchemos la voz del Espíritu de Dios que nos guía con ternura.

Padre mío, a veces soy una hija que no te hace caso. Hazme entender y obedecerte.

MH

27 DE MARZO

Gotera continua en tiempo de lluvia
y la mujer rencillosa, son semejantes.

Proverbios 27:15, RVR1960

Una frase popular en mi ciudad dice: "Pareces jarrito de Amozoc". Se lo decimos a una persona demasiado sensible que se enoja o guarda rencor por asuntos de poca importancia. Decimos que está "sentida" cuando su corazón se ha agrietado y se rompe con facilidad, así como un jarrito de barro.

Una persona rencillosa es peleonera, pero la raíz de su enojo proviene del rencor. Rencor es el resentimiento que persiste aunque pase el tiempo. Es como si la persona tuviera una caja fuerte en su corazón donde guarda palabras que la lastimaron, ofensas y traiciones. Pero la tiene bien cerrada porque no desea olvidar ni perdonar lo sucedido. Incluso, a veces abre la caja y contempla todo lo que ahí ha guardado, lo que contribuye a mantener abiertas las heridas de su alma.

Marcos 11:25 nos da la cura para este corazón: "Cuando oren, perdonen todo lo malo que otra persona les haya hecho. Así Dios, su Padre que está en el cielo, les perdonará a ustedes todos sus pecados" (TLA). La oración cura los recuerdos. Hay dolores que solo Dios puede ir sanando y el perdón es el mejor ungüento cicatrizante.

La mayoría de las personas deseamos que nuestra compañía resulte agradable, sobre todo para las personas que habitan el mismo techo que nosotras. ¿Guardas algo en la caja fuerte de tu corazón? Decide vaciarla y dejar el pasado atrás.

Señor, abro mi corazón para que Tú saques todo lo que lastima.
Sana mis heridas.
Hoy decido perdonar a… por…

MG

28 DE MARZO

El hijo entendido se sujeta a la ley;
el derrochador deshonra a su padre.

Proverbios 28:7, NVI

El ratoncito Topo Gigio era uno de mis programas favoritos. Cantaba una canción que dice: "Como mi papá, como mi papá, ¡qué lindo sería parecerme a mi papá". De pequeña, admiraba a mi papá y soñaba que fuera presidente de la República o algo parecido. Lo presumía con mis amigas e inventaba hazañas hechas por él. Pero en el proceso del crecimiento, me di cuenta de que no era una héroe y soñaba con librarme de su autoridad.

Sin embargo, pienso en un hijo que a pesar de tener un padre que no era buen ejemplo, fue leal hasta su muerte. Me refiero a Jonatán, el hijo de Saúl. Llevó a cabo proezas militares, a pesar de que su padre era impetuoso y sus decisiones afectaban a su ejército y su familia. Jonatán pudo tener todas las razones correctas para abandonar a su padre, pero quizá recordó el quinto mandamiento que nos recuerda la importancia de honrar a nuestros padres.

Jonatán, el príncipe heredero, supo que Dios le daría el reino a David y estuvo de acuerdo. Su amistad con David fue sincera, pero siguió al lado de su padre hasta su última batalla. David cantó sobre esto: "¡Cuán amados y agradables fueron Saúl y Jonatán! Estuvieron juntos en la vida y en la muerte" (2 Samuel 1:23, NTV).

Aprendamos de Jonatán a obedecer la ley de Dios sin importar si nuestros padres merecen o no nuestro respeto. Recordemos siempre que en Dios tenemos el Padre perfecto y ansiemos ser como Él. Y si deseamos parecernos más a nuestro Padre, ¿qué mejor que sujetarnos a su Palabra?

Señor, quiero ser como Tú.

YF

29 DE MARZO

La vara y la corrección dan sabiduría;
mas el muchacho consentido avergonzará a su madre.

Proverbios 29:15, RVR1960

Los primeros espejos fueron hechos de obsidiana, cobre, oro y bronce. Hace más de seis mil años ya existían en Persia y Turquía. En El Líbano, en el año 400 antes de Cristo, se usó vidrio por primera vez para reflejar una imagen. Hoy, todas tenemos, no uno, sino muchos espejos en casa e incluso en el bolso para ver nuestra apariencia. Sin embargo, el espejo más contundente para mirar realmente quiénes somos, lo encontramos en nuestros hijos.

¿Te ha pasado que alguien dice que tu hijo es tu viva imagen? Los hijos se parecen a nosotros en muchos sentidos, no solo en el terreno físico. Sus vidas, sus conductas y sus gustos son réplicas de nosotros. Hablan como nosotros; valoran lo que nosotros valoramos. Son un reporte académico en tiempo real, aunque no necesariamente de los aspectos positivos solamente.

Nuestro proverbio nos dice que un hijo consentido avergüenza a su madre. Entonces, ¿cómo ser buenas madres? Si los hijos son nuestro espejo, entonces solo hay una solución: seamos buenas hijas de Dios. Si Él nos educa y nos cambia y nos moldea, nuestros hijos lo reflejarán también. En otras palabras, seamos el espejo de Jesús, y podremos decir a nuestros hijos lo que Pablo dijo: "Ustedes deberían imitarme a mí, así como yo imito a Cristo" (1 Corintios 11:1, NTV).

¿Cómo ser buenas hijas de Dios? ¿Cómo imitar a Jesús? Aceptemos la corrección. Seamos disciplinadas en el estudio de la Biblia y la oración. Busquemos la opinión de Dios en lo que hagamos. Seamos espejos dignos de imitar.

Señor, quiero ser una buena hija tuya. Ayúdame.

KO

30 de marzo

¡No me des pobreza ni riqueza!
Dame solo lo suficiente para satisfacer mis necesidades.

Proverbios 30:8, NTV

En el 2019, se decía que había 184 millones de personas en Latinoamérica viviendo en una situación de pobreza y 62 millones en situación de pobreza extrema. Estos números seguramente han aumentado en fechas recientes. ¿Te consideras una persona pobre?

Cuando nuestros hijos eran pequeños, hubo un periodo en que nos considerábamos pobres. Durante algunos meses no pudimos comprar gas, y puesto que nuestra estufa era de gas, eso limitaba lo que podíamos comer. También tuvimos que encontrar otras maneras de calentar agua para bañarnos. Esto nos retó a caminar más y a buscar formas baratas de entretener a los niños. Viajar hasta las afueras de la ciudad, caminar y descubrir paisajes nuevos era una de ellas. Esa etapa nos ayudó a agradecer las bendiciones sencillas. Teníamos poco, pero lo suficiente para satisfacer nuestras necesidades.

El autor de este proverbio no quería ni pobreza ni riqueza. Sabía que sufrir pobreza extrema pone en peligro la vida y la salud. También reconocía que poseer muchos bienes materiales nos puede alejar de Dios y nos puede llenar de orgullo. El materialismo tiende a mermar nuestra apreciación por las relaciones con los seres amados, o por otros deleites que Dios nos ofrece a diario. El apóstol Pablo le recordó a Timoteo: "Así que, si tenemos suficiente alimento y ropa, estemos contentos" (1 Timoteo. 6:8, NTV).

Que esta sea nuestra oración de todos los días: ni pobreza ni riqueza, sino lo necesario para vivir y estar contentas.

Padre, te agradezco por las riquezas que me das a diario. ¡Enséñame a estar contenta con ellas!

MH

31 de marzo

Mujer virtuosa, ¿quién la hallará?
porque su estima sobrepasa largamente a la de las piedras preciosas.
Proverbios 31:10, RVR1960

En "La Torre de Londres" se encuentran las joyas de la corona: tiaras, coronas y cetros pertenecientes a los reyes y reinas de Inglaterra. Los visitantes pueden admirar los diamantes más grandes que existen, como el "Cullinan" y el "Koh-i-Noor" que reposan en la corona de la Reina Isabel.

Según la leyenda, una de las consortes de Nader Shah, el emperador persa, expresó lo siguiente acerca del "Koh-i-Noor": "Si un hombre fuerte lanzara cinco piedras, y lanzara una al norte, una al sur, una al este, y una al oeste, y la última directo hacia arriba al aire, y el espacio que quedara entre ellas se llenara de oro y gemas, equivaldría al valor del Koh-i-Noor".

¿Puedes imaginar entonces el valor de una mujer virtuosa? La virtud se define como una disposición habitual de una persona para hacer el bien, para obrar conforme a los ideales de la verdad, la justicia y sobre todo el temor de Dios. El escritor de Proverbios consideraba que una mujer de honor, integridad y excelencia era difícil de encontrar, igual que encontrar un gran diamante. Pero el valor de ella supera por mucho el de las más preciosas gemas.

Pulir nuestro carácter, cualidades y habilidades, así como nuestra relación cotidiana con Dios nos hace aún más valiosas. El valor de las piedras preciosas depende también de su proceso de tallado. Dios quiere pulirnos y limpiarnos como a esas piedras en bruto, para darnos el valor de la realeza que nosotras tenemos. Él va sacando lo opaco, y nos hace brillar como hijas suyas, linaje real, y como verdaderas piedras preciosas.

Señor, ayúdame a ser prudente y virtuosa. Cual diamante quiero reflejar tu luz.

MG

1 DE ABRIL

Por cuanto aborrecieron la sabiduría,
y no escogieron el temor de Jehová.

Proverbios 1:29, RVR1960

El conquistador de México, Hernán Cortés, escribió que cuando las personas acudían a la presencia de Moctezuma, el emperador de Tenochtitlan, "llevaban la cabeza y ojos inclinados y el cuerpo muy humillado, y hablando con él no le miraban a la cara". ¿Crees que el proverbio de hoy se refiera a este tipo de actitud como el temor a Dios?

Cuando pensamos en "temer" a alguien superior, nos vienen varias palabras a la mente como respeto y reverencia. Sin embargo, la palabra humildad también describe lo que la presencia de un Dios Todopoderoso debe provocar en nosotras. No podemos ser sabias si no cultivamos humildad ante la autoridad de Dios.

El escritor Eugene H. Peterson nos recuerda que de la palabra latina para hombre, "humus", deriva la palabra humilde, y esto nos hace pensar en nuestro origen: polvo somos, y al polvo volveremos (Génesis 3:19). Reconocer nuestras limitaciones, nuestra pequeñez y nuestra brevedad, nos llevará a temer a Dios.

Muchas personas hoy día rechazan la sabiduría pues han elegido no temer a Dios, es decir, no volver al origen de quiénes somos y reconocer que hay un Ser Superior. En el pasado, los aztecas mostraban humildad ante un simple hombre, pero tú y yo podemos hoy tener un corazón postrado ante el Rey del universo, y así, ser sabias.

Señor, dame la humildad para reconocer tu autoridad.

KO

2 DE ABRIL

Pues solo los justos vivirán en la tierra
y los íntegros permanecerán en ella.

Proverbios 2:21, NTV

La primera vez que mi familia y yo nos quedamos en un hotel de cinco estrellas mis hijos exclamaron: "¡Deberíamos vivir aquí para siempre!". Cinco días después, ya querían regresar a casa. En otra ocasión nos hospedamos en un hotel de dos estrellas y la diferencia era abismal. Mi esposo comentó para animarnos: "Resistan. Son solo dos noches". ¿Es tu vida un hotel de cinco o dos estrellas?

Quizá tienes la fortuna de tener una vida cómoda. Tal vez tu vida simula un hotel de una estrella. En ambos casos, la realidad es que esta vida terrenal es como vivir en un hotel. Estamos aquí de paso. C.S. Lewis dijo: "Nuestro Padre nos refresca en el camino con algunas posadas agradables, pero no nos instará a confundirlas con el hogar".

Nuestro proverbio de hoy nos recuerda que los justos vivirán en la tierra y permanecerán en ella. ¿A qué tierra se refiere? En Apocalipsis leemos: "Vi un cielo nuevo y una tierra nueva; porque el primer cielo y la primera tierra pasaron... Y oí una gran voz del cielo que decía: 'He aquí el tabernáculo de Dios con los hombres, y él morará con ellos; y ellos serán su pueblo, y Dios mismo estará con ellos como su Dios'" (Apocalipsis 21:1,3, RVR1960).

Si has puesto tu fe en Jesús, eres parte de los justos que menciona este proverbio. Por lo tanto, somos peregrinos en esta tierra; estamos aquí solo un tiempo breve a comparación de la eternidad. Tu hotel quizá sea viejo o nuevo, lujoso o pobre, pero lo importante es que tu hogar eterno te está esperando.

Padre, no quiero olvidar que este no es mi hogar por siempre. Esta casa es pasajera, pero ¡tengo un lugar eterno preparado por ti!

KO

3 DE ABRIL

Honra a Jehová con tus bienes…
y serán llenos tus graneros con abundancia.

Proverbios 3: 9-10, RVR1960

¿Qué puedes obsequiarle a alguien que lo tiene todo? Esto se preguntaba la duquesa de Cambridge cuando pasaron la Navidad con la reina Isabel II, abuela de su esposo. Pensó en lo que regalaría a sus propios abuelos y entonces decidió preparar algo ella misma. Hizo chutney casero, una salsa dulce y picante originaria de la India y muy popular en Reino Unido. "Estaba bastante preocupada, pero al día siguiente me di cuenta de que lo habían puesto en la mesa" dijo en su primera entrevista televisiva.

Algo parecido ocurre cuando pensamos en darle algo a nuestro Creador. No hay nada que le puedas dar a Dios que Él necesite. Pero cuando le das una ofrenda, estás diciendo: "Dios, te amo, estoy pensando en ti. Tú eres prioridad en mi vida". dice Rick Warren. Ofrendar y diezmar son un acto de adoración. Dios no quiere nuestras sobras, quiere ser prioridad en nuestras vidas. Cuando lo hacemos, vemos las promesas de Dios cumplirse.

Malaquías 3:10 es una promesa: "Traigan íntegro el diezmo para los fondos del templo, y así habrá alimento en mi casa. Pruébenme en esto, dice el Señor Todopoderoso, y vean si no abro las compuertas del cielo y derramo sobre ustedes bendición hasta que sobreabunde" (NVI). Cuando Él ve que deseamos obedecer su Palabra, aun en el área de nuestras finanzas, nos dice: "Te bendeciré".

Nuestro Padre siempre nos da mucho más de lo que imaginamos. El Rey de reyes proveerá conforme a las riquezas de su gloria.

Que mi ofrenda despida un olor fragante para Ti.

MG

4 DE ABRIL

Con toda diligencia guarda tu corazón,
porque de él brotan los manantiales de la vida.
Proverbios 4:23, NBLA

Marcela era mamá soltera. El hombre con quien había tenido dos niñas, la había abandonado por otra mujer y su corazón sentía amargura en contra de él. Cuando Marcela conoció el evangelio, quiso seguir a Cristo y que sus niñas también lo amaran. Su relación con Dios al principio fue muy fuerte y estable. Pero había rencor y amargura en su corazón contra el que la había engañado y aunque necesitaba depender del Señor y aprender sabiduría, decidió darle el corazón a alguien que le prometió la luna y las estrellas una vez más. ¿Funcionó?

Ella pensaba que por fin se iban a arreglar su situación económica y sentimental, pero su nueva pareja sólo se aprovechó de la situación y después de un tiempo, empezaron los problemas y se separaron. Por tercera vez, decidió confiar en otro hombre con el cual tuvo la misma suerte. Se alejó del Señor y su vida ha pasado por más y más momentos de desengaño.

Estoy convencida de que este versículo se escribió para advertirnos sobre el peligro de dar el corazón sin pensar. Con cuánta razón el Señor nos dice que guardemos el corazón. ¡No podemos dárselo a cualquiera sin antes asegurarnos de que estará en buenas manos!

Probablemente has pasado por algún desengaño también. Y si has llegado a pensar que ningún hombre es digno de tu corazón, tienes razón. Sólo el mismo Señor que lo creó es digno de él. Entrégaselo y ámalo por sobre todas las cosas. Ya verás que Él se encargará de cuidarte y mostrarte su amor todos los días.

Señor, que mi corazón esté escondido en ti, para que cuando un hombre me encuentre, te encuentre primero a ti.

YF

5 DE ABRIL

Deben reservarla solo para los dos;
jamás la compartan con desconocidos.

Proverbios 5:17, NTV

Russell Conwell, en su libro *Acres de Diamantes,* habla de un joven que salió en busca de su fortuna solo para morir en el proceso, mientras que alguien más descubría los diamantes que estaban en el patio trasero de su casa. La historia resulta trágica pues ese joven gastó su energía y su vida, en tanto lo que buscaba para satisfacerlo, ¡estuvo en su casa todo el tiempo!

Una compañera de trabajo que lleva ya tres divorcios ahora confiesa que no debió haber tirado por la borda su primer matrimonio. En otras palabras, en esa búsqueda de su alma gemela, desechó al que realmente era su otra mitad, pero al primer problema, sin valorar el compromiso y el trabajo que un matrimonio implica, prefirió la separación.

Proverbios 5 nos dice con claridad lo que sucede cuando, hombre o mujer, se deja cautivar por otra persona que no es su cónyuge. Lo que al principio parece una emocionante aventura, termina en una pérdida del honor, angustia e incluso enfermedad. Por eso, el sabio escritor nos dice "comparte tu amor únicamente con tu esposa" (Proverbios 5:15, NTV). Y bien podría decir esposo.

Quizá tu matrimonio no es lo que deseabas en un principio, pero ¿has hecho algo para mejorarlo? No salgas en busca de piedras preciosas siendo que bajo tu techo puedes encontrar el diamante de una relación satisfactoria. Requiere esfuerzo, tiempo y decisión, pero con Dios, ¡todo es posible!

Señor, ayúdame a ver los diamantes en mi casa.

KO

6 DE ABRIL

Hablar demasiado conduce al pecado.
Sé prudente y mantén la boca cerrada.

Proverbios 10:19, NTV

En el año 2000 visité Inglaterra por primera vez y tomé el té. Nos colocaron unos pequeños emparedados de pepino en unos platones, así como galletas de todo tipo. El té se sirvió en finas tazas de porcelana, y tuve que añadir bastante azúcar. Entre sorbos, conversamos del clima, un tema común en Inglaterra, y de mis futuros planes. Lo que más recuerdo sobre mi anfitriona, una mujer en sus setenta años, es que no se apresuraba por hablar y rellenar los silencios.

Me encanta esta cita de Alicia en el País de las Maravillas donde el Sombrerero le pregunta a la niña: "¿Te gustaría una aventura o tomamos primero una taza de té?". ¿Has tomado una taza de té o de café con amigas? ¿No es verdad que en muchas ocasiones hablamos demasiado y terminamos compartiendo información que no nos corresponde comunicar?

Hagamos caso del proverbio y aprendamos a disfrutar los silencios. La amistad no se define por las muchas palabras que se intercambian ni por el bullicio ruidoso de una fiesta o los lugares finos a los que acudimos. La amistad se puede dar en esos cómodos silencios, alrededor de una bebida caliente, donde escuchamos, empatizamos y oramos la una por la otra.

No todo en la vida es una aventura, como dijo el Sombrerero. A veces, solo necesitamos una taza de té en compañía de una amiga. Quizá esta semana podamos organizar una salida con dicho fin. Solo recordemos ser prudentes y no hablar demasiado.

Señor, enséñame a guardar mis palabras.

KO

7 DE ABRIL

Vi entre los simples, consideré entre los jóvenes,
a un joven falto de entendimiento.

Proverbios 7:7, RVR1960

Martha, una chica cristiana, inició una relación de noviazgo con un chico que conoció en la iglesia. A los pocos días él se fue a estudiar a otra ciudad. Un día que platicaban por teléfono, él le contó de manera festiva que tenía nuevos amigos. Ellos decidieron darle la "bienvenida" pagando a una prostituta para que le prestara sus servicios. El chico se jactaba de sus nuevas aventuras, presionando a Martha para darse ella como un regalo semejante la próxima vez que se encontraran. Ella se dio cuenta de que no era un joven que amara a Dios y afortunadamente terminó su relación con él. Este chico es semejante al joven simple y falto de entendimiento de Proverbios 7, que envuelto por las palabras de una bella pero fatua mujer casada cayó en las redes del pecado sexual. Una chica como Martha jamás se hubiera imaginado que algo así podría ocurrir.

Años más tarde, Martha tuvo el cuidado de observar muy bien al muchacho con el que finalmente se casó. Esta vez, se aseguró de conocerlo bien y encontrar evidencia de integridad en su vida. La Biblia nos revela la manera de detectar la verdadera naturaleza de una persona en Mateo 7:15-16 donde dice: "Por sus frutos los conoceréis. ¿Acaso se recogen uvas de los espinos, o higos de los abrojos?" (RVR1960).

Uno de los negocios clandestinos más redituables en la actualidad son las casas de prostitución y trata de blancas. Estos no existirían si no hubiera alta demanda. Oremos por las mujeres atrapadas en estas redes y estemos alerta de la tentación que esto implica para todos los varones. Si estás en espera de una pareja pide a Dios sabiduría para elegir una que demuestre con sus hechos ser una persona con temor de Dios.

Señor, estamos en el mundo, pero no somos del mundo. Que mi luz brille en la oscuridad que prevalece.

MG

8 DE ABRIL

Yo soy la inteligencia; mío es el poder.

Proverbios 8:14, RVR1960

¿Recuerdas a Moisés delante de la zarza que no se consumía? Dios le da un encargo, pero él se siente tan inseguro que empieza una serie de excusas y preguntas. Una de esas preguntas es: "Si llego con los israelitas y me preguntan cuál es el nombre de dios, ¿qué les digo?". Dios le contesta: "YO SOY EL QUE SOY. y así les dirás: YO SOY me envió". Algunos piensan que Dios no quería dar su nombre, pero en realidad, YO SOY, es un nombre perfecto. Nuestro dios vive siempre en el presente. En alguna ocasión oí que para Él no hay pasado ni futuro. Él es YO SOY.

Hay algo especial cuando Moisés, en Deuteronomio 4:15, le dice al pueblo de Israel: "Guardad, pues, mucho vuestras almas; pues ninguna figura visteis el día que Jehová habló con vosotros de en medio del fuego" (RVR1960). Dios no quería una imagen de Él. ¿Por qué? Porque la imagen perfecta de Dios, y la única que tenemos que recordar es el Señor Jesús.

Jesús es la imagen de Dios y también es el YO SOY. ¿Recuerdas lo que dijo? Yo soy la vid. Yo soy el pan de vida. Yo soy la puerta. Yo soy el camino. Pero casi se nos olvida nuestro versículo de hoy: "¡Yo soy la inteligencia, mío es el poder!". En nuestro camino de búsqueda por sabiduría no olvidemos acudir al YO SOY eterno, la fuente de toda inteligencia.

No te equivoques. No sigas a nadie más. Ningún otro ser creado es capaz de llenar la grandeza de esta expresión, sólo nuestro Señor Jesús.

Señor Jesús, gracias porque eres el gran YO SOY.

YF

9 DE ABRIL

Envió a sus sirvientes para que invitaran a todo el mundo.

Proverbios 9:3, NTV

El explorador británico Ernest Shackleton reclutó a su tripulación con el siguiente anuncio en un periódico de Londres: "Se buscan hombres para un viaje peligroso. Poca paga, frío intenso, largos meses en completa oscuridad, peligro constante, regreso a salvo en duda. Honor y reconocimiento en caso de éxito". Aun así, logró juntar a un grupo increíble, y su historia de sobrevivencia aún es conocida.

En el proverbio de hoy, la Sabiduría ha preparado un banquete y ha enviado a sus sirvientes a invitar a todo el mundo. Este anuncio es aún más inclusivo que el de Shackleton, pues no añade una preferencia en cuanto a género, edad, estado civil u ocupación. ¡Es para todos! De hecho, en el siguiente versículo dice que en cuanto más ingenuos y faltos de juicio somos, ¡más bienvenidos seremos!

Shackleton no embelleció su anuncio para atraer a las personas, y la Biblia tampoco lo hace. El mensaje de la sabiduría nos recuerda que el camino recto está lleno de peligros. Tendremos aflicción. Vendrán días buenos y malos. No estaremos exentos de enfermedad o crisis financieras. Quizá nos toque un terremoto, un huracán o un tsunami. Sin embargo, Jesús, quien nos invita, añade una cláusula que no debemos olvidar: "Y tengan por seguro esto: que estoy con ustedes siempre, hasta el fin de los tiempos" (Mateo 28:20, NTV).

La vida no es sencilla. Ninguna existencia está libre de pruebas, problemas y discusiones. Nadie podrá evitar la enfermedad o la muerte de un ser querido. La sabiduría, sin embargo, nos invita a su banquete donde hay una gran diferencia: la presencia de Dios con nosotras, en las buenas y en las malas. ¿La aceptas?

Señor, acepto tu invitación. Gracias porque estarás siempre conmigo.

KO

10 DE ABRIL

La bendición del Señor enriquece a una persona
y él no añade ninguna tristeza.

Proverbios 10:22, NTV

El principal crítico de arte en Inglaterra en 1876, John Ruskin, creía que Lilias Trotter podría ser una de las más afamadas pintoras de la época si se dedicaba a ello. Sin embargo, Dios tenía otros planes para ella. Lilias comprendió que no podía dedicar su vida al arte y al mismo tiempo buscar el reino de Dios, así que siguió el llamado de su Señor y viajó a Argelia como misionera. ¿Fue un desperdicio?

Quizá lo fue a los ojos de Ruskin, pero su trabajo con niñas y mujeres en Algeria dejó su huella. Durante cuarenta años trajo luz y vida al pueblo árabe musulmán. Su arte aún nos conmueve pues siguió pintando escenas de su vida y de la naturaleza, y sus escritos nos traen consuelo.

Nuestro proverbio de hoy nos dice que la bendición de Dios trae verdaderas riquezas. Esas riquezas quizá no se traducen en cosas materiales sino en corazones que hemos alcanzado y vidas que hemos tocado. El proverbio concluye diciendo que Dios no añade tristeza, pues lo que nos da viene como una bendición divina. La pregunta es: ¿sabemos discernir las bendiciones de Dios?

Lilias pudo haber tenido muchas pinturas en una galería, pero prefirió buscar a las almas perdidas. Tuvo dificultades y enfermedades, y su ministerio no estuvo exento de dolor. Pero la bendición de Dios, una que no trae consigo pena, la acompañó hasta su muerte.

Señor, gracias por las bendiciones que me das. Ayúdame a reconocerlas.

KO

11 DE ABRIL

Abominación son a Jehová los perversos de corazón;
mas los perfectos de camino le son agradables.

Proverbios 11:20, RVR1960

Los seres humanos buscamos agradar a las personas que consideramos importantes o de un rango superior al nuestro. Los pueblos conquistados por un Faraón enviaban sus tributos para congraciarse con él. Los aztecas sacrificaban hermosas doncellas para agradar a sus dioses. En el medioevo, la función de un bufón en el palacio era hacer reír al rey para mantenerlo contento. Actualmente, los devotos de la virgen de Fátima en Portugal o de la virgen de Guadalupe en México recorren largos trechos de rodillas para ganar su favor o cumplir una promesa.

Nuestro buen Dios no nos pide nada de eso. Él se agrada de los que caminan en integridad. Tanto agradó a Dios Padre que Jesús se hiciera bautizar por Juan que se escuchó su voz expresando su complacencia.

"Porque misericordia quiero, y no sacrificio, y conocimiento de Dios más que holocaustos" dice Oseas 6:6 (RVR1960). De nada sirven los azotes y latigazos que se dan algunas personas en Semana Santa. Ni siquiera los ayunos cuando albergamos iniquidades como "pecados chiquitos" y "mentiritas blancas".

"Ésta es mi hija amada, en quien tengo complacencia". ¿Serán palabras que dirá el Señor de nosotras?

"Quiero agradarte, Señor Jesús, decir 'te amo' con mis actos".

MG

12 DEABRIL

Cada uno recoge el fruto de lo que dice
y recibe el pago de lo que hace.

Proverbios 12:14, DHH

Charles Perrault relató el cuento de una viuda con dos hijas. La mayor era como su madre, malhumorada y egoísta, mientras que la menor se parecía a su padre, dulce y amigable. Cierta ocasión, la hija menor, que era maltratada, encontró a una anciana en la fuente donde recogía agua, quien le pidió algo de beber. La chica lo hizo de inmediato, y entonces la anciana se convirtió en un hada que le dio un regalo: cada vez que hablara, de su boca saldría una flor o una joya. Cuando la madre vio los diamantes salir de su boca, envió a su hija mayor por agua. ¿Y qué pasó?

La hija mayor se rehusó a darle agua a la anciana, y por su mala actitud, la anciana le dio un regalo: cada vez que abriera la boca, una serpiente o un sapo saldrían de ella. ¿Con cuál hija te identificas?

Dios da valor extremo a nuestras palabras. Él quiere que uses tus palabras para que recojas frutos de bendición, como flores y joyas. Romanos 10:9 dice que si confiesas con tu boca que Jesús es el Señor y crees en tu corazón que Dios le levantó de los muertos, ¡serás salvo! Puedes obtener salvación confesando con tu boca que Jesús es tu Señor.

Cualquier cosa que digas, refleja lo que hay en lo profundo de tu corazón. Si hay un amor profundo por el Señor, saldrá cuando hables. Si amas a tu prójimo, eso saldrá por tu boca. Puedes ayudar a alguien con una palabra de aliento, pero también puedes dañarlo con tus palabras destructivas. Recuerda: recogerás el fruto de lo que digas y hagas.

Padre celestial, ayúdame a cuidar mis palabras.

YF

13 DE ABRIL

El justo come hasta saciar su alma,
mas el vientre de los impíos tendrá necesidad.

Proverbios 13:25, RVR1960

Las estadísticas dicen que, en México, el 38% de las mujeres padecen obesidad, contra 27% de hombres. En Perú, una de cada cuatro mujeres peruanas tiene sobrepeso. República Dominicana cuenta con el mayor porcentaje de obesidad en mujeres después de México. En Estados Unidos hay cerca de 35 millones mujeres con sobrepeso. Leamos atentamente el proverbio de hoy. ¿Cómo se aplica al día a día?

Fíjate lo que nos dice sobre la comida. El justo o sabio come hasta quedar bien satisfecho. Tú y yo sabemos algo: subimos de peso porque comemos más de lo que debemos. Nuestros estómagos están hechos para cierta cantidad de alimento, pero ya sea por estrés, malos hábitos o por antojo, comemos más de lo que nuestro cuerpo necesita. Obviamente, al comer más, hacemos que nuestro cuerpo exija más.

El necio siempre tendrá necesidad. Cuando actuamos neciamente y no cuidamos nuestro peso, siempre "tendremos hambre". Examinemos nuestros hábitos y estado emocional. Muchos de los problemas de alimentación —ya sea la obesidad o la anorexia— aparecen cuando nos sentimos ansiosas o tristes, y cubrimos ese vacío con comida. ¿Qué hacer? Recordemos que Dios "da vida y aliento a todo y satisface cada necesidad" (Hechos 17:25, NTV).

Pidamos ayuda a Dios cada día con el tema de la comida. Escuchemos nuestro cuerpo y comamos hasta estar satisfechas. Y cuando el estómago nos diga que "aún queda un huequito", oremos y pidamos a Dios que lo llene con su amor, con su paz y con su control. La obesidad es un tema amplio, pero importante. Si somos sabias, busquemos ayuda y aprendamos a controlarnos.

Señor, tú me satisfaces más que un suculento banquete.

KO

14 DE ABRIL

El que va por buen camino teme al Señor;
el que va por mal camino lo desprecia.

Proverbios 14:2, NVI

En el siglo XXI es más difícil perderse si tienes una de esas aplicaciones móviles que te dicen cómo llegar a tu destino. Estas *apps* te indican cuál es el camino más directo o con menos tráfico. Algunas te avisan si un accidente o algo más estorbará tu camino. Ya no es necesario aprenderte la ruta a tomar o apuntar todos los datos. Sin embargo, ¡cosas pasan!

Un taxi Uber, por instrucciones de su *app*, me llevó una vez por una calle que no estaba pavimentada, y luego terminó en un bache tan profundo que no pudimos seguir adelante. ¡No estaba terminada la construcción! En otras ocasiones, por no ser exactas las indicaciones de Google Maps, me han buscado a cierta distancia y tardan en encontrarme. Con todo y tecnología, no hay garantías.

Con Dios, no hay equivocaciones. Siempre nos guía por el buen camino si tememos al Señor y confiamos en su Palabra. En Juan 10, Jesús se describe como el buen pastor, cuyas ovejas escuchan su voz. Le harán caso solo a Él. Es una voz más confiable que cualquier aplicación tecnológica, y nos ofrece dirección en todas las áreas de nuestra vida. La persona que quiere seguir solo su propia *app* o guía interior se equivocará y se meterá en todo tipo de líos.

Sin duda tú y yo hemos despreciado alguna vez las enseñanzas del Señor y hemos sufrido las consecuencias. En ocasiones tomamos el camino más fácil en vez de esperar que Dios nos indique la mejor forma de llegar a nuestro destino. En las decisiones que hagamos hoy, procuremos pedir a Dios "el buen camino".

Maestro, enséñame y guíame a seguir tu camino y no el mío el día de hoy.

MH

15 DE ABRIL

El sacrificio de los impíos es abominación a Jehová;
mas la oración de los rectos es su gozo.

Proverbios 15:8, RVR1960

Una de las cosas que más he disfrutado en la vida es platicar con mi mejor amigo: mi esposo. Recuerdo cuando todavía éramos novios y estuvimos charlando por teléfono una noche. El tiempo se nos fue sin sentirlo. Nos percatamos de ello cuando estaba amaneciendo. ¡El sol estaba saliendo y los pajarillos empezaron a cantar!

Pasar tiempo con una persona que amas y a quien le puedes abrir tu corazón es hermoso. Sabes que te corresponde, que se interesa genuinamente por ti y que disfruta también de tu compañía.

Exactamente eso ocurre cuando estamos en oración. Nuestro Señor se goza con esta comunión. Aunque somos imperfectas, Él nos mira a través de su hijo como redimidas, justificadas y santificadas. Es un amigo que nos conoce y nos llama por nuestro nombre. "Ya no os llamaré siervos, porque el siervo no sabe lo que hace su señor; pero os he llamado amigos, porque todas las cosas que oí de mi Padre, os las he dado a conocer" (Juan 15:15, RVR1960).

¿Qué tanto disfrutas platicar con Jesús? ¿Acudes a la cita? Él extiende su mano para apoyarte y gozarse contigo. Él toca a la puerta y llama para cenar contigo. ¿Qué puede ser más importante que eso? Cada día, ¡abre la puerta!

Gracias, Jesús, porque me has demostrado tu amistad. Quiero corresponderte y conocerte más cada día.

MG

16 DE ABRIL

Mi boca expresará la verdad,
pues mis labios detestan la mentira.

Proverbios 8:7, NVI

Es muy común oír la expresión "palabra de honor". Se refiere a que la reputación de alguien está en juego si no cumple lo que dice.

En una ocasión, un grupo de mujeres se comentaba quiénes éramos más formales en cumplir nuestra palabra, a lo que una, con mucho entusiasmo, dijo: "Nosotras las mujeres, porque tenemos "palabra de mujer". Nos reímos por la manera tan graciosa como lo dijo, pero al final concluimos que, si nosotros somos capaces de cumplir nuestra palabra para que nuestra reputación no quede en entredicho, ¿cuánto más Dios cumplirá la suya?

En este proverbio, Dios está hablándonos de algo muy serio: "mis labios detestan la mentira". Dios no puede decir mentiras. No puede engañarnos. Va en contra de sí mismo. Si a nosotras nos parece un insulto que nos acusen de no tener palabra de honor, ¿cuánto más le molestará a nuestro Señor que dudemos de su palabra?

Me encantaría que nuestro corazón fuera una lámina de oro en donde pudiéramos grabar este proverbio con un cincel. Si bien todos estamos comprometidos con nuestra reputación, creer en lo que Dios dice en la Biblia es creer que es la "palabra de Dios". Dios compromete su reputación en todo lo que nos dice en ella, pues "no es un simple mortal para mentir y cambiar de parecer. ¿Acaso no cumple lo que promete ni lleva a cabo lo que dice?" (Números 23:19, NVI).

Señor, gracias porque no mientes ni engañas. Puedo confiar totalmente en tus palabras.

YF

17 DE ABRIL

Los nietos son la corona de gloria de los ancianos.

Proverbios 17:6, NTV

¿Sabes cuándo se celebra el día del abuelo? Aunque no lo creas, existe el día en que debemos recordar a los padres de nuestros padres. En Estados Unidos es el 8 de septiembre. En México se celebra el 28 de agosto. En Argentina es el 26 de julio. Lo cierto es que muchos solemos pasarlo por alto. Sin embargo, creo que, aun cuando yo no soy abuela todavía, ¡todos los días son buenos para celebrar a los nietos!

El día que murió mi abuelo Ronaldo se ha quedado grabado en mi memoria. Me acuerdo del dolor, de las lágrimas y de la sorpresa. Puedo trazar los eventos que se sucedieron desde la mañana hasta la tarde cuando, en un espasmo de tos, dejó de respirar. Pero también recuerdo cuando abracé a mi abuelita para consolarla, y ella me susurró al oído: "Él estaba tan orgulloso de ti".

Loida seguramente también estaba orgullosa de su nieto Timoteo porque él permaneció fiel a las cosas que se le enseñaron. Sabía que eran verdad, porque confió en su abuela y su madre, quienes le enseñaron desde la niñez "las sagradas Escrituras las cuales [le dieron] sabiduría para recibir la salvación que viene por confiar en Cristo Jesús" (2 Timoteo 3:15, NTV).

Quizá tú no tuviste una abuela como Loida. Tal vez no has sido el orgullo de tus abuelos. Pero, si Dios lo permite, quizá tendrás la oportunidad de ser una abuela que pueda enseñar a sus nietos la Palabra de Dios. Aprovecha todas las oportunidades para ser un modelo de fe para tus nietos, y de sembrar en ellos el conocimiento de la Biblia. ¡Sé un ejemplo de fe sincera!

Padre, que mis nietos me coronen de gloria, no por sus fuerzas, sino al ser fieles a tu Palabra.

KO

18 DE ABRIL

El que es negligente en su trabajo
confraterniza con el que es destructivo.

Proverbios 18:9, NVI

En los tiempos bíblicos, gran parte de la población vivía del trabajo manual, ya sea en el campo o en los oficios. Hoy, en cambio, un gran número de personas se dedica a laborar en oficinas y escuelas, o detrás de una computadora. El *home office* se ha hecho muy popular.

El 77% de los empleados dicen que son más productivos cuando trabajan desde casa. A la vez, el 23% dice que dedican más horas a su labor desde su hogar. Aunque existen muchas ventajas de laborar en casa, existen más distracciones y los jefes no pueden estar tan pendientes de la productividad a todas horas.

En este proverbio vemos a dos tipos de trabajadores: el destructivo y el negligente. En Mateo 25:14-30, leemos la parábola de los talentos donde un siervo no invirtió la plata que le dio su amo sino que la enterró. El amo reclamó: "¡Siervo perverso y perezoso!" (Mateo 25:26, NTV). De hecho, los pecados menos obvios, pero a la vez demasiado comunes, son los de negligencia, es decir, cuando no obedecemos los mandatos del Señor.

Piensa en esto: pude ayudarle a esa persona de la calle y no hice nada; prometí llamar a una anciana solitaria y "se me pasó"; me faltó decirle a esa amiga desesperada que Dios le puede ayudar y que oraré por ella; evito que me nombren para ayudar en algún puesto de la iglesia... Cada una de nosotras sabe en qué áreas ha sido negligente, pero consideremos cómo nos va en la más importante: ¡hacer avanzar el reino de Dios en esta tierra!

Padre mío, a menudo soy una hija desobediente. Hazme entender,
confiar y hacer tu voluntad.

MH

19 DE ABRIL

Cesa, hijo mío, de oír las enseñanzas
que te hacen divagar de las razones de sabiduría.

Proverbios 19:27, RVR1960

En el siglo pasado, los estudiantes de secundaria tenían que aprender la teoría de Oparin sobre el origen de la vida y los postulados de Darwin sobre la evolución de las especies. Los estudiantes de este siglo debaten sobre las reglamentaciones legales de la clonación y los vientres de alquiler como medio de procreación. Lo que antes era nuevo, hoy es normal. Es parte de la vida de la gente leer su horóscopo, decorar su casa al estilo *feng shui* y encontrar su motivación diaria en un libro de la Nueva Era.

La sociedad divaga en su sabiduría. El enemigo de nuestras almas ha sido muy astuto en su proceso "educativo". Una de sus herramientas psicopedagógicas ha sido la cinematografía. Sutilmente va introduciendo conceptos que, por ser nuevos, causan la admiración del espectador. Estas ideas se van sembrando en nuestras mentes y las vamos internalizando, hasta que las aceptamos como la nueva normalidad de la sociedad a la que suponemos pertenecer.

La realidad es que nuestra ciudadanía es celestial. No tenemos que vivir como la gente "normal" lo hace en la postmodernidad. El apóstol Pedro ya percibía las luchas internas de los creyentes cuando escribió: "Amados, yo os ruego como a extranjeros y peregrinos, que os abstengáis de los deseos carnales que batallan contra el alma" (1 Pedro 2:11, RVR1960).

Series de televisión con llamativos argumentos, películas con efectos de última generación, música que nos hace vibrar... No todo ello es diabólico, ni todo ello es edificante. Pidamos la sabiduría divina para examinar todo y retener solamente lo que es bueno.

Guardaré mis ojos, mis oídos y mi mente para no pecar contra ti.

MG

20 DE ABRIL

Quítale su ropa al que salió por fiador del extraño,
y toma prenda del que sale fiador por los extraños.

Proverbios 20:16, RVR1960

Fiador es un término que se utiliza en materia civil. Cuando se hace un contrato, una persona se compromete con el acreedor a pagar por el deudor si este no llegara a hacerlo.

En un seminario sobre finanzas aprendí que los humanos presuponemos que podemos manejar el futuro, y hacemos negocios creyendo que las cosas van a suceder como queremos que sucedan. Pensando que podemos salir como fiadores de alguien, comprometemos lo que tenemos. Cuando te comprometes a pagar por otra persona, arriesgas muchas cosas: tu patrimonio, tu relación con la persona por la que sales fiador, tu bienestar emocional e, incluso, el bienestar de tu familia, pues, si llegaras a morir, tu familia tendría que pagar la deuda del otro.

Nuestro versículo de hoy nos enseña en forma general que, si queremos tener libertad financiera, no podemos salir como fiadores de nadie. A veces es duro porque amigos cercanos nos piden ayuda en este sentido. Nos toca a nosotros hacerles saber las razones por las que la Palabra de Dios nos advierte no hacerlo.

Si no eres fiadora de nadie, trata de no caer en la trampa. Si, por alguna razón, eres fiadora hoy, pide a Dios sabiduría específica para tu situación. Pide consejo y busca salir de esta situación.

Padre, dame sabiduría en el tema de las finanzas.

YF

21 DE ABRIL

Por mucho que desee, el perezoso acabará en la ruina,
porque sus manos se niegan a trabajar.

Proverbios 21:25, NTV

Dorothy Sayers describió la pereza como el pecado que "no cree en nada, no le importa nada, no quiere aprender nada, no interfiere en nada, no disfruta nada, no ama nada, no odia nada, no encuentra el sentido en nada… y solo se mantiene vivo porque no hay nada por lo que valga la pena morir".

En México existe un término llamado "nini" que describe a una persona joven, entre 15 y 29 años, que no estudia ni trabaja. En 2018, había 6.6 millones de jóvenes en el país que no asistían a la escuela ni contaban con un empleo, y si bien la razón no es necesariamente la pereza, debemos pensar que pudiera haber un poco de ella en la ecuación.

Como el proverbio dice, los perezosos acaban en la ruina. ¿Qué es lo contrario? Una mujer como Sara, quien creyó que Dios cumpliría su promesa de darle un hijo. A Sara le importó la promesa de tal manera que echó a Agar de su casa cuando fue el tiempo correcto. Sara aprendió a obedecer a Abraham y llamarle "señor". Sara interfirió cuando Ismael comenzó a burlarse de su hijo. Sara disfrutó a su hijo y lo llamó "risa". Sara amó profundamente a su familia. Sara odió la injusticia, y lo dijo cuando fue necesario. Sara encontró sentido en las promesas de Dios, aun cuando muchas de ellas las vio desde lejos. Sara buscaba un lugar mejor, "una patria celestial" por la que valía la pena morir (Hebreos 11:16).

Cuando el Dios de la Biblia es nuestro Padre, no hay lugar para la pereza. Tenemos algo en qué creer, y alguien en quién creer, y eso le da sentido a toda nuestra existencia. Cuando nuestras manos se nieguen a trabajar, dirijamos nuestros ojos al lugar correcto: a Cristo, y entonces, nuestras manos se moverán, ya sea en alabanza o en servicio.

Señor, líbrame del pecado de la pereza.

KO

22 DE ABRIL

Los corruptos van por un camino espinoso y traicionero; el que aprecie la vida lo evitará.

Proverbios 22:5, NTV

La organización Transparency International recoge estadísticas sobre cómo los ciudadanos de 180 países perciben el nivel de corrupción que existe en su entidad. En su página web, leemos que "el Índice de Percepción de la Corrupción (IPC) revela que una importante cantidad de países han hecho poco o ningún progreso contra la corrupción". Tristemente, Latinoamérica no suele tener buenas puntuaciones.

Una empresa multinacional dio donativos ilegales para campañas políticas. Los cárteles de drogas tienen muy controladas a ciertas autoridades con dinero debajo de la mesa. Personas en posiciones altas han comprado sus títulos. Lo triste es que empieza esta práctica desde el hogar. Por ejemplo, el ciudadano común y corriente considera normal dar un soborno a la policía en vez de pagar una multa.

Aunque resulta atractivo practicar la corrupción, es "un camino espinoso y traicionero". En el Nuevo Testamento, con frecuencia observamos que entre las personas más pecadoras se incluyen los cobradores de impuestos de aquel tiempo, ya que trabajaban para los romanos injustos y, a la vez, se quedaban con cantidades exorbitantes para ellos mismos. Eran los corruptos de aquellos tiempos. Pero Jesús escogió a uno de ellos como discípulo, Mateo, con lo cual mostró que el poder y la gracia de Dios pueden transformar a cualquier persona.

"Todo el mundo lo hace", decimos. O "solo esta vez" sobornaré a ese empleado para que haga más rápido el trámite. Así de insidioso es el pecado que pensamos que es insignificante. Recordemos: "el que aprecie la vida lo evitará".

Señor, confieso que no te agrada la corrupción. Ayúdame a ver que el cambio empieza conmigo.

MH

23 DE ABRIL

No tenga tu corazón envidia de los pecadores,
antes, persevera en el temor de Jehová todo el tiempo.

Proverbios 23:17, RVR1960

Se habla mucho sobre las reacciones que puede generar en alguien viajar por el espacio cibernético aterrizando en los perfectos perfiles de Instagram y Facebook. Por ejemplo, vemos mujeres hermosas exponiendo al mundo no solo su cuerpo y su belleza, sino también sus posesiones, rutinas y estilos de vida. No es malo en sí mismo, resulta agradable compartir lo bueno de nuestras vidas.

Tristemente, no todos estamos preparados para evitar que esa información nos afecte de alguna manera. Recordemos al más bello ángel de todos, el "lucero de la mañana". Anheló lo que su Creador tenía, queriendo ser igual a Dios. No importa cuánto tengamos, nuestra naturaleza pecaminosa siempre anhela algo más.

Por ello es muy importante tener contentamiento. La carta a los Hebreos dice: "Sean vuestras costumbres sin avaricia, contentos con lo que tenéis ahora; porque él dijo: No te desampararé, ni te dejaré" (Hebreos 13:5, RVR1960). Florecer donde Dios nos ha plantado es un arte que necesitamos aprender. Si su promesa es no desampararnos, podemos estar seguras de que Él proveerá para nuestras necesidades. Si tenemos a Dios, estamos completas. Quien no lo tiene, no tiene nada.

Haz un recuento de tus bendiciones y sé agradecida por cada una de ellas. Dios te ha dotado de todo lo que necesitas para cumplir con el propósito que Él tenía en mente cuando te creó.

Señor, ayúdame a gozarme genuinamente con los que se gozan.

MG

24 DE ABRIL

Si en el día de la aflicción te desanimas,
muy limitada es tu fortaleza.

Proverbios 24:10, NVI

Cuando un soldado va a la guerra, ¿cuándo podemos decir que está en combate? ¿Cuando va camino a reunirse con otros soldados? ¿Cuando está en el campo de entrenamiento aprendiendo a usar su arma? ¿Cuando está en formación recibiendo instrucciones de su general? El soldado combate cuando está frente al enemigo. Ese es su día de aflicción. Pero si ese soldado, estando ya frente al enemigo, empieza a quejarse y a dolerse de estar ahí y le da la espalda al enemigo en lugar de pelear, ¿qué pasará?

Cuando pasamos por un tiempo difícil es común quejarnos e incluso enojarnos con la situación. Pero ahí es donde veremos cómo hemos usado nuestro tiempo de capacitación, y si hemos estado preparándonos para el combate durante los días de paz. Este proverbio nos recuerda que si fallamos bajo presión, nuestra fuerza es escasa.

¿Cómo prepararnos y fortalecernos en tiempos de paz para el día de combate? Una manera es reuniéndonos con otros creyentes. Cuando lo hacemos, como dice Pablo, uno cantará, otro enseñará, otro contará alguna revelación especial que Dios le haya dado, pero cada cosa que se haga "debe fortalecer a cada uno" (1 Corintios 14:26, NTV). Cuando nos reunimos, nos animamos a estar firmes en nuestra fe y escuchar al Señor.

"El Señor es fiel" (2 Tesalonicenses 3:3, NTV). Él nos fortalecerá y nos protegerá del maligno. Trabajemos hoy en ejercitarnos para estar listas cuando se presente el día complicado.

Padre, fortalece mi fe.

YF

25 DE ABRIL

La persona que promete un regalo pero nunca lo da
es como las nubes y el viento que no traen lluvia.

Proverbios 25:14, NTV

¿Te ha pasado que ves nubes negras alrededor y te apuras a meter la ropa que dejaste colgando para que se seque, o preparas todo para la gran tormenta y, sin embargo, las nubes siguen de largo con la promesa de algo que no ocurrió? ¿Qué sientes ante promesas incumplidas?

Tal vez hay promesas rotas que han marcado tu vida, desde un regalo navideño que nunca llegó hasta los votos que tu cónyuge no cumplió. Un padre que juró no beber más, pero murió con la botella en la mano; un hijo que trató de enmendar su vida, pero tomó malas decisiones. Puede ser que simplemente estés esperado aún las vacaciones que alguien te prometió y que no se han materializado.

Las buenas noticias están en la Biblia. Si bien la gente no siempre cumplirá sus promesas, hay alguien que sí lo hace. Las personas titubeamos entre el "sí" y el "no" de lo que decimos y prometemos, pero Pablo nos recuerda que Jesucristo, el Hijo de Dios, no titubea. Es "el "sí" definitivo de Dios, él siempre hace lo que dice. Pues todas las promesas de Dios se cumplieron en Cristo con un resonante "sí" (2 Corintios 1:19-20, NTV).

Piensa en una promesa que necesitas para el día de hoy. ¿Necesitas el cuidado de Dios o su provisión material? ¿Requieres consuelo o la seguridad de que el cielo es real? ¿Necesitas oír que alguien te ama o que lo que Dios ha prometido —gozo, esperanza, transformación— sucederá? Habla con Dios y dale gracias porque Él no fallará. Agradece, antes de recibir, el cumplimiento de su promesa.

Señor, Tú no eres hombre para que mientas o te arrepientas de lo que has prometido. ¡Gracias!

KO

26 DE ABRIL

No respondas al necio según su necedad,
o tú mismo pasarás por necio.

Proverbios 26:4, NVI

En el siglo XXI cada vez más la comunicación tiene lugar en las redes sociales y otros sitios que permiten que los lectores hagan comentarios personales. Esto ofrece cierto nivel de anonimato, lo que atrae a los participantes a responder de forma impulsiva.

Hay una práctica que en inglés llaman el *flaming*. Es el acto de publicar insultos, a menudo con lenguaje altisonante, en las redes sociales. Las personas que acostumbran a hacer esto se especializan en provocar a los demás y se enfocan en aspectos específicos de una conversación controversial. Insultan a los demás, y si nos atrevemos a responderles, el resultado tiende a ser igual de ofensivo.

El proverbio de hoy nos subraya que responder a los necios nos lleva a más necedad. No resuelve nada ni convence a una persona testaruda. En el primer libro de Samuel vemos el caso del rico Nabal, que ofende a David cuando este pide alimento para sus soldados en el desierto, y rechaza ayudarlos. Como resultado, deciden atacar su hogar. Abigail, esposa de Nabal, se interpone y salva la situación. Le ruega a David: "No haga usted caso de ese grosero de Nabal, pues le hace honor a su nombre, que significa ‹necio›. La necedad lo acompaña por todas partes" (1 Samuel 25:25, NVI).

¡Es tan fácil querer responder a las personas que hablan o publican barbaridades! Pero la experiencia nos debe enseñar que responder no resuelve nada; más bien nos agita más y es probable que digamos algo inapropiado. Concentrémonos mejor en comunicar mensajes que edifiquen a los demás.

Señor, cierra mi boca cuando no conviene hablar, y ábrela cuando hace falta decir lo que a ti te agrada.

MH

27 DE ABRIL

Alábete el extraño, y no tu propia boca;
el ajeno, y no los labios tuyos.

Proverbios 27:2, RVR1960

Un grupo de mujeres nos hallábamos planeando un desayuno navideño. Yo me entusiasmé y ofrecí nuestra casa exclamando: "¡Sí! Yo arreglo la mesa muy bien y...". Todavía no terminaba mi idea cuando una de ellas, aparentemente molesta, dijo: "Todas arreglamos bien, no nada más tú". Mi intención no era alabarme ni jactarme, más bien estaba empezando a idear una sugerencia para el festejo. El incidente sirvió para darme cuenta de que hay personas que pueden ser muy sensibles cuando perciben rasgos de vanagloria, presunción o autosuficiencia en nuestras palabras.

Los hermanos de José reaccionaron con enojo cuando él les relató un sueño donde el sol, la luna y once estrellas le hacían reverencias. José no se estaba alabando, pero sus hermanos ya le tenían envidia por considerarlo el favorito de su padre.

El proverbio de hoy nos aconseja con claridad no alabarnos a nosotras mismas. A la mujer de Proverbios 31 le alaban sus hijos y su esposo, no sus propios labios (Proverbios 31:28). Cuando eres una mujer virtuosa, recibes el reconocimiento de la boca de los que te aman y conviven contigo.

Creo firmemente que es saludable reconocer nuestras fortalezas, pero debemos ser sumamente cuidadosas. Tal vez tendremos que mencionarlas en una entrevista profesional para solicitar un trabajo, pero no te recomiendo hablar de ellas con personas que tal vez puedan ser muy sensibles y malinterpreten tus palabras.

Señor Jesús, me has dado fortalezas y debilidades. Ayúdame a aprender de ti a vivir con humildad.

MG

28 DE ABRIL

Dios aborrece hasta la oración
del que se niega a obedecer la ley.

Proverbios 28:9, NVI

Algunas personas dicen que sus oraciones no pasan del techo. ¿Es esto lo que el proverbio de hoy nos dice? Veamos esta historia: Saúl fue el primer rey de Israel. Dios le ofreció la corona, pero él pronto mostró que no pensaba ser fiel a Dios. Por ejemplo, cuando se le ordenó exterminar totalmente a Amalec, Saúl decidió no hacerlo. ¿Qué hizo mal?

Perdonó la vida del rey y dejó que sus hombres se quedaran con lo mejor de las ovejas y las cabras, del ganado, de los becerros gordos y de los corderos. Solo destruyeron lo que no tenía valor o era de mala calidad. Cuando Samuel le reclama por no haber obedecido, él pone como excusa que usarían los animales para sacrificios a Dios. ¿Qué le habrá movido a desobedecer? ¿La codicia? ¿Pensar que Dios exageraba? ¿La presión de grupo?

Saúl siguió un camino descendente de rebelión y desobediencia. Antes de morir, cuando incluso se atrevió a consultar a una adivina, confesó: "Estoy muy angustiado, pues los filisteos pelean contra mí, y Dios se ha apartado de mí, y no me responde más, ni por medio de profetas ni por sueños" (1 Samuel 28:15, RVR1960). Dios aborreció su oración, no porque no quisiera oírlo, sino porque Saúl primero eligió desechar a Dios.

Dios siempre escucha nuestras oraciones. ¿Acaso no todo lo sabe, todo lo ve y todo lo escucha? Pero podemos fingir ser piadosas y orar muy bonito frente a los demás, mientras que en el fondo de nuestro corazón estamos despreciando a Dios, ignorando su consejo o viviendo en pecado. Cuando eso suceda, recordemos la triste historia de Saúl.

Señor, que mis oraciones sean sinceras.

YF

29 DE ABRIL

El hombre que ama la sabiduría alegra a su padre;
mas el que frecuenta rameras perderá los bienes.

Proverbios 29:3, RVR1960

En las películas y novelas de detectives la pregunta ante un asesinato siempre es: "¿Quién gana algo con la muerte de esta persona?". En muchos casos, hay una herencia de por medio. Pero ¿qué sentiría un padre cuyo hijo no quiere aguardar su muerte y le exige la herencia antes? Lo consideraríamos una falta de respeto. Sin embargo, esto sucedió en una historia que Jesús contó.

El hijo menor de un padre le pidió la parte que le correspondía de la herencia. Luego se fue lejos y desperdició sus bienes viviendo perdidamente. ¿Sería que este joven, como dice nuestro proverbio, perdió sus riquezas frecuentando prostitutas? Lo cierto es que no trajo alegría, sino dolor. Pero este era un padre especial.

Jesús nos cuenta en Lucas 15 que, cuando el joven volvió en sí y se dio cuenta de su error, volvió a la casa paterna, no con orgullo, sino arrastrando los pies. Estaba dispuesto a perder su lugar como hijo. El padre, sin embargo, estaba a la espera de ese hijo, y movido a compasión, corrió, abrazó y besó a su hijo. ¡Lo recibió con los brazos abiertos!

Quizá tú y yo, como ese hijo, no hemos alegrado a Dios con nuestras decisiones. Tal vez hemos desperdiciado los bienes de nuestra salud, nuestros talentos, nuestra pureza sexual o nuestro tiempo. ¡Gracias a Dios que Él es como el padre de esta historia y está dispuesto a perdonarnos y darnos una segunda oportunidad! Ven a los brazos del Padre hoy mismo si has estado lejos de Él. Te está esperando.

Señor, quiero ser una hija que te alegre siempre. Gracias por las segundas oportunidades.

KO

30 de abril

Cansado estoy, oh, Dios; cansado, oh, Dios, y agotado.
Proverbios 30:1, NTV

Madruga para hacer el almuerzo que llevarán los niños a la escuela; plancha una blusa para el trabajo; corretea a los pequeños para que se alisten y se apura para dejarlos camino a la oficina. Aun cuando regresa a casa, tiene que estar pendiente de los correos electrónicos de su jefe porque urge entregar un trabajo. Procura ponerle atención a su esposo, pero está pensando en la lavadora que se ha averiado y que debe hablar al técnico. El bebé está enfermo; ¿a qué horas podrán ver al médico?

La mujer moderna se destaca por estar sobrecargada de quehaceres. En muchos casos tiene que compaginar sus tareas familiares con su jornada laboral. De hecho, se habla del síndrome de la mujer agotada como "el mal del siglo XXI".

Jesús mismo, por ser cien por ciento hombre, comprende nuestro sentir. En Juan 4:6 llega a un pueblo samaritano "fatigado del camino" (NVI). En otros momentos comprende que él y los discípulos estaban agotados por el asedio constante de las multitudes que los rodeaban. Todos querían escuchar a Jesús o rogarle por sanidad. Le dijo a los doce que se apartaran con él un tiempo para recobrar las fuerzas. Y a todos nos invita también: "Vengan a mí todos los que están cansados y llevan cargas pesadas, y yo les daré descanso" (Mateo 11:28, NTV).

Está bien decirle a Dios que estás cansada y agotada. Él sabe que necesitamos el descanso y, por eso, ¡inventó el día de reposo! Le importa nuestro bienestar. Reconozcamos nuestra necesidad de añadirle margen a nuestras vidas y evitemos llenarnos de tantos compromisos. Acudamos a su llamado: "En verdes prados me deja descansar; me conduce junto a arroyos tranquilos" (Salmo 23:2, NTV).

Oh buen pastor, soy tu ovejita; permite que suba a tu regazo y descanse en ti.

MH

1 DE MAYO

Quizás te digan…
"¡Vamos a emboscar a los inocentes solo para divertirnos!

Proverbios 1:11, NTV

Aún recuerdo el horror que sentí cuando leí *La lista de invitados* escrita por Lucy Foley. En este libro de suspenso podemos ver la maldad en toda su expresión, encarnada en uno de los personajes principales que abusa de otros durante toda su vida. Sin embargo, lo que más me inquieta es cómo engaña a todos con su rostro angelical y los invita a ser parte de sus maldades.

El acoso es una realidad en nuestro mundo. ¿Has sido invitada a "acechar al inocente" en los pasillos del colegio? ¿Qué hace que unos sean víctimas de otros? ¿La apariencia física? ¿La personalidad? ¿El estado socioeconómico? El padre que habla en este capítulo tajantemente aconseja: "¡No cedas! ¡Di no!".

Jesús, como un ejemplo contrario a cualquier acosador, se relacionaba con todos. También lo vemos actuando como un activo espectador, pues en varias ocasiones interrumpió para defender a los débiles, como a la mujer acusada de adulterio. Él tenía claro que no aplastaría la caña más débil ni apagaría una vela titilante (Mateo 12:20).

Conexión personal

No consientas en dañar a otros "solo por diversión". Enseña a tus hijos, a tus sobrinos o a tus nietos a no participar del acoso. Habla y denuncia a los que lo hacen. Quizá, en la novela que mencioné al principio, la tristeza más grande surge por todos aquellos que callaron, encubrieron los hechos y no estorbaron al abusador. Si lo hubieran hecho, menos gente hubiera sido herida. ¡Hagamos algo al respecto!

Señor, no permitas que aceche al inocente jamás.

KO

2 DE MAYO

Búscalos como si fueran plata,
como si fueran tesoros escondidos.

Proverbios 2:4, NTV

Existe un gran número de refranes que mencionan la palabra "tesoro". Uno de ellos dice así: "Entre **tesoro** escondido y oculta sapiencia, no se conoce ninguna diferencia". ¿Será que conocían los proverbios de Salomón?

¿Se te ha perdido algo en casa? A veces buscamos superficialmente y, al no encontrarlo, nos frustramos, pero si buscamos a profundidad, encontraremos tesoros ocultos, cosas que hacía mucho no veíamos, o cosas que habíamos dado por perdidas! ¿Será que lo mismo pasa con la sabiduría y solo la buscamos por encimita?

Como humanos limitados que somos, es frecuente nuestra necesidad de entendimiento y discernimiento. Este proverbio nos anima a buscarlos como si fueran "tesoros escondidos", pues no están siempre a la mano. Jesús relató una parábola que subraya el esfuerzo que hacemos para hallar un tesoro: "Supongamos que una mujer tiene diez monedas de plata y pierde una. ¿No encenderá una lámpara y barrerá toda la casa y buscará con cuidado hasta que la encuentre?" (Lucas 15:8, NTV).

Sabemos que la fuente de la inteligencia y sabiduría es Dios, y que la forma más común de comunicarla es mediante su Palabra. ¿Pero qué tanto realmente buscamos? Aun las que procuramos hacer una lectura diaria, muchas veces leemos "lo que nos toca del día" y ya sentimos que cumplimos. ¿Qué tanto meditamos en la Palabra, oramos con base en ella y le pedimos a Dios que nos revele un mensaje personal? Procuremos "barrer bien" y buscar lo que nos quiere enseñar.

Padre, ayúdame a buscarte de corazón y buscar tu tesoro para que me ilumine en mi caminar diario.

MH

3 DE MAYO

Jehová con sabiduría fundó la tierra;
afirmó los cielos con inteligencia.

Proverbios 3:19, RVR1960

"La biología es el estudio de cosas complicadas que dan la apariencia de haber sido diseñadas con un propósito", opina el científico ateo Richard Dawkins. Podríamos responderle: "Bueno, yo creo que tal vez el mundo parece ser diseñado porque de hecho lo fue". No solo la biología, también la cosmología, la física, la bioquímica y la astronomía evidencian el diseño inteligente de Dios.

Sean McDowell, profesor en la universidad Biola, nos hace pensar con este sencillo ejemplo: supongamos que nos internamos en un bosque y nos encontramos con una cabaña abandonada. Entramos y escuchamos nuestra canción favorita, hallamos nuestra comida preferida y, sobre el buró, observamos nuestro libro predilecto. Demasiados detalles precisos. Concluiríamos entonces que alguien nos estaba esperando. ¿No ocurre lo mismo con el universo? *Alguien* sabía que veníamos y se hizo cargo de los detalles.

No somos producto de la casualidad. Todo ha sido creado por Dios y todo lo que ha hecho tiene un propósito. "Los cielos proclaman la gloria de Dios, y el firmamento anuncia la obra de sus manos. Un día transmite el mensaje al otro día, y una noche a la otra noche revela sabiduría" (Salmo 19:1-2, NBLA). ¡Cuán admirable es su grandeza y poder!

Si sabemos de dónde venimos y para qué estamos aquí, sabremos cómo debemos vivir. Nadie es un accidente. Tú eres una persona valiosa creada a la imagen de Dios y diseñada con un propósito especial.

Dios, ayúdame a apreciar tu creación y a vivir consciente de que has hecho un mundo de detalles para mí.

MG

4 DE MAYO

Oye, hijo mío, y recibe mis razones,
y se te multiplicarán años de vida.

Proverbios 4:10, RVR1960

La periodista Carolina Benzamat ha conducido una serie llamada *Los Superhumanos, secretos de longevidad*, en donde entrevista a personas con más de 105 años para saber el secreto de su larga vida. Aunque su trabajo de investigación comenzó en el país de Chile, se fue extendiendo hacia los lugares en donde se encuentran las personas más longevas del mundo.

Con sus documentales, podemos conocer qué hace una persona para vivir más tiempo. En ciertos lugares, los más longevos tienen metas y proyectos que quieren alcanzar aún a su avanzada edad. Otros siguen una dieta exclusiva de pescado o plantas como la *ashitaba*. Además, se encontró que las personas que cultivan la espiritualidad o se apegan a una religión o asisten a una iglesia, viven más tiempo.

¿No es esto lo que buscamos los seres humanos? A veces no tomamos a Dios en serio en sus promesas. Según este proverbio, oír su Palabra, creerla y obedecerla es la mejor manera de ser feliz y de tener paz, sin importar las circunstancias difíciles a las cuales nos enfrentemos. Los creyentes deberíamos ser las personas más felices de la tierra y las más longevas.

Las personas no sólo necesitan alimentarse sanamente y hacer ejercicio para vivir más. Tener paz en el alma y el amor de los que nos rodean nos ayuda a vivir más y mejor. Oigamos las razones de Dios.

Señor, "¡oh, cuánto amo yo tu ley! Todo el día es ella mi meditación".
(Salmos 119:97, RVR1960)

YF

5 DE MAYO

¿Se derramarán tus fuentes por las calles,
y tus corrientes de aguas por las plazas?

Proverbios 5:16, RVR1960

El día que se creó la etiqueta #*MeToo* se usó en Twitter doscientas mil veces. Solo en un año, había sido utilizada diecinueve millones de veces, es decir, más de cincuenta y cinco mil por día. El movimiento comenzó en 2006 por iniciativa de la activista y sobreviviente de abuso sexual Tarana Burke, pero se hizo viral cuando se expusieron las demandas contra Harvey Weinstein. Si bien este movimiento es contra el abuso y el acoso sexual, nos muestra también algo muy importante: nuestra sexualidad importa.

Nuestro proverbio de hoy nos invita a cuidar y no desperdiciar el agua de nuestro manantial. Notemos la importancia de esta advertencia: nuestra intimidad es algo sagrado. El sexo no es solo algo físico sino algo que toca nuestras emociones y nuestra misma esencia. Por lo tanto, a Dios le interesa y nos invita a guardarla y no derramarla sin razón.

Dios nos ama y nos creó como seres que pueden procrear por medio de la sexualidad, pero que también pueden disfrutarla. Dios compara la intimidad con una fuente saltarina que produce placer. Pero, por lo mismo, puede ser enturbiada. Ese no es su plan. Nunca lo ha sido. ¿Lo bueno? Él es experto en limpieza: "Entonces los rociaré con agua pura y quedarán limpios. Los lavaré de su inmundicia" (Ezequiel 36:25, NTV).

Si nuestras aguas se han enturbiado, ya sea por malas decisiones o el abuso, Dios nos da segundas oportunidades. Vengamos a Él y dejemos que limpie y purifique nuestro manantial. Pidámosle que haga el milagro que ha prometido de quitarnos toda mancha y suciedad, y aprendamos a disfrutar el regalo de la sexualidad como Él lo planificó: en el matrimonio.

Señor, límpiame y purifica mis ideas del sexo.

KO

6 DE MAYO

La cual sin tener jefe, ni oficial ni señor,
prepara en el verano su alimento.

Proverbios 6:8, LBLA

En algunas culturas la mayoría se dirige al otro por su nombre de pila, aun a los jefes, aunque tal vez en algunas circunstancias formales usen "señor". Los latinoamericanos, sin embargo, prefieren usar títulos como licenciado, ingeniero, doctor y otros para distinguir a los que tienen cierto nivel de estudios.

El autor de este proverbio se maravilla de la organización de las hormigas, que trabajan arduamente aun "sin tener jefe, ni oficial ni señor". Un estudio científico lo expresa de esta manera: "Entre ellas no hay egoísmo, todo lo que hacen es por la colonia, de manera que cada individuo lleva sus presas a casa para compartirlas con las demás". Aunque sabemos que existen entre ellas reinas, éstas no se dedican a ejercer autoridad sino a la reproducción.

En el Nuevo Testamento se subraya el concepto de que todos somos iguales ante Dios; somos copartícipes en la obra de construir el reino. Todos los que creen en Cristo son "reyes y sacerdotes para Dios". Cada uno tiene dones espirituales que se complementan. Somos parte de un solo cuerpo (1 Corintios 12:12) y cuando colaboramos unidos, vemos resultados que alimentan a todos, incluso a nuevos creyentes.

¿Siempre quiero que se hagan las cosas a mi manera, o me interesa la unidad de mi familia, mi equipo de trabajo o mi iglesia? ¿Pienso que los resultados serán realmente ideales si impongo mis ideas? Seamos colaboradoras e igualitarias, como las hormigas.

Padre, ayúdame a trabajar en equipo para el bien de todos.

MH

7 DE MAYO

Para que te guarden de la mujer ajena,
y de la extraña que ablanda sus palabras.

Proverbios 7:5, RVR1960

Lucy y René Zapata han sido una de las parejas más amadas y admiradas en el ministerio en Latinoamérica. Lucy ya está con el Señor y nos dejó un precioso ejemplo del trato que una mujer virtuosa debe dar a su esposo. Cuando Lucy estaba con René, lo llamaba con un cariñoso nombre que ella le puso. Cuando se refería a él hablando con otras personas, decía "el pastor Zapata". Un equilibrio perfecto entre amor y respeto, un gran mensaje expresado simplemente por las palabras con las que se dirigía a él y la manera de expresarlas.

A lo largo de 28 años de matrimonio, he tenido varias oportunidades de darme cuenta de la manera en la que otras mujeres se dirigen a mi esposo. Algunas son respetuosas y amables, y hay otras que "ablandan sus palabras" para dirigirse a él; mensajes implícitos y aún explícitos de coquetería. Eso me ha ayudado a tener presente que es muy importante la manera en la que me dirijo a mi pareja. Quiero ser yo la que llene su necesidad de amor, apreciación y respeto.

Soy gran admiradora de Sara, la esposa de Abraham. La Biblia dice que ella trataba a su esposo con respeto: "Tal es el caso de Sara, que obedecía a Abraham y lo llamaba su señor. Ustedes son hijas de ella si hacen el bien y viven sin ningún temor." (1 Pedro 3:6, NVI).

Si somos casadas, aprendamos a ejercer el arte del amor y del respeto como lo hacían Sara y Lucy. ¿Tienes algún nombre de cariño para tu esposo? Si eres soltera, sabrás proteger tu futuro matrimonio de la mujer extraña. Gracias a Dios por los matrimonios que son ejemplos vivos para nosotras.

Padre, bendice mi matrimonio. Ayúdame a respetar y amar sabiamente a mi esposo.

MG

8 DE MAYO

Jugueteaba en el mundo creado,
¡me sentía feliz por el género humano!

Proverbios 8:31, DHH

Me encanta imaginar que Dios jugaba con Adán en el huerto del Edén. ¡Y así era! Nuestro Dios es un Dios juguetón que le encanta reír y tener sentido del humor. Estaba muy feliz de haber creado algo tan parecido a Él que disfrutaba pasar tiempo con el hombre.

¿Qué padre o madre no disfruta ver a sus niños felices y hasta participar en sus juegos? ¿Se imaginan la mirada de amor del Señor al contemplarnos y sonreír con nuestras ocurrencias? ¿Recuerdas que después de comprar un juguete a tus pequeñitos te sentaste a jugar con ellos? Pienso que nuestro Dios sonrió con cada ocurrencia de Adán al ponerle nombre a los animales, y seguramente participó de sus travesuras.

Nuestro Señor quiere disfrutarnos y anhela nuestra compañía. Nuestro versículo es tan expresivo que nos hace sentir felices si sabemos que nuestro Dios es feliz con nosotros, ¿no es cierto? La Nueva Versión Internacional así lo expresa: "Me regocijaba en el mundo que él creó; ¡en el género humano me deleitaba!".

La vida cristiana es muy diferente a como el mundo la concibe. Disfrutar de Dios es muchísimo mejor que disfrutar cualquier cosa que el mundo pueda dar. El mundo piensa que Dios es aburrido, pero en realidad no ha probado su intimidad. ¡Que todas nosotras podamos disfrutar el lado divertido y juguetón de nuestro Dios para que otros lo conozcan también!

Señor, gracias porque te deleitaste en crearme.

YF

9 DE MAYO

¡Vengan conmigo los inexpertos!

Proverbios 9:4, NVI

Cuando Alicia visita el País de las Maravillas, llega a un vestíbulo con puertas alrededor, pero todas están cerradas con llave. Prueba puerta tras puerta, ¿por qué? Porque las puertas nos llevan a otro lado. Ella no quería quedarse en ese pasillo para siempre. No fue hasta que encontró una diminuta llave de oro sobre una mesita de tres patas que logró salir a un jardín.

En la vida también hay puertas. En este capítulo de Proverbios encontramos dos: la de la sabiduría y la de la necedad. Y ambas nos invitan a entrar. ¿Y qué hallaremos detrás de ellas? Si decidimos pasar por la puerta de la necedad nos toparemos con la muerte, pues sus invitados están en lo profundo de la tumba. ¡Qué terrible! ¿Y qué hay detrás de la puerta de la sabiduría?

La puerta más importante en nuestra vida no es una de madera, sino una persona, la Sabiduría misma. Jesús dijo: "Yo soy la puerta; los que entren a través de mí serán salvos. Entrarán y saldrán libremente y encontrarán buenos pastos" (Juan 10:9, NTV). Si decidimos cruzar el portal de la salvación que Jesús ofrece, ¡estaremos en un bello jardín! ¡Mejor que el de Alicia!

No dejes a un lado la invitación más importante de la vida. Jesús es la puerta. Jesús está a la puerta. Y te dice: "Si oyes mi voz y abres la puerta, yo entraré y cenaremos juntos como amigos" (Apocalipsis 3:20, NTV). ¡Abre hoy!

Jesús, gracias por ser la puerta. Quiero entrar a esos pastos que ofreces.

KO

10 DE MAYO

Un hijo sabio trae alegría a su padre;
un hijo necio trae dolor a su madre.

Proverbios 10:1, NTV

Cuando se jactan los padres de los hijos, lo más común es que presuman de sus altas calificaciones, sus premios o un trabajo muy remunerable. En realidad, ninguno de estos aspectos tiene mucho que ver con su carácter. Todos conocemos algunos casos de hijos que les causaron dolor y tristeza a los padres.

El rey David tuvo muchos hijos, y su sucesor al trono fue Salomón. Antes de morir, le encargó a Salomón: "Cumple los requisitos del Señor tu Dios y sigue todos sus caminos" (1 Reyes 2:3, NTV). Eso era su mayor deseo como padre y creyente, que su hijo fuera sabio y justo. Desgraciadamente, otro hijo fue totalmente rebelde. Absalón se sublevó contra su padre y quiso arrancarle el reinado. Causó gran tristeza a David, quien al huir lloró, con "todo el pueblo" (2 Samuel 15:30, RVR1960). ¡Qué necedad y cuánto sufrimiento provocó ese hijo!

"Un hijo sabio trae alegría a su padre". La palabra hebrea que se utiliza aquí es *kjacam*, que significa "sabio en mente, palabra y acción". Esta persona es enseñable, sensata, prudente y centrada en Dios. Reflexiona antes de actuar. Todo lo contrario del necio, que es rebelde e insensato; no escucha a sus mayores y menos a Dios.

Si viven nuestros padres, procuremos hacer decisiones sabias que les propicien alegría. Recordemos los buenos consejos que nos dieron en la niñez y procuremos enseñarlos a nuestros hijos, sobrinos o nietos. Cuidemos de no tomar el camino de la necedad, que acarrea consecuencias dañinas y trae tristeza a los seres amados.

Padre mío, quiero que te alegres de mí. Hazme obedecerte y agradarte.

MH

11 DE MAYO

Como la justicia conduce a la vida,
así el que sigue el mal lo hace para su muerte.

Proverbios 11:19, RVR1960

No es un secreto que famosos cantantes de heavy metal o rock pesado se han declarado adoradores de Satanás. Las letras de sus canciones van desde invocaciones, adoraciones al maligno, hasta mensajes que pueden incitar al suicidio.

Marilyn Manson lanzó su álbum *Antichrist Superstar*. El fundador de la Iglesia de Satán lo nombró "Reverendo" por promover las ideas satanistas en su música. A Manson y su banda se les atribuyó influenciar negativamente a los chicos que participaron en la masacre de Escuela Preparatoria de Columbine, donde murieron 15 personas. A finales de los años noventa, una madre culpó a Manson de incitar a su hijo a suicidarse, ya que cuando encontraron muerto al adolescente, se estaba reproduciendo la canción "Antichrist Superstar".

Lo interesante de todo es que cuando alimentamos nuestra mente de música, películas o series que exalten la muerte, fomenten la muerte o provoquen nuestro interés en cosas satánicas, estamos siguiendo a aquellos que nos conducen a un mal camino, como dice el proverbio de hoy. ¡Cuántas personas han terminado muriendo por una sobredosis de droga! Una cosa lleva a la otra.

Sigamos los caminos justos, que son los de obediencia y temor de Dios; sendas que nos conducirán a la vida abundante, no solo en la vida física que es temporal, sino la que es eterna. ¿A quién seguimos en nuestras redes? ¿Quiénes son los "*influencers*" a los que admiramos? Sigamos primeramente a Jesús.

Jesús, he decidido seguirte. No vuelvo atrás. Mis ojos están puestos en ti.

MG

12 DE MAYO

*El necio muestra en seguida su enojo,
pero el prudente pasa por alto el insulto.*

Proverbios 12:16, NVI

Tengo un alhajero traído de España hecho artesanalmente con una técnica llamada taracea, que consiste en cortar pequeños trozos geométricos de madera, nácar, metal o cualquier otro material, e incrustarlos para crear un mosaico armonioso y adornar alguna superficie. El alhajero descansa sobre cuatro patas de madera en forma de esferas pequeñas del tamaño de un chícharo. Hace muchos años que lo tengo y le he tomado mucho aprecio.

Un día llegué a mi casa y el alhajero no estaba en el lugar acostumbrado. Mi hermana, al pasar, lo había tirado y le faltaba una de las patitas. Lo cambió de lugar y lo recargó sobre la pared de mi cómoda para disimular que estaba cojo. Para su mala fortuna, descubrí el engaño y me molesté muchísimo. Hubiera preferido que me dijera lo que había pasado para buscar la patita perdida. Recuerdo haber barrido mi casa y haber visto una bolita de madera que me pareció insignificante, de modo que la tiré a la basura. Estaba guardando mi enojo para el momento de ver a mi hermana y echárselo en cara.

¿Qué hice entonces? Decidí hacer caso de nuestro proverbio y dejé pasar por alto el insulto. Estuve convenciéndome a mí misma de que la relación con mi hermana es más valiosa que la pata de un alhajero. No sé si pueda reemplazar la patita perdida. Quizá no. Pero creo que el Señor se honra cuando obedezco su Palabra antes que dar rienda suelta a mi enojo.

¿Cómo reaccionas cuando te enojas? Si muestras en seguida tu enojo, la Biblia te llama necia. La manera de reaccionar ante las circunstancias habla mucho de cómo está nuestro corazón. Alza tu voz al Señor pidiendo ayuda para dejar de reaccionar mal ante tu enojo.

¡Líbrame de mostrar mi enojo enseguida, Señor! No quiero ser necia.

YF

13 DE MAYO

La riqueza lograda de la noche a la mañana pronto desaparece;
pero la que es fruto del arduo trabajo aumenta con el tiempo.

Proverbios 13:11, NTV

Jocelyn Wildenstein, también conocida como la mujer gato por sus muchas cirugías plásticas, adquirió su fortuna al divorciarse en 1999 del millonario Alec Wildenstein. En 2018 se declaró en bancarrota y se descubrió que solía gastar hasta un millón de dólares al mes. Hoy no tiene nada. El proverbio de hoy nos dice que la riqueza que llega de la noche a la mañana desaparece pronto, y por eso nos invita al arduo trabajo. ¿Y qué mejor ejemplo que el de Johann Sebastian Bach?

Cuando la sociedad Bach Gesellschaft decidió publicar toda la obra del compositor Bach, tardaron más de cuarenta y seis años, y la edición completa llenó seis volúmenes. La pregunta es: ¿cómo logró el músico producir tanto material, y de buena calidad, mientras realizaba una docena más de funciones como organista, director musical, maestro particular, tutor de latín, esposo y padre de veinte hijos? ¿La clave? Él mismo lo dijo: "He sido creado para trabajar; si eres igualmente industrioso que yo, serás igual de exitoso".

Hemos sido creadas para trabajar porque el Creador nos ha dado un modelo a seguir. Jesús dijo: "Mi Padre siempre trabaja, y yo también" (Juan 5:17, NTV). Nuestro proverbio compara al que se enriquece prontamente por el azar o la vía criminal, con los "Bachs" de este mundo que en medio de sus roles y responsabilidades encuentran el tiempo para hacer aquello que glorifica a Dios.

¿Qué te apasiona? ¿Las artes o las manualidades? ¿El estudio o la ayuda social? Lo que sea que Dios ponga en tu corazón, sigue el ejemplo de Bach. Primero, trabaja. Segundo, dedica tu trabajo a Dios.

Padre, tú eres un claro ejemplo de arduo trabajo. Ayúdame a ser como Tú.

KO

14 DE MAYO

El testigo verdadero jamás engaña;
el testigo falso propaga mentiras.

Proverbios 14:5, NVI

La tecnología moderna ha sido una herramienta útil para luchar contra los falsos testigos, ya que las cámaras de vigilancia captan a las personas *in fraganti*. La presencia de testigos que filman algún incidente con sus teléfonos celulares es otra manera de grabar los hechos reales.

En mayo del 2020 se volvió viral el video de George Floyd, un afroamericano que fue aprehendido por la policía. Durante la detención, un oficial lo clavaba al suelo poniendo la rodilla en su cuello. Se escuchaban las últimas palabras de Floyd, "¡No puedo respirar!", las cuales repitió varias veces antes de morir. Por mucho que aquel policía quisiera negar la gravedad de sus acciones, la evidencia era obvia.

"No des falso testimonio en contra de tu prójimo" (Éxodo 20:16, NVI) es uno de los diez mandamientos que Dios entregó a Moisés, lo cual muestra lo grave de este pecado. ¿Qué clase de testigos somos? El testigo verdadero no calla lo que sabe: "Y este evangelio del reino se predicará en todo el mundo como testimonio a todas las naciones" (Mateo 24:14, NVI). ¡Todo creyente en Jesucristo está llamado a ser este tipo de testigo!

Nos parecen inocentes las palabras que decimos, pero cada una que sea falsa "propaga mentiras". Estas se repiten y convencen a otros, causando daño. Seamos cuidadosas antes de abrir la boca. Sobre todo, ¡seamos portadoras de la verdad que libera!

Ayúdame, Señor, a ser testigo de tu verdad.

MH

15 DE MAYO

Mejor es la comida de legumbres donde hay amor,
que de buey engordado donde hay odio.

Proverbios 15:17, RVR1960

Nuestra mente es maravillosa. Algún olor en particular nos puede remontar a nuestra infancia y activar recuerdos que yacen en nuestra memoria. Recuerdo el dulce de coyol que hacía mi abuela. El coyol es un fruto de piel amarilla verdosa que parece un coco en miniatura. Proviene de un tipo de palma que puede medir de 10 a 20 metros de alto. Al hervir con piloncillo, conocido también como panela, se hace un dulce espeso de color café. Se puede chupar el coyol con este dulce y el sabor parece nunca acabarse.

Hay personas que disfrutan el arte de cocinar. A otras se les puede hacer pesado tener que hacerlo todos los días. Un cocinero en uno de sus tutoriales de recetas en YouTube dice: "Se cocina con amor, no por obligación". He tratado de adoptar su lema.

La mujer puede influir en su hogar para generar una atmósfera de amor. Colosenses 3:23 nos motiva a tener una buena actitud: "Y todo lo que hagáis, hacedlo de corazón, como para el Señor y no para los hombres" (RVR1960). Si tenemos que cocinar, planchar, o barrer hagámoslo con amor, porque a quien servimos es a Dios.

No importa si tenemos poco o mucho, ocupémonos en crear buenos recuerdos para nuestra familia. Procuremos un lugar como el que describe un bello himno: "Donde la madre con devoción sepa mostrarnos tu compasión; do todos vivan en comunión. Donde los hijos con decisión sigan a Cristo de corazón, do se respire tu bendición".

Señor, ayúdame a hacer todo con amor.

MG

16 DE MAYO

La suerte se echa en el regazo;
mas de Jehová es la decisión de ella.

Proverbios 16:33, RVR1960

En Medio Oriente, los hombres y mujeres solían usar túnicas largas llamadas *jalabiya*. Cuando una persona se sentaba, podía lanzar dados o piedras sobre su regazo y la *jalabiya* funcionaba como una mesa. Al tomar decisiones importantes, cuando no se podían poner de acuerdo, se usaban las piedras para decidir quién ganaba y quién perdía. ¿Hacemos hoy lo mismo?

Las personas acuden hoy al horóscopo o a otras formas de suerte que les ayuden a decidir entre distintas opciones. Recuerdo una bola de billar de juguete, la bola 8 mágica, que uno sacudía y aparecían las palabras sí o no. Con ella, muchos trataban de definir sus vidas.

El proverbio de hoy es muy claro. El escritor está diciendo: "Ten libertad de lanzar las piedras sobre tu regazo para ayudarte a tomar una decisión, pero, a final de cuentas, los planes de Dios son los que triunfarán". Nuestra dependencia del Señor debe de ser tan absoluta que debemos estar preparadas para que Él cambie el rumbo de nuestra vida de la manera que Él quiera.

Hoy no necesitas de piedras que elijan el camino que debes tomar. Tienes una mente que Dios te ha dado, personas alrededor que pueden aconsejarte y, lo más importante, la oración. Cuando tengas una decisión importante que tomar, mejor ora y pide la dirección de Dios.

Enséñame, Señor, qué caminos tomar día a día.

YF

17 DE MAYO

La persona con entendimiento es serena.

Proverbios 17:27, NTV

Los lagos son lugares que nos transmiten la idea de paz y belleza, quizá porque no ofrecen los peligros del mar, ni se desbordan como los ríos. El lago de Atitlán en Guatemala y el de Pehoé en Chile están entre los diez lagos más hermosos del mundo, y si has remado por un lago sereno, sabes que parte de su encanto es poder ver tu reflejo en sus plácidas aguas. ¿Y siempre es así?

Cuando llueve, la imagen se distorsiona. Las gotas rompen la ilusión de espejo y no podemos contemplarnos más. Nuestras almas son como las aguas de un lago. Cuando mostramos amor a Dios y adquirimos sabiduría, actuamos con serenidad y se puede ver el rostro de Jesús reflejado en nosotras. Cuando dejamos que la necedad o las preocupaciones caigan como tórrida lluvia en nuestros corazones, no reflejamos nada.

Los que somos hijos de Dios "podemos ver y reflejar la gloria del Señor. El Señor, quien es el Espíritu, nos hace más y más parecidos a él a medida que somos transformados a su gloriosa imagen" (2 Corintios 3:18, NTV). Pero recuerda que cuando carecemos de sabiduría y dudamos de la ayuda de Dios, somos tan inestables como una ola de mar que el viento arrastra y empuja de un lado a otro. Entonces no podemos reflejar a Jesús.

Respira hondo mientras lees estas palabras y piensa en tu alma. ¿Es como un lago sereno o una tormenta? ¿Qué está provocando que la lluvia caiga y se distorsione la imagen de Jesús? ¿Afanes y preocupaciones? ¿Necedad o falta de perdón? Confiesa a Dios y pide su ayuda. Recupera la tranquilidad y sé entendida.

Padre, que otros puedan ver el reflejo de Jesús hoy en mi vida.

KO

18 DE MAYO

Torre inexpugnable es el nombre del Señor;
a ella corren los justos y se ponen a salvo.

Proverbios 18:10, NVI

Las Torres Gemelas del World Trade Center de Nueva York fueron en su tiempo los edificios más altos del mundo. En el año 2001 sufrieron un atentado terrorista y fueron derribadas, con lo cual fallecieron cerca de tres mil personas. A pesar de lo alto e imponente de estas estructuras, no eran inexpugnables; aun la torre más conocida de la historia antigua, la torre de Babel cayó.

En los tiempos bíblicos, el propósito de las torres era proveer protección. En el libro de los Jueces, leemos sobre la ciudad de Tebes, que tenía "una torre fortificada, a la cual se retiraron todos los hombres y las mujeres, y todos los señores de la ciudad; y cerrando tras sí las puertas, se subieron al techo de la torre" (Jueces 9:51, RVR1960).

En este proverbio se compara el nombre del Señor con una torre fuerte e inexpugnable, una fortaleza firme que pone a salvo a los que corren a él. No puede ser destruida por flechas de fuego ni tampoco por aviones bomba, como las torres de Nueva York. Es una torre eterna.

Así como los habitantes de Tebes, tenemos una torre a la cual correr y ponernos a salvo cuando los embates de la vida amenazan destruirnos. A diferencia de ellos, sabemos que nuestra torre no podrá caer. Hoy, ante críticas, dificultades externas o luchas internas, ¡corramos a esa torre segura!

Padre, gracias porque en ti tengo seguridad y protección en medio de este mundo inestable.

MH

19 DE MAYO

La insensatez del hombre tuerce su camino,
y luego contra Jehová se irrita su corazón.

Proverbios 19:3, RVR1960

Para solicitar empleo en una empresa lo más seguro es que, además de entregar un currículo, el candidato tenga que presentarse a una entrevista. Se evaluarán sus conocimientos, habilidades, actitudes y motivaciones para descubrir si es una persona competente. Se le harán preguntas de índole personal relacionadas con sus pasatiempos, relaciones y carácter. En realidad, el evaluador intentará descubrir la capacidad del solicitante de tomar buenas decisiones.

Lo que hace la diferencia entre una persona sabia y una insensata son precisamente las decisiones que ha tomado. Una decisión puede ser mala, buena o la mejor. ¿Cómo lo sabemos? Por las consecuencias que esta trae. Cuando Dios nos dio libre albedrío, nos concedió el privilegio de elegir. La consecuencia natural es que somos responsables de lo que hacemos. No podemos echarle la culpa a Dios o incluso enojarnos con Él por las consecuencias de nuestras malas elecciones.

Los grandes héroes de la Biblia como Moisés, David, José y Daniel fueron hombres que tuvieron que tomar grandes decisiones. Daniel fue consejero de reyes. Dios le dio conocimiento, sabiduría y entendimiento en toda visión y sueños. En todo asunto que el rey les consultó, lo halló diez veces mejor que todos los magos y astrólogos del reino. Seguramente todo ello fue resultado de una resolución que tomó desde jovencito: "Y Daniel propuso en su corazón no contaminarse" (Daniel 1:8, RVR1960).

Quien se ha propuesto en su corazón vivir en obediencia e integridad, hará lo correcto en cada situación que se le presente. No tendrá que vivir enojado con Dios por las consecuencias de sus propios errores.

Que mi camino sea recto. Quiero ser obediente, Señor.

MG

20 DE MAYO

Afirma tus planes con buenos consejos;
entabla el combate con buena estrategia.

Proverbios 20:18, NVI

Napoleón es considerado uno de los mejores estrategas militares de la historia. Entre sus grandes batallas está la de Austerlitz, ocurrida en 1805. Napoleón decidió luchar contra la fuerza austro-rusa por el flanco derecho con solo parte de su ejército. Al hacerlo, supo que cansaría a sus enemigos. Aunque estaba bajo mucha presión, Napoleón mantuvo a su reserva al margen hasta el punto máximo, y entonces los dejó atacar. Sus tropas derrotaron al enemigo por la izquierda. ¿Somos buenas estrategas?

La Biblia nos recuerda que somos parte de una guerra espiritual. Combatimos contra Satanás y sus demonios, contra las ideologías de una sociedad que se opone a Dios y contra nuestra propia naturaleza pecaminosa. Un buen estratega, dicen los expertos, obtiene resultados, se adapta a nuevas circunstancias y tiene tácticas efectivas. Si bien no podemos ahondar en todas estas características, analicemos una con base en el proverbio de hoy.

Una buena táctica es la de pedir consejo. Alguien más ya pasó por lo que ahora enfrentamos y obtuvo la victoria. El rey David, otro excelente estratega militar, se rodeó de consejeros. Sabía que no tenía la respuesta a todas las preguntas de la vida como rey. Necesitaba personas sabias a su lado. La Biblia menciona a algunos de aquellos hombres en los que David confiaba, como Ahitofel, el gilonita; su tío Jonatán y su amigo Husai.

¿Qué batalla enfrentas hoy? ¿Luchas con el pecado del chisme o el desánimo? ¿Tienes un vicio que deseas dejar? Busca consejo de alguien que haya pasado por lo mismo y pide a Dios que te dé una buena estrategia. Recuerda no entrar a la guerra sin consejos sabios.

Señor, dime a quién puedo pedir consejo hoy.

YF

21 DE MAYO

Hombre necesitado será el que ama el deleite.

Proverbios 21:17, RVR1960

¿Has oído hablar del hedonismo? Se le considera una doctrina cuyo objetivo o finalidad es la búsqueda del placer y el goce en todo sentido. Mantenerte satisfecho es vital, y para eso, la ausencia del dolor es vista como una clave para lograr esta meta.

Quizá no escuches a personas decir en una reunión de amigos: "Yo practico el hedonismo. Soy de la escuela de Epicuro, el filósofo griego". Pero en la práctica, muchas personas, jóvenes y adultas, creen que este es el propósito de la vida: pasarla bien y evitar todo lo que duela. Su dios es cualquier cosa que traiga placer, ya sea la comida, el baile, las fiestas o la comodidad. En contraparte, lo malo es cualquier cosa que evite la satisfacción, como la falta del dinero, una enfermedad, el trabajo pesado ¡o incluso la escuela!

Pero, como el proverbio nos recuerda, la búsqueda del deleite como la fuente de nuestra felicidad nos dejará siempre vacías. ¿Por qué? Porque no fuimos creadas para esto. La Biblia dice que fuimos creadas para alabar y bendecir a Dios (Efesios 1:6, 12, 14). San Agustín dijo: "Nos hiciste, Señor, para ti, y nuestro corazón está inquieto hasta que descanse en ti".

La búsqueda del placer siempre nos dejará más necesitadas. Los proverbios nos invitan a encontrar en Dios nuestra satisfacción. ¿Cómo hacerlo? Hallando en Él lo que más necesitamos: ser amadas y aceptadas. Él está con los brazos abiertos dispuestos a cubrir todas nuestras necesidades.

Señor, no quiero buscar el placer, sino a ti.

KO

22 DE MAYO

Así como el rico gobierna al pobre,
el que pide prestado es sirviente del que presta.

Proverbios 22:7, NTV

Hoy en día nos bombardean las invitaciones a comprar cosas para estar felices, y los ofrecimientos de tarjetas de crédito y préstamos para consumir se multiplican más y más. En México, el 62% de los que poseen estas tarjetas consideran que fue su más grande error financiero. En los Estados Unidos, la deuda promedio ¡es de quince mil dólares!

Este proverbio nos advierte que endeudarse equivale a la esclavitud. En los tiempos del Imperio romano, existía el término *addictus* para un deudor insolvente que se podía vender como esclavo. Hasta el siglo XIX en Europa, existían las prisiones de deudores, donde los que se internaban trabajaban para pagar su deuda.

Conexión con la Escritura

En el Nuevo Testamento, se nos exhorta a estar contentos con lo que tenemos. Pablo insiste: "¿No se dan cuenta de que uno se convierte en esclavo de todo lo que decide obedecer? Uno puede ser esclavo del pecado, lo cual lleva a la muerte, o puede decidir obedecer a Dios, lo cual lleva a una vida recta" (Romanos 6:16, NTV).

Muy frecuentemente recibo llamadas del banco para ofrecerme otra tarjeta de crédito o un préstamo para alguna necesidad o proyecto. Cuando me niego a aceptar su ofrecimiento, a veces preguntan por qué. Más de una vez he contestado que, según la Biblia, no es bueno deber nada excepto el amor (Romanos 13:8). Las tarjetas de crédito pueden ayudarnos, especialmente en una emergencia, pero también nos pueden esclavizar de por vida. Confiemos en Dios para que provea lo que más necesitamos.

Señor, Tú sabes lo que necesito. Confío que proveerás en lo económico y mucho más.

MH

23 DE MAYO

¿Has de poner tus ojos en las riquezas, siendo ningunas? Porque se harán alas como alas de águila y volarán al cielo.

Proverbios 23:5, RVR1960

Poco tiempo antes de casarnos, mi esposo compró un automóvil rojo. Me llenaba de orgullo que mis padres vieran a mi futuro esposo llegar en su flamante auto. En nuestro primer año de matrimonio, íbamos a la iglesia una mañana y otro automóvil prácticamente nos cayó encima. Dios nos protegió de salir heridos, pero nuestro carro quedó severamente dañado. Dos años después, compramos nuestra primera casa. La pintamos y arreglamos, pero hubo un temblor fuerte en nuestra ciudad y la construcción quedó con cuarteaduras por todas partes. Aprendimos que las cosas materiales son efímeras. Un día están y, al otro día, puede ser que ya no.

Actualmente, con solo hacer un clic podemos comprar cosas por internet. Es muy fácil adquirir cosas realmente innecesarias. "Ponemos nuestros ojos" en los estilos de vida de los *influencers* que postean casas con hermosas decoraciones; chicas que muestran su nuevo estilo y maquillaje perfecto. Y, claro, puede nacer en nosotras el deseo de poseer.

Jesús mismo nos plantea una visión para nuestra vida en la tierra: "No acumulen para sí tesoros en la tierra, conde la polilla y la herrumbre destruyen, y donde ladrones penetran y roban; sino acumulen tesoros en el cielo, donde ni la polilla ni la herrumbre destruyen, y donde ladrones no penetran ni roban; porque donde esté tu tesoro, allí estará también tu corazón" (Mateo 6: 19-21, NBLA).

No es malo desear superarse, pero vigila tus prioridades. Busca primero el reino de Dios y su justicia y todas las cosas te serán añadidas. Te puedo asegurar que Dios cumple sus promesas.

Gracias, Dios, porque Tú eres mi pastor; nada me faltará.

MG

24 DE MAYO

Pasé por el campo del perezoso, por la viña del falto de juicio. había espinas por todas partes.

Proverbios 24:30-31, NVI

Solíamos visitar una ranchería de la sierra norte de Puebla. Llegábamos a un pequeño pueblito donde dejábamos el coche y empezábamos una larga caminata hasta llegar al lugar en donde nos esperaban muchos niños y personas listos para empezar nuestras reuniones de alabanza a Dios. A veces el clima era lluvioso y, al caminar, se hundían nuestros pies en el lodo, así que llegábamos muy cansados y mojados. Pero llegábamos a una casita hecha de madera en donde la anfitriona ya tenía preparada una sopa y cafecito caliente para recibirnos.

Me llamaba la atención que, a pesar de que el piso era de tierra y la estufa era un fogón de leña, la casa estaba impecablemente acomodada y limpia. Los hermanos se dedicaban al cultivo del café, así que hasta los niños participaban del trabajo. ¿Cómo te sientes al llegar a una casa desordenada y sucia? Yo me siento muy incómoda. No quiero sentarme ni tocar las cosas de ese lugar. Una casa así indica pereza.

A veces tenemos excusas para tener un desorden alrededor nuestro. Pero debemos recordar lo que nos dice el proverbio de hoy. El escritor pasó cerca de una propiedad y vio que todo estaba lleno de cardos, la superficie cubierta de maleza y la cerca de piedras derribada. ¡Un desorden! ¿Qué concluyó? El dueño carecía de sentido común.

¿Cómo está tu casa o el lugar donde trabajas? ¿Es un desorden? Estamos a buen tiempo de poner esto en las manos de Dios para que nos haga personas diligentes y dinámicas.

Señor, Tú eres un Dios de orden. Quiero ser como Tú.

YF

25 DE MAYO

La paciencia vence toda resistencia.
La cortesía vence toda oposición.

Proverbios 25:15, TLA

En mi primera casa de casada sostuve una cruenta batalla con hormigas. De algún modo, lograron entrar a mi cocina, y no pude deshacerme de ellas. Si dejaba algo de comida, incluso unas cuantas migajas, allí estaban al día siguiente. Si bloqueaba una de sus rutas, conseguían encontrar una nueva. Sin embargo, su paciencia y tenacidad me asombraron. Y las comparé con mi vida de oración.

En ese tiempo pedía por varias cosas que pesaban sobre mi corazón, entre ellas sostén económico y puertas abiertas para publicar mis libros. Sin embargo, no era como esas pequeñas hormigas. Si algo en el horizonte parecía "bloquear" el camino, desistía y me cruzaba de brazos en lugar de seguir tocando a la puerta del trono de Dios. ¿Te ha pasado algo parecido?

Jesús contó la historia de una viuda insistente que colmó la paciencia de un juez, quien finalmente le hizo justicia. Y, Jesús aclara, el juez era un hombre malo. Jesús quería enseñarnos a orar sin desanimarnos, y concluyó la parábola diciendo: "Fíjense en lo que dijo ese mal juez. ¿Creen ustedes que Dios no defenderá a las personas que él eligió, y que día y noche le piden ayuda? ¿Creen que tardará Él en responderles? ¡Claro que no, sino que les responderá de inmediato!" (Lucas 18:6-8, TLA).

Dios respondió mis oraciones de recién casada y lo sigue haciendo, pero yo he aprendido a insistir con paciencia y cortesía, como dice este proverbio. ¿Qué pesa hoy en tu corazón? ¿Has orado insistentemente al respecto? Pacientemente, ven a Él cada día, cada hora, cada minuto. Sé como los perseverantes insectos que, a pesar de su tamaño, logran atravesar montañas.

Padre, quiero confiar en ti. Ayúdame a orar siempre y no darme por vencida.

KO

26 DE MAYO

Confiarle a un necio que lleve un mensaje,
¡es como cortarse los pies o tomar veneno!

Proverbios 26:6, NTV

En los tiempos bíblicos, los mensajes se enviaban con personas que caminaban o corrían largas distancias, así que podían tardar días en llegar. En el siglo XIX, el *Pony Express* de los Estados Unidos llevaba correo a caballo, cruzando llanos, ríos y montañas. ¡Tardaba diez días en viajar una carta del Atlántico al Pacífico! Después ocurrió el milagro del correo aéreo. Hoy en día podemos hacer llegar un mensaje en segundos por medio del Internet.

Una vez una amiga envió cartas con alguien que iba de México a Estados Unidos para que llegaran con más seguridad. Después de cierto tiempo, supo que no habían llegado a su destino. La persona mensajera ¡había olvidado las cartas en su maleta! Este proverbio nos subraya el hecho de que confiar en un mensajero necio ¡es mortal! El mensaje no llegará, o llegará demasiado tarde, o si es verbal podría llegar tergiversado.

Al llevar a los israelitas hacia la tierra prometida, Moisés reporta: "Y envié mensajeros desde el desierto de Cademot a Sehón rey de Hesbón con palabras de paz" (Deuteronomio 2:26, RVR1960). Sehón no hizo caso, pero Moisés fue un mensajero fiel y envió a mensajeros fieles.

Dios me ha encomendado un mensaje de paz y reconciliación. Si no lo comunico, o si lo hago de forma argumentativa, ¿seré una mensajera necia que no cumple con el encargo?

Señor, quiero ser tu mensajera fiel. Dame las palabras y acciones adecuadas para serlo.

MH

27 DE MAYO

No abandones a tu amigo ni al amigo de tu padre…
mejor es un vecino cerca que un hermano lejos.

Proverbios 27:10, NBLA

El aumento de los robos y la inseguridad en mi ciudad generó un sistema llamado "vecino vigilante". Nos cuidamos entre todos. Estamos pendientes no solamente de nuestra casa, sino de todo el vecindario. Existen chats para estar comunicados entre vecinos a cualquier hora del día o de la noche. Se ha creado una conciencia mayor de la importancia de tener buena relación con los vecinos y de estar unidos.

Me he mudado de casa doce veces. He tenido buenos vecinos. Dios ha cuidado tanto de nosotros, que siempre hemos tenido cerca a alguna familia cristiana. Nos hemos apoyado mutuamente en muchas ocasiones. Los vecinos nos han ayudado a encontrar a nuestro gatito; han apoyado a mi esposo con la plomería de la casa; han cuidado de las tortugas de mis niñas cuando hemos salido de vacaciones. Llegamos a amarlos y extrañarlos cuando nos tuvimos que mudar.

Es impresionante la manera en que la Biblia tiene una guía para nosotros en todos los aspectos de la vida. La Palabra es práctica, viva y eficaz para alumbrar nuestra vida aún en el siglo XXI. El proverbio de hoy es un recordatorio de que todos necesitamos de todos. Nos insta a estar disponibles para nuestros amigos y los de nuestra familia de origen. También nos hace pensar en las ventajas que la cercanía de nuestros vecinos ofrece.

¿Conoces a tus vecinos? ¿Estamos disponibles para ellos? Es maravilloso lo que un saludo, una sonrisa y unas galletas pueden hacer. Que nuestras vidas puedan reflejar el amor de Jesús.

Señor, estamos donde estamos por una razón: ser luz. Que mi casa pueda iluminar a mis vecinos en sus días oscuros.

MG

28 DE MAYO

El que es perseguido por homicidio
será un fugitivo hasta la muerte.

Proverbios 28:17, NVI

El fugitivo fue una serie estadounidense de ciento veinte capítulos sobre el Dr. Richard Kimble, interpretado por David Janssen. Fue una de las series más populares en todo el mundo en su momento. Trataba de un médico pediatra acusado del asesinato de su esposa, quien trabajaba como enfermera. Pero él no la había matado. El jurado, sin embargo, lo declara culpable y lo sentencia a morir. Kimble logra escapar y se la vive huyendo del teniente Gerard, mientras se ocupa en probar su inocencia y encontrar al verdadero asesino.

Kimble era un fugitivo inocente, por así decirlo. Pero nuestro proverbio nos habla de la gravedad del homicidio. La Palabra nos dice que el asesino comete un pecado grave porque atenta contra la imagen de Dios. "Si alguien derrama la sangre de un ser humano, otro ser humano derramará la suya, porque el ser humano ha sido creado a imagen de Dios mismo" (Génesis 9:6, NVI).

El primer asesino fue Caín, quien mató a su hermano. Su castigo fue precisamente ser un vagabundo sin hogar sobre la tierra. El Señor tuvo que protegerlo con una promesa para que pudiera soportar tan grave consecuencia. Sin embargo, tú y yo quizá somos como Caín, más que como Richard Kimble, y estamos huyendo de las cosas malas que hacemos. ¿Cuál es la solución para dejar de correr?

La realidad es que debemos pagar por las cosas malas que hemos hecho. El pago de nuestro pecado sería la muerte, pero alguien ya murió en nuestro lugar. Como se nos declaró "justos a los ojos de Dios por la sangre de Cristo, con toda seguridad él nos salvará de la condenación de Dios" (Romanos 5:9, NTV). ¡Qué gran noticia!

Señor, gracias por tu salvación.

YF

29 DE MAYO

Temer a la gente es una trampa peligrosa,
pero confiar en el Señor significa seguridad.

Proverbios 29:25, NTV

La galardonada película *Carros de Fuego* muestra las victorias de dos corredores. Por un lado, está Harold Abrams, quien ganó la medalla de oro de los 100 metros. En una escena después de su victoria, conversa con su entrenador y se percibe un ambiente triste. El entrenador Mussabini le pregunta: "¿Sabes para quién ganaste hoy, verdad? Para nosotros: tú y Sam Mussabini". Por otro lado, está Eric Liddell.

Desde el principio de la película, se nos hace saber que Eric Liddell no corría por el éxito, la riqueza o la fama. Corría porque amaba hacerlo y de ese modo le daba la honra a Dios, el dador de sus habilidades atléticas. Eric rechazó correr en los 100 metros por efectuarse en domingo, pero participó en los 400 metros y consiguió el oro. ¡Es emocionante verlo celebrar en la película! ¿Cuál fue la diferencia en estas dos historias? ¿Por qué uno experimentó poca satisfacción por la medalla de oro y el otro no?

La diferencia está en cómo se responde a la siguiente pregunta: "¿Para quién corres?". El proverbio de hoy nos recuerda que muchas veces hacemos las cosas por temor a la presión, las amenazas o las expectativas de las personas. Queremos agradar a los demás o creemos que ganaremos puntos en un tipo de competencia. La realidad es que el ser humano siempre nos fallará y no encontraremos en ello satisfacción. En cambio, hacer las cosas para Dios nos trae verdadero gozo.

Pregúntate hoy: "¿Para quién cocino, limpio, doy clases, hago ejercicio, estudio, dirijo un negocio, vendo, escribo?". Si lo haces por temor a perder o defraudar a tus seres queridos, caerás en una trampa peligrosa. Hazlo para Dios y tu perspectiva cambiará.

Señor, que todo lo que haga hoy sea para darte la honra a ti.

KO

30 de mayo

Soy demasiado torpe para ser humano
y me falta el sentido común.

Proverbios 30:2, NTV

Modelos, artistas, empresarias, académicas y deportistas exitosas compiten por nuestra atención hoy en día. Sus imágenes e historias llenan revistas y páginas en la red. Luego está la "súper mujer" que combina el empleo y la maternidad con otros talentos, aparentemente sin sufrir, y hace que nos sintamos abrumadas e inferiores.

En un momento de mi vida daba clases en la universidad, estudiaba para una maestría, participaba en el voluntariado y en la iglesia y, encima de todo eso, era esposa y mamá. Aparte de cansarme, era fácil sentirme inadecuada por no poder cumplir al máximo en cada renglón. Se dice que esto es muy común; las mujeres tendemos a ser inseguras en cuanto a nuestra competencia y valor. Gran parte de esto viene por compararnos con otras y por no saber poner límites.

Aquí el escritor de los Proverbios se sentía torpe y sin sentido común. En otra versión se califica como "ignorante" y se queja al decir: "no hay en mí discernimiento humano" (NVI). En un mundo que nos llena de exhortaciones de pensamientos positivos y "**¡tú puedes!**", es ciertamente un alivio saber que no somos los únicos que no alcanzamos ese nivel de seguridad. De hecho, Pablo nos recuerda que no somos "competentes por nosotros mismos para pensar algo como de nosotros mismos, sino que nuestra competencia proviene de Dios" (2 Corintios 3:5 RVR1960).

De allí también viene nuestro valor ante el Padre, que vale mucho más que ante los demás. Somos hijas amadas, rescatadas por Cristo. Él es nuestra fuerza en medio de nuestras limitaciones. ¡Es la fuente de nuestro "sentido común" y nuestra sabiduría!

Padre, gracias por amarme como hija y por vencer mi inseguridad con tu presencia.

MH

31 DE MAYO

Se hace mantos para sí;
su ropa es de lino fino y de púrpura.

Proverbios 31: 22, LBLA

Álvaro Gordoa, consultor en imagen pública, recomienda: "A la hora de vestirnos y mirarnos al espejo, no nos preguntemos cómo nos vemos sino qué estamos proyectando". Un cantante de rock pesado seguramente elegirá para su concierto un vestuario muy diferente al que escogería una cantante de ópera para su recital. Su atuendo comunica lo que ellos son.

Cuando somos parte de un coro, usamos ciertos colores y texturas. Los jugadores de un equipo deportivo portan su uniforme con honor y responsabilidad. En el colegio también usamos ciertos distintivos. No solamente estamos representando nuestra persona, ¡sino a toda una institución!

La mujer virtuosa de Proverbios 31 quería expresar dignidad y elegancia. Ella quiso ser congruente con lo que era. Su esposo era conocido en las puertas de la ciudad; era una persona importante. La tela púrpura y el lino eran costosos, así que ella misma confeccionaba su atuendo. En 1 Timoteo 2:9, Pablo nos recomienda vestir decentemente. Agradar a Dios debe ser más importante para nosotras que agradar a los demás.

La moda actual es muy diversa y, aun cuando hay ropa diseñada para vestir de forma provocativa, siempre podemos encontrar ropa que proyecte mejor que somos hijas de Dios y a la vez sea bonita y digna. Es importante que nuestro atuendo sea congruente con lo que somos.

Señor, que pueda ser una digna embajadora de tu reino.

MG

1 DE JUNIO

Pero ellos a su propia sangre ponen asechanzas,
y a sus almas tienden lazo.

Proverbios 1:18, RVR1960

En 2017, la Universidad de Harvard anunció que retiraba la plaza a por lo menos diez aspirantes a nuevo ingreso por compartir bromas ofensivas en Facebook. Estos alumnos, en un grupo privado, compartían memes sobre agresiones sexuales, suicidios y pederastia, y escribían comentarios antisemitas y racistas. Quizá estos alumnos tenían un expediente académico excelente, pero su huella digital acabó con sus esperanzas de formar parte de esta aclamada institución.

En ocasiones se nos hace fácil compartir un meme, un chiste, una imagen por los medios digitales y sociales que podemos calificar como "inocentes", pero que resultan ofensivos e incluso denigrantes para otros. La pantalla nos hace sentir que quizá nuestras bromas no son tan reales o no afectan, pero ¡aprendamos la lección!

En este capítulo bíblico, el padre advierte a su hijo que si otros lo invitan a pecar, a burlarse, a herir o a lastimar: ¡no consienta! Luego le explica que los que se comportan así, se tienden una emboscada a sí mismos; parece que buscan su propia destrucción. ¿Cómo saber qué publicar o no en tus medios sociales? Haz la prueba del amor de 1 Corintios 13. Si es algo amable, no fanfarrón ni ofensivo, si no se alegra de la injusticia, sino de la verdad, ¡dale clic!

De lo contrario, mejor no muevas el dedo. Evita poner lazo a tu propia alma al participar de lo que para muchos son bromas inofensivas, pero que pueden traer graves consecuencias a tu vida. Más bien comparte lo que es bueno, puro y amable.

Señor, no quiero ser necia y tender lazo a mi alma. Ayúdame a cuidar lo que pongo en los medios sociales.

KO

2 DE JUNIO

¡Levanta la voz por los que no tienen voz!
¡Defiende los derechos de los desposeídos!

Proverbios 31:8, NVI

Conexión con la cultura

Una mujer fue a una clínica para abortos y el bebé sobrevivió el procedimiento; pesaba solo un kilo. Una pareja adoptó a la pequeña, y ahora, como adulto, Giana Jessen habla contra las leyes que legalizan esta práctica. La película *October Baby* está basada en su vida. Las personas que pelean en contra de la legalización de esta práctica reconocen que están levantando la voz "por los que no tienen voz", quienes no se pueden defender por ellos mismos. A otros, Dios llama a defender a los inmigrantes, a los refugiados o a las mujeres prostituidas por las mafias.

Lo de hoy es defender tus derechos, lo cual llega a excesos cuando se reclama "mi cuerpo es mío". Poco se piensa en los derechos de otros o en los valores que señala el manual del Creador.

Tanto los profetas del Antiguo Testamento como Jesús en el Nuevo Testamento clamaban por justicia, sobre todo por los desposeídos. Dios sigue llamando a su pueblo hoy en día: "¡Levanta la voz por los que no tienen voz!" y muchos cristianos lo hacen. Jesús incluso nos invita a servir "a los pobres, a los inválidos, a los cojos y a los ciegos" (Lucas 14:13, NVI). También debemos añadir a los presos, los extranjeros, los huérfanos y las viudas.

Quizás ya participas en alguna asociación que defiende los derechos de los más débiles. Por mi parte, estoy en una red social que ora por las mujeres víctimas de la trata y por quienes luchan a favor de estas mujeres. En ocasiones enviamos enseres a un refugio para jovencitas rescatadas. ¡Que brille la luz de Cristo en nuestras vidas, donde nos llame a servir!

Padre, muéstrame cómo quieres que defienda y ministre a las personas que "no tienen voz".

MH

3 DE JUNIO

Reconócelo en todos tus caminos,
y él enderezará tus veredas.

Proverbios 3:6, RVR1960

Caperucita desobedeció las instrucciones de su mamá de no hablar con extraños. El gran bosque tenía diferentes caminos y veredas que el lobo conocía a la perfección. El malvado le aconsejó desviarse por el camino equivocado, uno más largo para que él pudiera llegar primero a la casa de la abuela. Caperucita cayó en la trampa, lo que casi le cuesta la vida. Seguramente conoces los detalles del cuento.

Escribimos nuestra historia con las elecciones que tomamos. Aun cuando la Biblia nos revela las instrucciones de Dios para nuestra vida, nos desviamos del camino como Caperucita. Tomamos atajos queriendo llegar más rápido a lo que deseamos. Cuando no conocemos la verdad, las mentiras del enemigo nos pueden confundir. Existen áreas de nuestra vida que queremos controlar. Pareciera que no creemos que en verdad Dios tiene lo mejor para nosotros.

El proverbio de hoy es un mandamiento con una consecuencia. Si reconocemos el señorío de Dios en cada área de nuestra vida, en absolutamente todos nuestros caminos, aun cuando ya están torcidos, Él tiene poder para enderezarlos. "Encomienda al Señor tu camino; confía en él, y él actuará". (Salmo 37:5, NVI).

¿Existe alguna área de tu vida que no le has entregado a Dios? Nunca elijas el camino de la desobediencia, ese se dirige directamente al fracaso. Ten paciencia, no tomes atajos.

Señor, tus misericordias son nuevas cada mañana. Por favor, endereza mis caminos.

MG

4 DE JUNIO

Aférrate a la instrucción y no la descuides;
ponla en práctica, pues es vida para ti.

Proverbios 4:13, DHH

En el 2020 comenzó la pandemia. La enfermedad COVID-19 hizo estragos en el mundo entero. Vimos gente con desesperación y miedo, tratando de no contagiarse. Otros, incrédulos, no han aceptado la situación de emergencia y no toman las medidas necesarias.

Unas chicas, preocupadas por que su madre se contagiara, siguieron minuciosamente las medidas de higiene recomendadas por el gobierno. No salieron a ningún lado, salvo por víveres. Portaban su mascarilla y no se tocaban la cara por ningún motivo. Al regresar a casa, se quitaban la ropa y los zapatos con los que habían salido, los desinfectaban y se bañaban. ¡Con qué urgencia se aferraron a las instrucciones porque de ello dependía la vida de su madre!

Pienso que de la misma manera debemos aferrarnos a las instrucciones que Dios nos da en su Palabra y seguir absolutamente todo lo que el Señor espera de nosotros. Como el salmista dijo: "Me aferro a tus leyes. Señor, ¡no dejes que pase vergüenza!" (Salmo 119:31, NTV).

La actitud con la que leemos la Biblia y la obedecemos, ¿es una actitud de urgencia? ¿Estamos conscientes de que aferrarnos a lo que Dios dice es vida para nosotros y para los que nos rodean?

Padre, me aferro a tu Palabra.

YF

5 DE JUNIO

Porque los caminos del hombre están ante los ojos de Jehová,
y Él considera todas sus veredas.

Proverbios 5:21, RVR1960

El famoso poema de Sor Juana Inés de la Cruz, *Hombres necios que acusáis*, expone la desigualdad y la injusticia contra la mujer. La mujer, dice ella, nunca gana. Si no admite las caricias, es ingrata. Si acepta las caricias, es liviana. Y quizá, al leer el capítulo 5 de Proverbios, nuestro sentido de justicia se vea herido porque al parecer, la mala del cuento es una mujer.

En este capítulo, un padre le aconseja a su hijo mantenerse lejos de la mujer inmoral. La describe como una mujer amarga como el veneno y peligrosa como una espada de dos filos. ¿Y dónde está el proverbio que aconseje a la mujer apartarse de los hombres lujuriosos y perversos? ¿Acaso a Dios no le importan nuestros derechos?

Le importan, ¡y mucho! Tanto así que, cuando Jesús estuvo en la tierra, encaró a un grupo de piadosos judíos. Les recordó el mandamiento que advierte contra el adulterio. Seguramente muchos se dieron palmadas en la espalda diciendo: "Nosotros no hacemos eso". De repente, Jesús añadió: "Yo digo que el que mira con pasión sexual a una mujer ya ha cometido adulterio con ella en el corazón" (Mateo 5:28, NTV). Los hombres seguramente se fueron de espaldas. Jesús les estaba diciendo: "La mujer no es un objeto sexual. Ella es valiosa y su integridad me importa y no debe ser violada, ¡ni siquiera en los pensamientos!".

Dios no dejará sin castigo al que lo merece. Y si bien las palabras de Jesús forman un cerco de protección a nuestro alrededor, también son una advertencia para nosotras. Para Dios, todo ser humano —sin importar raza, religión, género, edad o afiliación política— es sagrado. Debemos tratar con honra a todos ¡incluso en nuestros pensamientos!

Señor, gracias por tu cuidado hacia la mujer. Gracias porque examinas mis sendas. Que sean agradables delante de ti.

KO

6 DE JUNIO

Hijo mío, obedece los mandatos de tu padre,
y no descuides la instrucción de tu madre.

Proverbios 6:20, NTV

Mi esposo se dedicaba a hacer hermosos títulos con caligrafía y dibujos sobre piel. Un cliente en particular, en diferentes etapas, le encargó dos títulos de licenciatura. El primero era de la carrera que sus padres deseaban que cursara. Cumplió, y después estudió la carrera que él personalmente prefería. Nos puede sorprender el grado de su obediencia a sus padres, aun después de su mayoría de edad.

Las familias están cambiando de muchas maneras. Actualmente, casi un tercio de las familias en América Latina están encabezadas por mujeres. Esto significa que muchos niños crecen con un padre ausente, lo cual a la vez contribuye a la necesidad de que la madre trabaje. Pueden ser criados por parientes o cuidadores gran parte del tiempo, lo cual disminuye las oportunidades para la instrucción paterna.

La Biblia recalca en numerosas ocasiones el papel central de los padres en la educación de los hijos, un aspecto descuidado en muchos hogares el día de hoy. A los hijos se les exhorta a que obedezcan a sus progenitores. De hecho, este mandamiento es el único que se vincula directamente con una promesa: "Honra a tu padre y a tu madre. Entonces tendrás una vida larga y plena en la tierra que el Señor tu Dios te da" (Éxodo 20:12, NTV).

Ya sea que todavía vivas con tus padres o que ya te hayas independizado, procura poner en práctica los buenos consejos que recibiste de ellos. Trátalos con respeto, reconoce la sabiduría que Dios les ha dado y aprovecha su ejemplo el tiempo que puedas.

Padre mío, gracias por mis padres terrenales y por la buena enseñanza que me dieron.

MH

7 DE JUNIO

Porque a muchos ha hecho caer heridos [la mujer adúltera],
y aun los más fuertes han sido muertos por ella.

Proverbios 7:26, RVR1960

Una pareja de la India murió al caer a un abismo en el Parque Yosemite en California, cuando se tomaban una *selfie* a la orilla de la montaña. Una joven de 20 años falleció al resbalar en la cortina de la presa Malpaso, ubicada en el municipio de Calvillo, pueblo mágico del estado de Aguascalientes. También se tomaba una *selfie*. ¿Qué tienen en común estos casos? Todos pensaron que podían acercarse demasiado a la orilla sin caer al abismo. Se sintieron muy fuertes y estables, pero cayeron y murieron.

La alegoría de este ejemplo con el proverbio de hoy es muy clara. Proverbios 7 es un relato detallado de alguien cayendo en la inmoralidad sexual. Puede simbolizar las pasiones juveniles y la tentación de los placeres de la carne. Es un instructivo de las fatales consecuencias físicas y espirituales de caer en el pecado. Sin embargo, al igual que los que murieron tomándose una *selfie*, muchos, sintiéndose fuertes, han caído. Seguramente se acercaron demasiado al límite.

"Por tanto, el que cree que está firme, tenga cuidado, no sea que caiga". (1 Corintios 10:12, NBLA). Dios nos conoce bien. Escuchemos la advertencia. Es muy triste mirar matrimonios heridos, destrozados por el pecado, y aun líderes que en un momento fueron fuertes y han salido heridos.

Que podamos mantenernos firmes en nuestro compromiso de pureza y santidad. No se trata de no acercarse demasiado a los límites. Se trata de huir de la tentación y mantenernos firmes y alertas.

Señor, yo soy muy débil, pero en ti soy fuerte.

MG

8 DE JUNIO

Eternamente tuve el principado, desde el principio, antes de la tierra.

Proverbios 8:23, RVR1960

Mi amiga Berna recibió un folleto en cierta ocasión que visitó una isla cercana a Estambul. Como buena musulmana, sentía que el papel ardía contra su piel pues hablaba de *Isa*, o Jesús. Sin embargo, al irlo leyendo, su corazón sintió un calor que nunca había experimentado. ¿Sería verdad lo que allí decía? Para ella, sin embargo, Jesús no podía ser Dios mismo. Jesús era solo un profeta.

¿Cómo sabemos que Jesús es Dios? Los Evangelios nos muestran vez tras vez que Jesús no solo se comportó como Dios e hizo cosas que solo Dios puede hacer —como perdonar pecados, calmar el mar y resucitar a los muertos— sino que Él mismo se declaró ser igual al Padre.

El Evangelio de Juan es contundente. Leemos que "en el principio era el Verbo, y el Verbo era con Dios, y el Verbo era Dios" (Juan 1:1, RVR1960). Proverbios 8 habla de la sabiduría de Dios y confirma que Jesús es eterno; no tuvo principio ni tendrá fin. Cuando Berna leyó Juan 1, comenzó a meditar. En la cosmovisión del islam, el Corán es la palabra de Alá, coeterna e increada. Esto quiere decir que fue revelada, mas siempre ha existido y no tiene un principio. Para los cristianos, la Biblia son las palabras de Dios, pero Jesús es la Palabra de Dios, coeterno e increado, ¡Dios mismo! Los musulmanes veneran las palabras de Alá, pero los cristianos adoramos al Verbo hecho carne.

Hoy Berna es una seguidora de Jesús. Lo sigue no solo porque es Dios, sino porque es un Dios personal. Es un Dios que no está solo a la distancia, sino que vino a salvarnos. ¿Y tú? ¿Adoras a Jesús, el Hijo de Dios?

Jesús, no tienes principio ni fin, porque eres eterno. Eres Dios.

KO

9 DE JUNIO

La sabiduría edificó su casa,
labró sus siete columnas.

Proverbios 9:1, RVR1960

La iglesia de la Sagrada Familia en Barcelona comenzó a construirse en 1882 y se espera que sea terminada en el 2026. Es una de las iglesias más hermosas que existen. Resulta un verdadero espectáculo de construcción, con detalles interesantes que toma un día entero para gozar y analizar. Su arquitecto y diseñador, Antoni Gaudí, murió antes de verla completada, pero tenía muy claro lo que deseaba representar.

Para él, el templo debía ser un canto a la Trinidad de Dios. Exteriormente, simboliza la sagrada familia, es decir, la iglesia y sus fieles representados por José, María, los apóstoles y los santos. Las tres fachadas, cada una con un tema y un estilo distintivo, muestran el nacimiento, la pasión y la gloria de Jesús. En el interior, Gaudí deseaba crear un bosque, con luz entrando en abundancia a través de los ventanales. Puig Boada dijo que es, "en su conjunto, un himno de alabanza a Dios que entona la humanidad y del que cada piedra es una estrofa cantada con voz clara, potente y armoniosa".

Boada tenía razón. En el edificio que la sabiduría edificó, nosotras somos "piedras vivas con las cuales Dios edifica su templo espiritual" (1 Pedro 2:5, NTV). Somos parte de la hermosa construcción con siete columnas que Jesús ha hecho, y cada acto que hacemos puede ser un himno entonado hacia la bondad y el amor de Dios.

Disfrutemos hoy el privilegio de ser parte de tan sublime edificio. Seamos esas piedras vivas, ubicadas en su lugar, que traen honra y gloria a su Arquitecto.

Padre Celestial, gracias por hacerme parte de tu familia. Que sea una piedra viva que traiga belleza y honor a tu edificio.

KO

10 DE JUNIO

El de sabio corazón acata las órdenes,
pero el necio y rezongón va camino al desastre.

Proverbios 10:8, NVI

Los desfiles militares llaman la atención por el orden y la coordinación perfecta de los participantes. En la ciudad de Puebla, México, algunos extranjeros se han admirado del famoso desfile cívico-militar del 5 de mayo, en que miles de niños escolares y docentes desfilan o actúan sobre carros alegóricos. Muestran gran disciplina después de ensayar durante meses.

Los que desfilan no deben voltearse para saludar a sus familiares ni parar a descansar aunque tengan dolor después de caminar durante varios kilómetros. Tienen que seguir exactamente los movimientos de los demás. Para lograr esa gran coordinación, es primordial acatar órdenes. El verbo "acatar" alude a tolerar, respetar o consentir algo. Al acatar una orden, aceptamos realizar aquello que nos indican.

El sabio "acata las órdenes, pero el necio y rezongón va camino al desastre". Lo opuesto de acatar es desacatar. Según este proverbio, el necio también tiende a rezongar, lo cual generalmente implica gritos, resoplidos y gestos de disgusto. Otra versión dice "el necio de labios caerá" (RVR1960). Así como la persona temerosa de Dios refleja una combinación de atributos, el que no teme a Dios posee toda una colección de actitudes pecaminosas. Su fin: ¡el desastre!

Confío que ninguna de nosotras va camino al desastre, pero posiblemente caigamos en ocasiones al no respetar órdenes y responder de forma poco amable. Puede ser que ante nuestros padres o nuestro cónyuge actuemos así, o quizás en la escuela o el trabajo. ¡Cuidado! Esas actitudes no contribuyen a las buenas relaciones ni a un futuro prometedor.

Padre mío, enséñame a ser respetuosa en mis acciones y mis palabras.

MH

11 DE JUNIO

Tarde o temprano, el malo será castigado;
mas la descendencia de los justos será librada.

Proverbios 11:21, RVR1960

Miguel Pita, doctor en genética de la Universidad Autónoma de Madrid, se ha dedicado al estudio de las características que heredamos por medio del ADN. Entre ellas está el metabolismo, el tipo de sangre, el color de los ojos y aun características del comportamiento como las habilidades musicales. "Se ha visto que la propensión a la espiritualidad, a creencias religiosas, tiene un componente genético fuerte", escribió en su artículo *El papel dictador del ADN, 10 cosas que heredamos.*

Así que además de transmitir nuestra fe a los hijos con nuestros hechos y palabras, también lo hacemos por medio de nuestro ADN. La Biblia concede importancia a la heredad. Menciona a los hijos y a la esposa como herencia de Jehová. También nos indica que hay algo que los padres íntegros y temerosos del Señor heredan a sus hijos: la bendición de Dios.

"Poderosa en la tierra será su descendencia; la generación de los rectos será bendita" nos reitera Salmos 112:2 (NBLA). Una familia bendita es bendecida de manera extraordinaria y sobrenatural. Dios es fiel a sus promesas. Hay quienes hoy disfrutan de estas bendiciones en su familia gracias a que sus abuelos y padres vivieron justamente.

Es maravilloso pensar que podemos influir en el futuro de nuestra descendencia con lo que hacemos hoy. Si le concedemos importancia a heredar un patrimonio material, vale aún más la pena dedicar a nuestros nietos y bisnietos una vida irreprensible.

Desde la eternidad y hasta la eternidad Tú eres Dios; nada nos arrebatará de tu mano.

MG

12 DE JUNIO

En el camino de la justicia se halla la vida;
por ese camino se evita la muerte.

Proverbios 12:28, NVI

La justicia se representa como una mujer con una balanza en la mano y los ojos vendados. Esta alegoría quiere dar a entender que la balanza debe estar equilibrada para cualquiera, y que el juez no debe ver a quién beneficia.

En las escuelas de Derecho, se enseña que la justicia tiene cuatro cualidades. Es distributiva, restaurativa, procesal y retributiva. En la Biblia, y en la salvación que Jesús nos ofrece, encontramos las cuatro.

Así como la justicia distributiva busca que todos tengan las mismas oportunidades, el Señor quiere que todos los hombres sean salvos y vengan a Él. En la justicia restaurativa, el ofensor debe reconocer que ha ofendido y debe tratar de restaurar al ofendido. A esto le llamamos arrepentimiento. La justicia procesal establece las sanciones que se aplican al ofensor. En el caso de los seres humanos, Dios como juez da el veredicto. Todos merecemos la muerte, pero Cristo ha pagado por nosotros y, al creer en Él, somos salvos. Finalmente, la justicia retributiva dice que todos los ofensores deben ser tratados de la misma manera para que otros aprendan a no cometer delitos. Somos ejemplo de lo que Dios hace en nosotros por medio de la salvación.

¿Anhelas verdadera justicia? ¿Estás segura de estar en el camino correcto? Hay un solo camino de justicia a la vida: Jesucristo.

Gracias, Jesús, por haber pagado en mi lugar.

YF

13 DE JUNIO

La esperanza que se demora es tormento del corazón;
pero árbol de vida es el deseo cumplido.

Proverbios 13:12, RVR1960

El árbol baobab no es solo el lugar donde la comunidad en África occidental se junta para resolver problemas. Puede proveer refugio, ropa, comida y agua para los habitantes de la fauna y los seres humanos en la región de la sabana africana. Ya que todas sus partes son útiles para la sobrevivencia, se le conoce como el árbol de la vida.

Imagina andar caminando por la sabana africana, sedienta y hambrienta, ya sin esperanza de encontrar un refugio para el calor. Tu corazón se siente afligido hasta que percibes en la lejanía el árbol de la vida. ¡Tus sueños se han hecho realidad! ¡La vida está frente a ti! ¿No nos sucede lo mismo al transitar por este mundo? Hemos sido hechos para algo más, pero no logramos definir qué, y esa esperanza desconocida atormenta nuestro corazón. ¿Dónde está ese sueño que será como un árbol de vida?

En la Biblia, durante muchos años, los seguidores de Dios veían su esperanza muy lejana y sus corazones se acongojaban. Esperaban ver al Mesías, el Ungido, venir para librar a Israel de sus pecados y sus penas. Entonces llegó Jesús. ¡En Él se cumplieron los sueños de toda una nación y de la humanidad! Jesús es ese algo que nos hace falta y que debemos encontrar para tener paz. Él dijo: "Yo soy el camino, la verdad y la vida" (Juan 14:6).

Si te sientes afligida y ves lejana la esperanza de que tu vida tenga sentido, ven hoy a Jesús. Él es el cumplimiento de nuestros anhelos. Encontraremos que Él es el deseo que tanto hemos anhelado, y verlo cumplido ¡será un árbol de vida! ¿Qué esperamos?

Padre, Tú eres lo que necesito para estar completa. Sé mi árbol de vida.

KO

14 DE JUNIO

El insolente busca sabiduría y no la halla;
para el entendido, el conocimiento es cosa fácil.

Proverbios 14:6, NVI

En el mundo actual existen tantas filosofías y creencias que es abrumador para los que buscan en qué creer. Aparte de las religiones mayoritarias, ahora estamos en contacto con tendencias como la Nueva Era y la antroposofía. Conocemos quienes creen en un poco de esto y un poco de lo otro. Dicen que están "buscando la verdad", pero nos cuestionamos si esto es real.

En mi escuela preparatoria tomé una materia sobre religiones comparadas. Descubrí que todas promovían enseñanzas atractivas, pero yo estaba confusa. Por una parte, ninguna religión concordaba en todo. A la vez, todas tenían exigencias difíciles, entre ellas las del Sermón del Monte en la Biblia. Según yo, buscaba lo mejor, pero tardé en hallar realmente a Cristo.

"El insolente busca sabiduría y no la halla", dice el proverbio de hoy. Quizá el insolente no busca de todo corazón, pues es arrogante y trata a los demás de forma despectiva. Así eran los fariseos, de quien Jesucristo declaró: "Ustedes estudian con diligencia las Escrituras porque piensan que en ellas hallan la vida eterna. ¡Y son ellas las que dan testimonio en mi favor!" (Juan 5:39, NVI). Sí, en ellas se hallaba la vida eterna, pero ellos en realidad no buscaban las verdades profundas de la palabra de Dios.

¿Somos insolentes o entendidas? "Para el entendido, el conocimiento es cosa fácil", ¡tan fácil como empaparse de la Palabra de Dios! Que estudiemos con más diligencia que los fariseos, que no procuraban aplicar sus enseñanzas.

Oh, Señor, permite que realmente estudie con diligencia la Biblia
y halle conocimiento verdadero.

MH

15 DE JUNIO

El oído que escucha las amonestaciones de la vida,
entre los sabios morará.

Proverbios 15:31, RVR1960

Una historia popular dice que Diógenes, el filósofo griego, se sentó un día en el cruce entre dos senderos a observar a las personas que pasaban. Había una piedra con la que todos tropezaban. El sabio observó que todos iban de prisa y la mayoría de ellos no se daba cuenta de que la piedra estaba allí; todos los que se tropezaban maldecían la piedra. Él simplemente se rio de la condición humana, pues ninguno se tomó la molestia de retirar la piedra para que otras personas no tropezaran. Diógenes se levantó y quitó la piedra del camino.

Muchas veces se presentarán situaciones en nuestro camino que nos pueden hacer tropezar. Tal vez íbamos tan rápido y tan distraídas que tomamos una decisión equivocada. Es muy triste tener que sufrir las consecuencias de ese error. Pero hay algo todavía peor: no aprender la lección y cometer el mismo error dos veces o incluso más. ¡Es necesario aprender nuestra lección! Curiosamente, hay personas que cuando tropiezan hacen lo mismo que los caminantes de la historia de la piedra: culpan a los demás o hasta a Dios.

El proverbio de hoy nos aconseja "escuchar las amonestaciones de la vida", una manera muy poética de decir que pongamos atención a las lecciones. No es necesario que nosotros tropecemos para aprender; podemos "escuchar" las lecciones de otros.

Sé sabia. No vayas tan apresurada por la vida como para caer. Encomienda al Señor tu camino siempre. Somos ejemplo para otros que nos vienen siguiendo. Es nuestra responsabilidad no convertirnos en piedras de tropiezo para ellos.

Señor, ilumina mi camino.

MG

16 DE JUNIO

El corazón del hombre traza su rumbo,
pero sus pasos los dirige el Señor.

Proverbios 16:9, NVI

Sy Rogers se había cambiado de ciudad para que nadie lo reconociera. Era una persona transgénero. Durante año y medio trabajó en una empresa sin que nadie imaginara que la dulce y hermosa mujer detrás del escritorio, había sido un hombre. Su madre había muerto en un accidente cuando él tenía cuatro años y sufrió abuso sexual durante su niñez. Siendo adolescente practicó la homosexualidad y, ya en la Marina, llegó a prostituirse. Fue el padrino en una boda gay de dos amigos. Cuando salió de la Marina, estaba decidido a operarse para ser mujer. Así que comenzó la preparación tomando hormonas femeninas. Pero Dios tenía otros planes.

Los amigos de cuya boda había sido el padrino, le escribieron diciéndole que se habían separado porque habían abandonado la homosexualidad y se habían convertido en cristianos. Entonces, le hablaron del poder transformador del Evangelio. Sy pensó que, si de verdad Dios podía cambiarle, tenía que impedir que él se operara. Se acercaba la fecha y Sy tenía psicólogos y psiquiatras preparándolo emocionalmente. Pero unos días antes de la operación, el hospital John Hopkins, donde sería operado, anunció que dejaba de hacer las operaciones de reasignación de sexo. Muy confundido y con temor, oró al Señor y le entregó su vida y Él empezó la transformación. Sy se casó y tuvo una hija y dedicó el resto de su vida a servir a Dios.

Muchas veces planeamos nuestra vida pensando que el Señor pocas veces entra en ella. Pero la realidad es que Dios está constantemente buscándonos, tratando de atraernos a Él para mostrarnos su amor y darnos vidas con propósito. Él dice claramente que tiene planes para nosotros (Jeremías 29:11-13).

Padre, hoy te pido por (nombre). Dirige sus pasos.

YF

17 DE JUNIO

Los hijos necios traen dolor a su padre.

Proverbios 17:25, NTV

Algunos animales tienen mala fama. La mula, por ejemplo, se cataloga como terca o necia. Un necio es un ignorante, alguien que no sabe lo que puede o debe saber. También describe a la persona que insiste en sus propios errores o se aferra a ideas equivocadas. La comparación entre las mulas y los necios comenzó porque estas se negaban a arar el campo, aunque después el hombre aprendió que, con paciencia, amabilidad y cariño, la mula obedecía. ¿Somos como las mulas?

El viernes pasado concluí que soy terca y necia como una mula. Me descubrí discutiendo con mi esposo por el mismo motivo de siempre. Según yo, ya lo había superado, pero me vi nuevamente negándome a arar el terreno de la sana convivencia y el perdón. Mi necedad me cayó como un balde de agua fría y reparé en este proverbio. No solo traía dolor a mi esposo, sino a mi Padre celestial, así que con lágrimas pedí perdón a ambos.

La necedad es pecado, y solo encontraremos paz cuando lo confesemos a Dios. Nuestro Padre eterno nos promete y nos advierte: "Te guiaré por el mejor sendero para tu vida; te aconsejaré y velaré por ti. No seas como el mulo o el caballo, que no tienen entendimiento" (Salmo 32:8-9, NTV). ¡Qué alegría es ser perdonados por nuestra desobediencia! ¡Qué alivio es no cubrir nuestras culpas!

Como las mulas, quizá queremos hacer nuestra voluntad o andar por nuestros propios caminos, pero la necedad trae dolor a los que nos rodean, así como a Dios. Así que dejemos que Dios nos haga entender y nos diga por dónde ir. Con su bondad y cariño, no solo andaremos por el camino correcto, sino que lo agradaremos a Él.

Padre, muéstrame el camino por el que andar y líbrame de la necedad.

KO

18 DE JUNIO

A los necios no les interesa tener entendimiento;
solo quieren expresar sus propias opiniones.

Proverbios 18:2, NTV

Están de moda los *influencers*, anglicismo que se refiere a personas que destacan en las redes sociales o algún otro canal de comunicación y expresan opiniones sobre un tema en particular, como la moda, el deporte o la cocina.

Entre los *influencers* principales de Instagram en 2020 estaba la joven cantante y compositora Billie Eilish. El diario británico *The Guardian* la definió como "el icono pop que define la ansiedad adolescente en el siglo XXI". Uno de los números populares de la artista nacida en 2001 se llama "Todas las chicas malas van al infierno", con referencias satánicas. La revista *Christianity Today* recomienda a los padres que aprovechen sus populares mensajes "oscuros" para hablarles a sus hijos de la ansiedad, la depresión y el suicidio.

Todos conocemos a alguien que "tan solo hace alarde de su propia opinión" (Proverbios 18:2, NVI), sin preocuparse por el discernimiento. Los amigos de Job que, supuestamente, fueron a consolarlo en su sufrimiento, expresaron una variedad de criterios en cuanto a la causa de este. Sin embargo, su juicio tendía a ser más bien crítica, no basada completamente en la revelación de Dios.

Constantemente nos bombardean opiniones de todo tipo acerca de cómo podemos vivir y qué productos "necesitamos" para ser felices. Algunos *influencers* pueden incluso llevar a los chicos a participar en retos peligrosos. Tengamos cuidado. Comparemos esos mensajes con el mensaje por excelencia. Evitemos que predominen las opiniones negativas en nuestra vida diaria.

Señor, te pido que me ayudes a estar centrada y discernir la diferencia entre tu verdad y las opiniones de los demás.

MH

19 DE JUNIO

La cordura del hombre detiene su furor,
y su honra es pasar por alto la ofensa.

Proverbios 19:11, RVR1960

Hace años se inició una campaña televisiva en contra del maltrato infantil llamada "Cuenta hasta diez". Mostraba escenas donde un padre de familia, molesto por algún acto de su hijo, reaccionaba con enojo y la reacción inmediata era golpearlo. Se detenía la escena recomendando respirar hondo, contar hasta diez, llenarse de paciencia y cambiar la reacción hacia el diálogo y la tolerancia.

Es maravilloso descubrir que la Biblia tiene una palabra de orientación para todos los temas de la vida diaria. El proverbio de hoy nos recomienda la cordura para atenuar el furor que puede causar una ofensa y lo honroso que es perdonarla. Cuando una persona desconocida nos ofende por cometer un error al manejar el automóvil, no nos duele tanto porque no la conocemos, pero cuando una persona que amamos lo hace, nos afecta más.

Tal vez conoces la historia de José. Sus celosos hermanos lo arrojaron a un pozo, lo despojaron de la hermosa túnica que su padre le dio y, por si fuera poco, lo vendieron como esclavo. Años más tarde, José tuvo la oportunidad de saldar cuentas, pero no lo hizo. Les perdonó todo el daño y dolor que le causaron. Génesis dice: "Y besó a todos sus hermanos, y lloró sobre ellos; y después sus hermanos hablaron con él" (Génesis 45:15, RVR1960).

Que el ejemplo de José y el consejo bíblico nos alienten a la tolerancia con nuestros pequeños y a perdonar las ofensas de las personas que amamos. No solo es bueno y te alejará de consecuencias desagradables; perdonar es honroso.

Señor, ayúdame a perdonar a otros así como Tú me perdonas a mí.

MG

20 DE JUNIO

Por sus acciones se conoce
si un joven se conduce con rectitud.

Proverbios 20:11, DHH

Katie Davis quería estudiar enfermería en la universidad, pero a los dieciocho años hizo un viaje de corto plazo a Uganda que cambiaría su vida. Ese diciembre de 2006, trabajó en la ciudad de Jinja, a orillas del lago Victoria. Allí se enamoró de las personas y su cultura, así que decidió volver en el verano después de graduarse de la preparatoria. ¿Qué hizo Katie ahí?

Enseñaba el prescolar en un orfanato, y aunque tan solo 19 años, notó las carencias y dificultades de estos niños y decidió dedicar su vida a servirles. Regresó a los Estados Unidos para retomar su carrera, pero pronto volvió a Uganda donde fundó el ministerio Amazima que apoya a niños y niñas en Uganda. Ella misma adoptó a trece niñas huérfanas que cuida hasta el día de hoy. Las acciones de Katie, a pesar de su juventud, muestran que ella sigue y ama a Dios.

El apóstol Pablo hace una recomendación a los jóvenes en forma especial: "Que nadie te menosprecie por ser joven. Al contrario, que los creyentes vean en ti un ejemplo a seguir en la manera de hablar, en la conducta, y en amor, fe y pureza". (1 Timoteo 4:12, NVI).

Alguien preguntó una vez: "Si vivieras en un lugar en donde los creyentes son perseguidos, ¿tendría alguien suficientes pruebas para acusarte de ser un seguidor fiel de Jesucristo?". Si eres joven, ¿enseñan tus acciones tu rectitud? Si eres adulto, ¿has enseñado a los jóvenes que te rodean a mostrar por su conducta que son seguidores de Cristo?

Señor, que mis acciones me delaten como una buena seguidora de Jesús.

YF

21 DE JUNIO

Mejor es vivir en un rincón del terrado
que con una mujer rencillosa en casa espaciosa.

Proverbios 21:9, RVR1960

Las raíces fibrosas se ocultan debajo de la superficie. Por lo general, cuando vemos una planta, nos olvidamos de que existen. Pero allí están, desapercibidas por el ojo y, cuando llega el momento, se hacen conocer por medio del fruto que producen. ¿Has oído hablar de la raíz de amargura?

Seguramente has tenido temporadas difíciles en tu vida. Recuerdo una época de mucho estrés, cuando acepté un trabajo que exigía mucho de mí y que le robaba tiempo y atención a mi familia. Si bien yo sabía que estaba mal tratar de lidiar con los dos mundos a la vez, comencé a culpar a los demás. No era yo, sino mi jefe quien agregaba a mis responsabilidades; o mi esposo, quien no ayudaba suficiente en la casa; o mis hijos quienes requerían demasiado de mí. ¿Qué sucedió entonces? Lo que la Biblia enseña.

Empezó a crecer en mí una raíz, pero una de amargura (Hebreos 12:15). Como esas raíces invisibles, la regué con activismo, la aboné con la idea que todo se solucionaría mágicamente, hasta que dio fruto. Situaciones fuera de mi alcance rompieron la burbuja y me sentí enferma, sola y frustrada. Destilé amargura y envenené a otros a mi alrededor. Tuve que pedir perdón y aceptar mi culpa por lo que estábamos cosechando.

Nuestro proverbio dice que es mejor vivir solo y en un rincón que con una mujer que busca pleitos o ha permitido en su vida una raíz de amargura. Yo he sido esa mujer en ocasiones. ¿La solución? No permitir que la raíz crezca. Arrancarla sin misericordia. ¿Cómo? Por medio de la humildad: humildad para pedir perdón, humildad para reconocer nuestra parte de un problema y humildad para buscar una solución.

Señor, ayúdame a tener cuidado para que no brote ninguna raíz de amargura en mí.

KO

22 DE JUNIO

Instruye al niño en el camino correcto,
y aun en su vejez no lo abandonará.

Proverbios 22:6, NVI

Tres hermanas, tres modos de criar hijos. Una deja que los niños se duerman a la hora que desean para fomentar su libertad de decisión. Otra es muy estricta y usa horarios, confiando que los niños descansarán lo suficiente para su desarrollo. La última usa una combinación de ambos estilos. ¿Quién está bien?

Vivimos en un mundo donde existen miles de libros sobre la crianza. Psicólogos y otros expertos dan todo tipo de consejos a los padres. Algunos incluso proclaman darle al niño toda la libertad que quiera, puesto que "su naturaleza" y su individualidad lo guiarán. ¿Cómo determinar lo correcto ante tanta variedad de opciones?

La buena educación no se especifica en este proverbio. Sin embargo, todo el libro de Salomón apunta hacia la verdadera sabiduría, que proviene de Dios. En Deuteronomio, el Señor insta a los padres a hablar de las leyes de Dios a sus hijos: "Enséñaselas continuamente a tus hijos; háblales de ellas, tanto en tu casa como en el camino, y cuando te acuestes y cuando te levantes" (Deuteronomio 6:7, DHH). En el lenguaje del Nuevo Testamento, somos llamados a hacer discípulos (Mateo 28:19), que incluye la enseñanza y el ejemplo. ¡Los hijos deben ser nuestros principales discípulos!

Ya sea que seamos madres, abuelas, tías o maestras, Dios nos puede usar para influir para bien en la próxima generación. Usemos las oportunidades que tengamos para guiar a los niños y jóvenes en el buen camino del Señor, de modo que lo sigan cuando sean adultos.

Padre, dame sabiduría para aprovechar las oportunidades que me das de preparar a los niños para caminar contigo.

MH

23 DE JUNIO

Porque ciertamente hay un futuro,
y tu esperanza no será cortada.

Proverbios 23:18, NBLA

Nelson Mandela estuvo encarcelado durante 27 años. El delito: sus ideas. Su celda de cinco metros cuadrados solo tenía un colchón de paja para dormir. Todo el día picaba piedra bajo el sol, lo que dañó su vista. Los carceleros le agredían de forma física y verbal. Aun así, una persona que le conoció dijo que nunca había visto una sonrisa más hermosa como la que Mandela brindaba a todo aquel que se le acercaba. Una de sus frases nos habla de su esperanza: "Nunca pienso en el tiempo que he perdido. Solo desarrollo un programa que ya está ahí. Que está trazado para mí".

Cuando vivimos tiempos de adversidad, no todas las personas reaccionamos con tal optimismo. Cuando las cosas son diferentes a lo que habíamos imaginado, es posible entristecerse, caer en el pesimismo y la depresión. La Escritura siempre da la esperanza de un futuro mejor a quien vive sabiamente.

El apóstol Pablo también fue encarcelado, azotado y apedreado. Padeció naufragios, asaltos, desvelos, hambre, sed, frío, desnudez, trabajo y fatiga, y se preocupaba por los hermanos. Y aun así, en la segunda carta a los corintios señala "que estamos atribulados en todo, mas no angustiados; en apuros, mas no desesperados; perseguidos, mas no desamparados; derribados, pero no destruidos; llevando en el cuerpo siempre por todas partes la muerte de Jesús, para que también la vida de Jesús se manifieste en nuestros cuerpos" (2 Corintios 4:8-10, RVR1960).

Cuando te encuentres en una situación que te desanima, recuerda que en Cristo siempre habrá un mejor mañana. Nuestra esperanza está en Dios. Él cumplirá su propósito en ti. Confía en Él.

Dios, fortaléceme y que tu Espíritu Santo me consuele.

MG

24 DE JUNIO

El necio no sabe qué decir ante el tribunal,
pues la sabiduría está fuera de su alcance.

Proverbios 24:7, DHH

En los juicios de Núremberg se sancionaron dirigentes, funcionarios y colaboradores nazis. Otto Ohlendorf fue sentenciado a muerte por el asesinato de noventa mil personas, principalmente judíos y gitanos. Sin embargo, en el tribunal se defendió diciendo que solo seguía órdenes. La corte rechazó su defensa, pues dijeron que un individuo que sigue órdenes de aquello que es ilegal frente a las cortes internacionales, es responsable de sus actos. Como dice el proverbio, la sabiduría estaba fuera de su alcance. Pero pensemos en Jesús.

¿Recuerdan que no respondió nada cuando lo estaban juzgando? Parecía que no sabía qué decir. Pero ¿has pensado en que Él no se defendió porque tomó el lugar de todos los necios? Si Él se hubiera defendido, ¡lo hubiera hecho con tanta sabiduría que habría dejado perplejos a los que lo juzgaban! En otras palabras, Jesús guardó silencio por amor a ti y a mí.

En la segunda carta a los corintios, Pablo dice: "Al que no conoció pecado, por nosotros lo hizo pecado, para que nosotros fuésemos hechos justicia de Dios en él" (2 Corintios 5:21, RVR1960). En otras palabras, el Señor cumplió las Escrituras y se hizo necio por nosotros. Esto rompe mi corazón y llena de lágrimas mis ojos. El Puro y Santo se hizo necio sin serlo.

¡Nunca comprenderemos totalmente lo que costó nuestra salvación! En el juicio más importante de todos, alguien tomó nuestro lugar. Nuestras muchas defensas no quitarán el veredicto de la muerte, pero Jesús ya pagó en nuestro lugar. A nosotras solo nos resta aceptar su regalo.

Señor Jesús, tomaste mi lugar. Gracias.

YF

25 DE JUNIO

Si el que te aborreciere tuviere hambre, dale de comer…
Porque ascuas amontonarás sobre su cabeza.

Proverbios 25:21-22, RVR1960

En tiempos bíblicos, las personas calentaban sus casas y cocinaban con fuego. Sin embargo, durante las noches, el fuego a veces se apagaba y debían ir a buscar carbones encendidos en las casas vecinas. Estos carbones se transportaban en braseros o un recipiente sobre la cabeza. ¿Qué es lo que nos dice entonces este proverbio?

Si tu enemigo o alguien que no te aprecie tiene hambre, dale de comer. Si tiene sed, dale de beber. ¿Qué estás haciendo? Estás respondiendo una agresión con bondad. Es como si tu vecino, el que siempre te lanza basura o hace ruido por las noches, fuera a tu casa por unos carbones encendidos. Tú podrías negarte a dar el preciado fuego, alegando que lo necesitas para tu propia familia. Pero, en lugar de eso, puedes poner tantos carbones en su brasero que se amontonen en el recipiente que llevará de regreso a casa.

Pablo usó este mismo proverbio cuando invitó a los romanos a nunca tomar venganza. ¿Su consejo? "Dejen que se encargue la justa ira de Dios" (Romanos 12:19, NTV). El proverbio termina con una promesa: "Jehová te lo pagará". Él hará que no falte fuego en tu casa y que tu bondad no solo traiga vergüenza a aquel que te desea mal, sino que posiblemente se pregunte por qué le muestras bondad y venga a Jesús.

Ciertamente hay gente en esta vida que no nos trata bien y que, incluso, busca nuestro mal. Pero no busques vengarte o imponer tu propia justicia. Entrega a Dios a esas personas y, si tienen hambre o sed, sé generosa. Amontona carbones encendidos sobre su cabeza.

Padre, no quiero devolver a nadie mal por mal. Ayúdame a hacer todo lo posible por vivir en paz con todos.

KO

26 DE JUNIO

Como vuelve el perro a su vómito,
así el necio insiste en su necedad.

Proverbios 26:11, NVI

En siglos pasados, la mayoría de los perros tenía una función: ser guardianes de las casas, cazadores o cuidadores de ovejas. En la actualidad, son más que nada compañeros, hasta el punto de que, en broma, se les llama "perrijos". Pero eso sí, a diferencia de los hijos, nunca aprenden a levantar su suciedad, ya sea el vómito o cosas peores.

Cuando lo conocimos, un amigo era alcohólico empedernido. Odiaba su vicio y sabía que estaba destruyendo a su familia, pero no podía abandonarlo. En ocasiones terminaba tirado en el pavimento y pasaba la noche allí. Volvía "como el perro a su vómito". Solo cuando estrechó su mano a Cristo pudo salir de ese círculo vicioso.

Así "como vuelve el perro a su vómito", el adicto vuelve a tomar la sustancia que le hace su esclavo. Pedro nos dice que un "cerdo recién lavado vuelve a revolcarse en el lodo" (2 Pedro 2:22, NTV). Los dos proverbios reflejan lo repugnante y lo atractivo del pecado a la vez. Dios ve abominable esta tendencia a volver a nuestra condición miserable, pero siempre nos ofrece la forma de salir y ser limpios.

Quizás no seamos toxicómanos, pero tenemos hábitos que aborrecemos. Repetimos un chisme; seguimos comiendo más de la cuenta; nos hacemos adictas a novelas o series nada apropiadas... Busquemos a Dios para que nos libre de esas prácticas y nos satisfaga con "alimento" verdaderamente saludable.

Señor, tú me conoces. Líbrame de lo que me atrae y a la vez me hace mal.

MH

27 DE JUNIO

Las riquezas no son eternas,
ni perdurará la corona por todas las generaciones.

Proverbios 27:24, LBLA

Resguardada en el museo egipcio de El Cairo, yace una momia conocida como *La dama más joven*; descubierta en la tumba KV35. KV son las iniciales correspondientes a Valle de los Reyes en inglés. Su identidad no está confirmada aún, pero estudios recientes del ADN de sus huesos sugieren la posibilidad de que se trate de Nefertiti, esposa del faraón Akenatón. Existe un busto en el museo de Berlín que evidencia su admirable belleza.

Aun cuando perteneció a la realeza egipcia y llegó a ostentar ella misma el rango de faraón después de la muerte de su esposo por un período de tres años, su tumba fue saqueada y sus restos severamente dañados con un hacha. Extrajeron sus joyas y todo parece indicar que trataron de borrar intencionalmente los vestigios que evidenciaran su identidad real. Sus riquezas, reinado y poderío no duraron para siempre.

En el evangelio se nos dice: "No os hagáis tesoros en la tierra, donde la polilla y el orín corrompen, y donde ladrones minan y hurtan; sino haceos tesoros en el cielo, donde ni la polilla ni el orín corrompen, y donde ladrones no minan ni hurtan" (Mateo 6:19-20, RVR1960). Es sumamente triste, y a veces devastador, padecer el robo de nuestras posesiones o recursos económicos. Actualmente no solo hay inseguridad en las calles. Hay delincuencia cibernética que despoja a los usuarios de sus cuentas bancarias.

No sirve de nada afanarnos por las cosas materiales. Nuestra estancia en este mundo es temporal. Donde esté nuestro tesoro, estará nuestro corazón. ¿En qué inviertes tu tiempo, dinero y energía?

Jesús, gracias porque estás preparando un lugar para mí en el cielo.

MG

28 DE JUNIO

El tacaño ansía enriquecerse,
sin saber que la pobreza lo aguarda.

Proverbios 28:22, NVI

Hay un programa en la televisión estadounidense que se llama *Tacaños extremos.* Al ver algunos de los episodios, me cuesta creer cómo viven estas personas. Algunos sacan su comida y sus medicamentos de la basura. En una cita, un hombre lleva a la chica a un restaurante de paso, pide un solo platillo para los dos y se lleva los vasos y cubiertos a casa. Una mujer diluye los jugos con agua para que le duren a sus niños y hornea sus galletas con el calor que genera el sol dentro del automóvil.

Me llamó la atención el hombre que, aunque tiene quince cuentas bancarias en diferentes bancos con más de cien mil dólares cada una, no tiene muebles en su casa y compra apenas tres platillos para seis personas en un restaurante de comida rápida.

Podemos concluir que ser tacaño es pecado. Dios no quiere que dependamos de nada más que de Él. Pablo dice: "porque sabéis esto, que ningún fornicario, o inmundo, o avaro, que es idólatra, tiene herencia en el reino de Cristo y de Dios" (Efesios 5:5, RVR1960). Nada más cierto que nuestro versículo de hoy. El avaro quiere enriquecerse, y aun cuando sea rico, vive en la pobreza porque no disfruta lo que tiene.

Hay una diferencia entre la persona que ahorra y el tacaño. La persona que ahorra lo hace con un proyecto en mente. El tacaño ahorra para tener guardado el dinero sin tocarlo para nada. Es un buen momento para reflexionar si somos tacañas o ahorradoras.

Señor, no quiero ser tacaña. Ayúdame a no idolatrar las cosas.

YF

29 DE JUNIO

Disciplina a tus hijos, y te darán tranquilidad de espíritu y alegrarán tu corazón.

Proverbios 29:17, NTV

Tomé clases de piano desde los seis años y no saltaba de emoción cuando iba a casa de mi maestra. Tampoco me emocionaba practicar. Sin embargo, hoy agradezco mucho a mi madre, quien me obligó a seguir yendo y a seguir tocando. Hoy puedo deleitarme con el piano, alabar a Dios y experimentar una forma muy íntima de comunión con Él cuando, en la soledad de la sala, le canto una "nueva canción". Sin embargo, hoy como madre, sé que no es fácil inculcar en otros la disciplina.

Como profesora, pedía a mis alumnos leer ciertos libros clásicos. Sé que varios de ellos optaron por ver sus series favoritas y leer los resúmenes de los libros. Otros, aunque no encontraban muchas razones para seguir leyendo, se esforzaron. Pero hubo una gran diferencia entre ambos grupos: los que leyeron el libro completo tuvieron la satisfacción de concluir un trabajo y hacerlo bien, que quizá no se observó en la nota o la calificación, pero sí en sus corazones.

No podemos enseñar a nuestros hijos a ser disciplinados si nosotros no lo somos. La disciplina trae alegría y tranquilidad. No hay nada como saber que hemos hecho algo bien y en tiempo y forma. Podemos leer un eco de ello en las palabras de Jesús en la cruz, cuando declaró que todo había consumado. Había concluido su propósito al venir al mundo.

Ama a tus hijos enseñándoles a no rendirse ni desistir. Enséñales con el ejemplo, pero también trabajen juntos en no buscar atajos, sino en esforzarse, pues no será en balde. El esfuerzo produce frutos.

Padre, ayúdame a ser disciplinada en mi vida.

KO

30 DE JUNIO

No agregues nada a sus palabras,
o podría reprenderte y ponerte al descubierto como un mentiroso.

Proverbios 30:6, NTV

En esta época actual pululan las filosofías, religiones y sectas, y estas se promueven más que nunca con el Internet, la televisión por cable y las redes sociales. Profetas y mesías autoproclamados compiten entre sí.

El común denominador de las enseñanzas falsas es que se alejan de lo que nos declara la Palabra de Dios, aunque en ocasiones la usan para su ventaja y mezclan doctrinas. Por ejemplo, que la sanidad es de Dios, pero se necesita comprar ciertos objetos de la Tierra Santa. La salvación es por medio de Jesús, pero en conjunto con ciertas tradiciones. Hay que tener fe en Cristo, pero también en otras personas "santas" o en ángeles.

"No agregues nada a sus palabras", subraya Salomón en este versículo. Al hacerlo, uno se convierte en "mentiroso". La adoración a los ángeles, por ejemplo, está en contra de las Escrituras. Cuando el apóstol Juan se postró ante el ángel que le mostró el paraíso, este le conminó: "No, no me adores a mí. Yo soy un siervo de Dios tal como tú y tus hermanos los profetas, al igual que todos los que obedecen lo que está escrito en este libro. ¡Adora únicamente a Dios!" (Apocalipsis 22:9, NTV). ¡Nada más claro que eso!

Quizás te hayan invitado a pláticas donde promueven conceptos atractivos y que suenan muy "religiosos", como comunicarse con los ángeles u obtener prosperidad. Tengamos mucho cuidado y seamos como los de Berea, que "día tras día examinaban las Escrituras para ver si Pablo y Silas enseñaban la verdad" (Hechos 17:11b, NTV).

Padre celestial, solo Tú eres la fuente única de la verdad; permitas que me desvíe.

MH

I DE JULIO

Oye, hijo mío, la instrucción de tu padre.

Proverbios 1:8, RVR1960

El libro *El maestro* de San Agustín de Hipona es un diálogo entre un padre y un hijo. El coautor de esta obra es Adeodato, su hijo adolescente de quince años. Ambos se convirtieron al cristianismo en la misma época y, si bien en un tiempo Agustín lo vio como un "hijo de pecado" por haberlo concebido sin el manto del matrimonio, después de conocer a Cristo y escribir este tratado, Agustín dice lo mucho que aprendió de su joven colaborador. ¿No te recuerda esto a los proverbios de Salomón?

Entre los capítulos 1 y 9 de Proverbios aparecen varios discursos de un padre a su hijo. Quizá Salomón escribe aquí sus conversaciones con su padre David, o sus propias charlas con su hijo Roboam. Lo cierto es que tanto Agustín como Salomón tratan de llevar los ojos de sus hijos al Maestro por excelencia: Dios mismo.

Agustín concluye que conocer y amar a Dios es la vida bendecida, la que todos decimos estar buscando, pero solo unos cuantos tienen el gozo de hallar. Adeodato, el hijo de Agustín, falleció poco tiempo después de su bautismo. Vivió un corto tiempo en la tierra, pero tuvo el gozo de experimentar "la senda de la vida" (Salmo 16:11, RVR1960).

Muchas personas dicen estar buscando una vida plena, pero esta solo viene de conocer y amar a Dios. Si aún no la tienes, ven a Jesús hoy mismo y sé de los cuantos que han podido encontrarla. Si ya es tuya, ¡compártela con tus hijos, tus sobrinos, tus nietos, tus alumnos! Señala el camino al verdadero Maestro.

Señor, ayúdame a compartir la vida bendecida.

KO

2 DE JULIO

Ella encuentra lana y lino
y laboriosamente los hila con sus manos.

Proverbios 31:13, NTV

Entre las mujeres del siglo XXI, ¡pocas sabemos hilar! No solo eso. Ahora pocas hacemos nuestra propia ropa, ya que fácilmente compramos cualquier prenda hecha a la medida. La mayoría tampoco aprendimos a bordar o tejer en la escuela, como era común en los días de nuestras mamás o nuestras abuelas.

En América Latina, todavía hay muchos pueblos, especialmente en zonas indígenas, donde se elaboran preciosas prendas tejidas en telar o bordadas a mano. Sobre todo las mujeres trabajan laboriosamente durante semanas y hasta meses para terminar una sola pieza.

La mujer virtuosa descrita apoya la economía del hogar. Aunque tiene sirvientas, no menosprecia el trabajo manual. Encontramos a otra mujer ejemplar en Hechos 9, Dorcas o Tabita, que hacía buenas obras y cosía ropa para muchas viudas que lloraron su muerte. Dios obró por medio de Pedro, que resucitó a Dorcas, la única mujer llamada "discípula" en la Biblia. Aquí vemos que podemos usar nuestros talentos para servir a nuestra familia y a las personas que nos rodean.

Es muy posible que coser y tejer no sea común, pero a la vez existen innumerables maneras de ser de ayuda en el hogar y en nuestra comunidad. Algunas servimos a otros al elaborar ricos guisados o panes. Otras somos muy creativas para decorar los hogares y ofrecer hospitalidad. Nuestros dones de organización, de enseñanza y muchos más pueden ser de gran importancia en la iglesia o en el trabajo.

Padre, gracias por las habilidades que me has dado; quiero usarlas para bendecir a los demás.

MH

3 de julio

Nunca se aparten de ti la misericordia y la verdad;
Átalas a tu cuello, escríbelas en la tabla de tu corazón.

Proverbios 3:3, RVR1960

Mentir se hace más fácil cuando "todos lo hacen". Pensamos que existen "mentiritas blancas" e inofensivas. A veces se hace un hábito y, en el momento menos pensado, aun sin darnos cuenta podemos recurrir a una salida más fácil inventando una mentira, en vez de ser valientes y enfrentar algo más que una travesura. Así como cuando las abuelas recomendaban amarrarse un hilo en el dedo para no olvidar las cosas, el proverbio de hoy nos recomienda de forma figurativa atarnos la misericordia y la verdad en el cuello.

Dios le dio un regalo a mis padres cuando yo tenía 23 años: un hermoso bebé de encantadora sonrisa. Siempre había deseado un hermano, así que lo amé desde el momento en que lo vi. Jonathan era muy activo, entusiasta y travieso. Sin embargo, notamos algo en su personalidad: siempre decía la verdad. Algunos niños cuando son sorprendidos en alguna travesura culpan al hermanito menor, al perro y hasta a la pared. Jonathan era valiente, aun cuando sabía que habría un regaño de por medio. Podíamos estar seguros de que su relato de la situación era fiable.

Para Dios la mentira es algo grave. En los Hechos de los Apóstoles se relata que, cuando Ananías mintió acerca del dinero de una propiedad, Pedro dijo: "No has mentido a los hombres, sino a Dios" (Hechos 5:4, RVR1960). Dios le quitó la vida por haber dicho una mentira.

Así como escribimos recordatorios y los pegamos en el refrigerador, la Palabra nos recomienda "escribir en nuestro corazón" que no debemos apartarnos de la misericordia y de la verdad. Recuerda: no le mentimos a los hombres, le mentimos a Dios.

Dios, quiero decir la verdad siempre porque sé que a ti te agrada, ayúdame a recordarlo.

MG

4 DE JULIO

Examina la senda de tus pies,
y todos tus caminos sean rectos.

Proverbios 4:26, RVR1960

Hemos leído de muchos líderes espirituales acusados de acoso sexual o conducta inapropiada. ¡Qué triste! Pero hay buenos ejemplos a seguir.

William Franklin Graham es considerado el predicador más importante y respetado del siglo XX. Billy Graham, como se le conoce, predicó el evangelio a casi 215 millones de personas en más de 185 países. Sus conferencias en televisión e Internet fueron vistas por cientos de millones y sus libros han sido traducidos a otros idiomas. También fundó la Asociación Evangelística Billy Graham, en donde se emiten programas de radio y televisión, publicaciones en revistas y periódicos, programas para niños, películas y otros muchos ministerios.

Mi admiración por este hombre no se basa en todos los estudios que hizo, ni en la organización que fundó, ni en la influencia que tuvo. Él sabía que tenía que ser sabio para protegerse de sí mismo y para que Dios fuera glorificado. Así que tomó una medida que nos puede parecer extrema y exagerada. Decidió que, en su equipo de trabajo, no habría mujeres y, si alguna mujer quería acercarse a él, su esposa debía estar presente. De este modo examinó la senda que seguían sus pies para que sus caminos fueran rectos delante del Dios a quien representaba.

Quizá, tú y yo debemos examinar por dónde van nuestros pies y pensar en tomar "medidas exageradas" para que nuestros caminos sean rectos delante de Dios. Quizá debemos empezar dando más tiempo a la oración y a la lectura de la Biblia. Quizá, conocemos un pecado que no hemos podido erradicar y tenemos que tomar medidas extremas para hacerlo. ¡Que el Señor, con su gracia, nos dé la victoria!

Señor, examina mis sendas y dime en qué estoy fallando.

YF

5 DE JULIO

Al final, gemirás de angustia
cuando la enfermedad consuma tu cuerpo.

Proverbios 5:11, NTV

¿Qué tienen en común el muro de los lamentos en Jerusalén, la catedral de Lourdes en Francia, el templo de Kashi Vishwanath en India, el monasterio de Taktsang en Burma y la mezquita de Nasir al-Mulk en Irán? Todos son lugares sagrados. ¿Y cómo nos comportamos dentro de ellos?

Cuando la catedral de Nuestra Señora de París se incendió, el mundo entero se paralizó y millones de personas se lamentaron en las redes sociales. En otras palabras, un templo se cuida, se valora y se respeta. Para visitar una mezquita te pones la ropa apropiada. No tiras basura ni pintas grafitis en las piedras de Stonehenge, sobre todo por miedo a una multa. Del mismo modo, nuestros cuerpos son templos, lugares sagrados.

Pablo pregunta: "¿No saben ustedes que su cuerpo es templo del Espíritu Santo que Dios les ha dado, y que el Espíritu Santo vive en ustedes?" (1 Corintios 6:19, NTV). Tristemente, a veces tratamos y pensamos en el cuerpo humano como un juguete más que como un templo, sobre todo en el terreno sexual. En el proverbio de hoy, el padre advierte a su hijo sobre las relaciones fuera del matrimonio. Entre las consecuencias del adulterio está la angustia de una enfermedad venérea. ¡No podemos dejar que nuestro "templo" se contamine y enferme de esta manera!

Tus relaciones sexuales son importantes. Tu cuerpo es como un lugar sagrado que debes proteger y cuidar. Si tú no lo haces, ¿cómo esperas que otros lo hagan? Dios ha establecido que la intimidad sea solo con tu esposo, así que honra a Dios y respétate a ti misma obedeciendo este mandato.

Señor, soy templo de tu Santo Espíritu. Quiero cuidar mi cuerpo y honrar tus mandatos.

KO

6 DE JULIO

Aprende una lección de las hormigas.
¡Aprende de lo que hacen y hazte sabio!

(Proverbios 6:6, NTV)

Los refranes son creativos y revelan verdades sencillas. Uno de ellos es: "Camina más una hormiga que un buey echado". El enfoque aquí es que, si uno es persistente, los esfuerzos pequeños logran mucho a la larga. El buey echado es muy fuerte, pero al no trabajar no hace nada útil.

Soñaba yo con escribir un libro, y tenía algunos escritos como primicia, pero se veía enorme el esfuerzo de crear una obra de ese tamaño. Varios escritores me guiaron con una sencilla enseñanza: "En lo posible, escribe un poco todos los días". Así, con pasos de hormiga, ¡a la larga logré mi cometido!

"¡Fíjate en la hormiga! ¡Fíjate en lo que hace, y adquiere sabiduría!", nos exhorta este proverbio en otra traducción (NVI). Si observamos las criaturas de Dios, nos pueden enseñar todo tipo de lecciones. Toda la naturaleza refleja la mano de su Creador. Aunque nuestra principal fuente de sabiduría es la Palabra de Dios, sus obras también "hablan" de Él: "Los cielos cuentan la gloria de Dios, el firmamento proclama la obra de sus manos" (Salmos 19:1, NVI).

El día de hoy, observemos la naturaleza que nos rodea. Escuchemos las aves; fijémonos en las actividades de los animales, la belleza de las flores y los ritmos de los astros. Aprendamos y agradezcamos al Creador que se muestra en tantos impresionantes detalles. Y, como la hormiga, vayamos paso a paso cumpliendo nuestras metas.

Señor, hazme comprender que a través de acciones pequeñas y fieles puedo lograr grandes metas con tu ayuda.

MH

7 DE JULIO

Hazte hermano de la sabiduría;
hazte amigo del conocimiento.

Proverbios 7:4, TLA

Nació en una humilde casita de madera y asistió ocasionalmente a la escuela, y aprendió el alfabeto a los siete años. Practicaba la escritura usando como lápiz un trozo de leña que él mismo quemaba, y delineaba sus letras sobre la tapa de una caja, ya que el papel era muy caro y escaso. Un pariente llevó a su casa un diccionario etimológico que fue su tesoro. Vecinos de una aldea cercana le prestaban libros; no tenían muchos, así que los leía varias veces. Aun cuando en toda su vida no asistió a la escuela ni siquiera un año, Abraham Lincoln amaba el conocimiento. Aprendió Derecho de manera autodidacta y llegó a ser presidente de Estados Unidos de Norteamérica.

Una de sus frases dice: "El conocimiento es la mejor inversión que se puede hacer". Aun cuando en su adolescencia tenía poco tiempo de día y poca luz de noche, reflexionaba intensamente acerca de todo cuanto leía, lo que le proporcionó una formación de integridad. Fue tan característico de su personalidad que le apodaban "Abraham el honrado".

El proverbio de hoy nos invita a tener una relación tan cercana con la sabiduría como la tenemos con un familiar; nos anima a intimar y tener confianza en el conocimiento como lo hacemos con nuestras mejores amigas. No hay sabiduría sin conocimiento, y el conocimiento sin sabiduría es vanidad.

Hemos de apreciar la bendición de saber leer. Aprendamos de Abraham Lincoln el amor por la lectura. Un buen libro es un amigo que nos transfiere un conocimiento, nos enseña, aconseja y convierte en personas mejores. Dios nos dé sabiduría para emplear ese conocimiento sirviéndole a Él y a los demás.

Señor, quiero saber más para servir mejor. Dame sabiduría, por favor.

MG

8 DE JULIO

Cuando ponía al mar su estatuto,
para que las aguas no traspasasen su mandamiento.
Proverbios 8:29, RVR1960

Un maremoto o tsunami es el movimiento violento del agua del mar. No es el movimiento normal que se genera con el viento o por la atracción de la luna. Es mucho más devastador. Las causas pueden ser variadas: erupción de algún volcán submarino, desprendimiento de hielo glaciar, impactos de meteoritos e, incluso, terremotos.

Sabemos que en la historia ha habido tsunamis porque fueron documentados por las culturas antiguas y también por los descubrimientos arqueológicos, pero en el pasado su frecuencia no era tan constante como ahora. Lo que parece extraño es que este tipo de fenómenos está sucediendo más y más seguido en los últimos años. Los casos más recientes son los de Indonesia en 2004, Chile en 2010, Japón en 2011, y otros dos más en Indonesia en 2018, uno de los cuales fue causado por la erupción del Krakatoa. ¡Y los que vienen!

El proverbio de hoy nos dice que Dios ha establecido los límites del mar y hasta dónde puede llegar. Pero pareciera que esto está cambiando en estos tiempos. ¿Tendrá eso que ver con la conducta de la humanidad? En estos días en que la maldad se ha multiplicado, se están cumpliendo las señales de las que habla el Señor Jesús en el evangelio de Mateo: "Porque se levantará nación contra nación, y reino contra reino; y habrá pestes, y hambres, y terremotos en diferentes lugares" (Mateo 24:7, RVR1960).

Todo esto nos recuerda que Jesús vendrá otra vez. No tenemos por qué temer. La sugerencia del Señor de estar atentas y orar es muy apropiada para este tiempo.

Señor, enséñanos a cuidar de tu creación y a esperar con ansias tu venida.

YF

9 DE JULIO

El temor de Jehová es el principio de la sabiduría,
y el conocimiento del Santísimo es la inteligencia.
Proverbios 9:10, RVR1960

Nunca terminamos de aprender. Cuando creemos que lo sabemos todo sobre un tema, surgen nuevos datos para recordarnos que todavía hay mucho más. Ya sea en el terreno de nuestra profesión, como la educación, o en un pasatiempo, como la vida en el Ártico, todo el tiempo surgen nuevas propuestas y descubrimientos. Pero ¿qué pasa cuando nuestro objeto de estudio es inagotable?

¿Cómo puede una persona conocer a Dios? Ya hemos dicho que un tema central en los proverbios es el temor de Dios. Finalmente, la decisión más importante de nuestra vida es: ¿qué haremos con Dios? ¿Lo seguiremos o lo rechazaremos? No hay terreno neutral para esta pregunta, y como leemos en este proverbio, el temor va acompañado del conocimiento.

Conocer a Dios nos llevará toda la vida y en esta tierra no terminaremos. Él es un Ser diferente a nosotros, cuyas cualidades son en sí mismas un misterio. Él es todopoderoso y todo suficiente, santo y justo, compasivo y misericordioso. Dios es amor y luz; vida y verdad. ¿Se le puede conocer? ¡Sí! Porque Él quiere ser conocido. Esa fue la misión de Jesús, pues dijo a su Padre: "Te he dado a conocer a los que me diste en este mundo" (Juan 17:6, NTV).

Podemos ir hoy a la Biblia y leer las historias que contiene. Aun aquellas que hemos oído muchas veces, nos enseñarán nuevas verdades sobre quién es Dios. Al orar, al pasar tiempo con Jesús, al ir avanzando en nuestro peregrinaje, Dios seguirá ayudándonos a conocerlo más, y cuando elijamos usar nuestro tiempo y nuestro esfuerzo en conocer al Santísimo, encontraremos la verdadera inteligencia.

Padre Celestial, quiero conocerte más.

KO

10 DE JULIO

El que anda en integridad anda seguro,
pero el que pervierte sus caminos será descubierto.

Proverbios 10:9, NBLA

En la actualidad es más probable que nunca que se descubran los hechos vergonzosos ocultos. Se pueden hacer grabaciones en secreto, y las cámaras de seguridad son cada vez más numerosas en todo el mundo. Existen maneras de tener acceso también a los correos electrónicos que uno ha enviado.

En los últimos años nos han escandalizado revelaciones acerca de varios políticos y líderes por medio de esta tecnología. Como resultado, se delatan sus negocios corruptos, sus palabras impropias o sus prácticas inmorales. De un momento a otro, perdemos toda confianza en ellos.

La integridad es rectitud, y su raíz implica que abarca todo el ser. "El que anda en integridad anda seguro", porque su vida es transparente; no se le pueden descubrir iniquidades. "Pero el que pervierte sus caminos será descubierto". Cuando esto ocurre, la persona cae en vergüenza. Algún día, nos asegura la Biblia: "todo lo que hayan dicho en la oscuridad se oirá a plena luz, y todo lo que hayan susurrado a puerta cerrada, ¡se gritará desde los techos para que todo el mundo lo oiga!" (Lucas 12:3, NTV).

Cuidémonos de actuar de forma vergonzosa, pensando que nadie se dará cuenta. Por sobre todos, nuestro Padre celestial nos ve y se entristece. Con su ayuda y poder, andemos con transparencia, con toda seguridad.

Señor, hazme una persona íntegra para que viva sin temor.

MH

11 DE JULIO

Cuando el malvado muere,
mueren con él sus esperanzas e ilusiones.

Proverbios 11:7, DHH

Durante la guerra civil española, las obras de arte del Museo del Prado fueron resguardadas en la Sede de la Sociedad de Naciones en Ginebra, Suiza. En 1939, los franceses ocultaron obras como la Mona Lisa y la Venus de Milo del museo de Louvre en campiñas, lejos del peligro de los bombarderos. Los museos albergan los más hermosos tesoros; custodian nuestra historia.

En el centro de la Plaza Vaticana se erige otro tesoro histórico, el Obelisco que Calígula trajo de Egipto. Deseaba que su estatua fuera adorada como dios en el templo, pero terminó siendo asesinado, muriendo junto con él sus ilusiones de grandeza. El proverbio es cabal: cuando el malvado muere, mueren con él sus esperanzas e ilusiones.

Nuestros proyectos y aspiraciones pueden estar fundamentados en algo mejor que prestigio temporal y recursos materiales perecederos. La Biblia nos orienta: "No mirando nosotros las cosas que se ven, sino las que no se ven; pues las cosas que se ven son temporales, pero las que no se ven son eternas" (2 Corintios 4:18, RVR1960).

Podemos emprender proyectos que Dios pueda usar para su gloria. Todo lo que hacemos vale la pena si lo hacemos para Él. Nuestras esperanzas están fundamentadas en la roca eterna que es nuestro Padre celestial.

Señor, cumple tu propósito en mí.

MG

12 DE JULIO

La mujer virtuosa es corona de su marido,
mas la que lo avergüenza es como podredumbre en sus huesos.

Proverbios 12:4, NBLA

Cuando Napoleón elevó a Baviera a reinado y a Maximiliano I como su rey, fue hecha una corona que se estima que es la más costosa de la historia. Está adornada con diamantes, zafiros, rubíes, esmeraldas y perlas, y su valor aproximado, a la fecha, es de más de diecisiete millones de dólares. ¿Por qué tanto?

Una corona es un adorno sobre la cabeza que simboliza autoridad y dignidad. Desde antaño, los reyes compiten por tener la mejor y más costosa corona para presumirla entre sus correligionarios y para ganarse el respeto de su pueblo. En la antigüedad, cuando un rey ganaba la guerra, mandaba a traer la corona del rey vencido y la ponía en su cabeza en señal de victoria.

Al comprender qué tan importante es para un soberano llevar la mejor corona sobre su cabeza, podemos darnos idea de lo que la Escritura nos quiere decir a nosotras las mujeres: somos la insignia que un hombre va a lucir. El Señor nos ha dado un honor muy alto. Somos corona de nuestro marido. No es una opción que puedo tomar o desechar. Nuestro Señor, desde la creación de Eva, pensó en elevarnos a nivel de ayuda idónea, de... ¡corona!

¿Te has preguntado por qué razón te eligió tu marido? ¿Enalteces a tu marido en público como tu rey? ¿Cuidas tus palabras esté o no presente? ¿Buscas que tu apariencia sea agradable y hermosa? ¿Puede tu esposo lucir tus perlas, zafiros, esmeraldas y rubíes a sus amigos y conocidos? Quizás me digas que eres soltera y esto no es para ti, pero ¿el Señor Jesús es honrado contigo como el Rey de reyes y Señor de señores?

Señor, que sea yo corona hermosa de mi marido.

YF

13 DE JULIO

El hijo sabio recibe el consejo del padre;
mas el burlador no escucha las reprensiones.

Proverbios 13:1, RVR1960

En las películas militares escuchamos la expresión "copiado". Algunas frases se han internacionalizado, pero lo que esta expresión comunica es: "he oído y he comprendido el mensaje". Desafortunadamente, muchas veces oímos, incluso comprendemos el mensaje, pero no hacemos lo que se nos ha pedido.

Mis hijos son expertos en esto. Después de pedirles que levanten sus juguetes, veo que no se ponen en acción. "¿Me oyeron?", les preguntó. Ellos asienten, pero siguen sin obedecer. ¡Yo hago lo mismo! Por ejemplo, leo y oigo lo que Jesús me pide, como amar a mi prójimo, pero no por eso actúo sobre ello. Por algo Jesús dijo una y otra vez: "El que tiene oídos para oír, oiga" (Mateo 13:9, RVR1960).

En la Biblia, escuchar significa recibir el mensaje con el corazón, pero también con la mente. El apóstol Santiago conocía bien este problema y escribió: "No solo escuchen la palabra de Dios; tienen que ponerla en práctica" (Santiago 1:22, NTV). Luego comparó el mal hábito de no obedecer los mandatos de Dios como cuando nos vemos en un espejo, pero al alejarnos, ¡olvidamos cómo somos!

Aprendamos a ser buenas oidoras. Que cuando leamos lo que Dios nos pide a través de su Palabra, o cuando escuchemos su voz a través de una predicación, podamos decir: "¡Lo copio!". Es decir: he oído y comprendido el mensaje, así que ¡lo pondré en práctica!

Padre Celestial, ayúdame a escuchar y obedecer tu Palabra.

KO

14 DE JULIO

Cada corazón conoce su propia amargura,
y nadie más puede compartir totalmente su alegría.
Proverbios 14:10, NTV

En algunas culturas es penoso que otros te vean llorar, especialmente entre los hombres. El misionero Bruce Olson, autor del libro *Bruchko*, procuró alcanzar a los indígenas motilones de Colombia haciéndose como ellos. Observó que jamás lloraban, ni ante la muerte de un ser querido. Después de "atar las cuerdas de sus hamacas a Jesús", un día experimentaron la muerte del primer creyente, todo un héroe para ellos. Olson se percató de que a muchos les brotaron lágrimas y algunos huyeron a la selva para ocultar el hecho. Uno de ellos bromeó: "A todos nos dio gripa".

Este proverbio afirma que "cada corazón conoce su propia amargura, y nadie más puede compartir totalmente su alegría". Nuestras emociones son hondas y personales. Aun así, la Palabra de Dios nos insta a compartir momentos conmovedores con los demás: "Gozaos con los que se gozan y llorad con los que lloran" (Romanos 12:15, LBLA). Jesús mismo sintió todo el caleidoscopio de emociones del ser humano: gozo, compasión, agonía y mucho más, seguramente con aún más profundidad.

Nuestros sentimientos son una parte íntegra de nuestro ser. Tengamos confianza para abrir nuestro corazón ante Dios en momentos de tristeza, confusión o alegría. Y procuremos acercarnos a los que sufren aun cuando no podamos decir: "Sé lo que sientes". Dios sí sabe y Él siempre comprende.

Señor, hazme sensible a los corazones de quienes pongas en mi camino el día de hoy.

MH

15 DE JULIO

El temor de Jehová es enseñanza de sabiduría;
y a la honra precede la humildad.

Proverbios 15:33, RVR1960

La humildad es una virtud contraria a la soberbia. Jesucristo es el máximo exponente de humildad. Siendo rico se hizo pobre, siendo Dios vino al mundo a nacer en un humilde pesebre. Se despojó a sí mismo tomando forma de siervo, haciéndose semejante a los hombres. Incluso se sujetó a sus padres terrenales. No vino para ser servido sino para servir. Aun cuando fue traicionado y vituperado, enmudeció y dio su vida muriendo en una cruz, ocupando el lugar que a nosotros correspondía.

Así estuvo determinado que fuera su primera venida a esta tierra. Pero en su segunda venida, Jesucristo ya no regresará como cordero sino como rey. Dios le exaltó hasta lo sumo, y en su nombre se doblará toda rodilla y toda lengua confesará que Jesucristo es el Señor.

En la primera carta de Pedro leemos que Él "está a la diestra de Dios, habiendo subido al cielo después de que le habían sido sometidos ángeles, autoridades y potestades" (1 Pedro 3:22, LBLA). Después de que fue humillado, fue exaltado. ¿Cómo podríamos nosotros pretender algún mérito por lo que hacemos? Siervos inútiles somos, pues hacemos sólo lo que debiéramos haber hecho. Aun así, Dios en su justicia y misericordia honrará con coronas a sus hijos.

Nuestras obras serán probadas por el fuego. Si nuestra obra permanece, recibiremos recompensa. Quien se enaltece será humillado, y el que se humilla será exaltado. Es humano desear reconocimiento, pero es mejor seguir el ejemplo de Jesús. ¿Cuáles son tus motivaciones para servir?

Señor, yo te sirvo porque te amo.

MG

16 DE JULIO

El Señor no soporta a los orgullosos;
tarde o temprano tendrán su castigo.

Proverbios 16:5, DHH

La película *Intensamente* presenta a cinco personajes que ejemplifican las cinco emociones primarias. Entre ellas está Desagrado, una muñequita verde que tiene opiniones fuertes y es bastante honesta. Gracias a ella, la niña de la película no termina envenenada. Realmente todo ser humano experimenta el asco, que también se puede traducir como hostilidad, aprensión, desprecio o aborrecimiento. ¿A qué le tenemos repulsión?

Los expertos nos dicen que, por naturaleza, rechazamos el vómito, la orina y las heces fecales, lo que nos libra de enfermedades y contaminación. También rechazamos lo podrido o decadente. Otras cosas que despreciamos son la mentira y el asesinato. Dios también aborrece ciertas cosas. En el caso del proverbio de hoy, nos habla del orgullo.

El orgullo nos hace tener un sentido de valor que no es el adecuado. Nos hace pensar que no necesitamos a Dios o a los demás. Nos convence de que somos superiores y que, por lo tanto, nos conducimos bajo reglas diferentes al resto. Pero este proverbio nos recuerda que el orgullo siempre trae consecuencias. ¿Te acuerdas del rey Nabucodonosor? Su orgullo lo hizo actuar como un animal salvaje durante siete años, pero aprendió que Dios es el único que gobierna sobre el mundo.

El orgullo es muy sutil en nuestra vida. Muchas veces me he descubierto alardeando de mis éxitos o pensando que puedo hacer las cosas por mí misma, sin ayuda de Dios o los demás. Aprendamos a sentir "desagrado" frente al orgullo en nuestras propias vidas. Reconozcamos que el orgullo es un pecado tóxico que no se quedará sin consecuencias o castigo, así que huyamos de él.

Padre, líbrame del orgullo.

KO

17 DE JULIO

El que escarnece al pobre
afrenta a su Hacedor.

Proverbios 17:5, RVR1960

Los que han tenido un trasplante de corazón forman una tribu muy especial. El escritor Charles Siebert dice que estas personas no solo reciben un nuevo corazón, sino respuestas sensoriales, antojos y hábitos. En pocas palabras, no solo se sienten agradecidos por una segunda oportunidad de vida, sino que heredan algo de quien les dio ese nuevo corazón.

Cuando creemos en Cristo, recibimos un nuevo corazón y desatamos una reacción espiritual en cadena de gran magnitud. No solo tenemos una nueva oportunidad de vivir —ya no presas del pecado, sino libres y salvas—, sino que heredamos rasgos del Padre que nos adopta y nos da ese nuevo centro de voluntad. Y no hay nada que caracterice tanto a nuestro Dios como su compasión.

Jesús convivió con los pobres y los marginados y "tuvo compasión" (Mateo 14:14, RVR1960). ¿Qué experimenta nuestro corazón cuando leemos que veinticinco mil personas mueren al día por hambre y desnutrición? ¿Qué pensamos al leer que hay millones de huérfanos en el mundo? ¿O que un niño muere por agua contaminada cada veintiún segundos? ¿Se quiebra nuestro corazón por aquello que también pone triste a nuestro Hacedor?

Burlarse del pobre es ofender al Creador. Ignorar que hay gente que necesita nuestra ayuda es una forma de despreciar o minimizar sus desgracias. ¿Qué podemos hacer hoy por los pobres de este mundo? Pensemos en una manera práctica de ayudar ¡y hagámoslo!

Señor, mueve mi corazón a la compasión y a ayudar a los pobres de este mundo.

KO

18 DE JULIO

Al fracaso lo precede la soberbia humana;
a los honores los precede la humildad.

Proverbios 18:12, NVI

Los dichos y refranes reflejan muchas verdades. Uno que tiene relación con el tema de hoy es de Saavedra Fajardo: "Más reinos derribó la soberbia que la espada, más príncipes se perdieron por sí mismos que por otros".

Una vez andaba yo por la calle y, al fin mujer, quise revisar mi apariencia reflejada en un aparador. Repentinamente me tropecé con algo que estorbaba en el camino y por poco no me caí. Vino a mi mente este versículo, sabiendo que mi orgullo o vanidad puede desviar mi atención de lo más importante.

La soberbia con frecuencia precede al fracaso, y "a los honores los precede la humildad". La persona altanera no toma decisiones sabias sino más bien egoístas. Lo opuesto es aquel que no se siente superior a los demás sino que procura su bien. El máximo ejemplo es nuestro Señor Jesucristo. Tenía todos los derechos del mundo, pero se humilló para vivir y morir por nosotros. "Se rebajó voluntariamente, tomando la naturaleza de siervo y haciéndose semejante a los seres humanos" (Filipenses 2:7, NVI). ¿El resultado final? "Por eso Dios lo exaltó hasta lo sumo" (Filipenses 2:9, NVI).

Pablo nos exhorta: "La actitud de ustedes debe ser como la de Cristo Jesús" (Filipenses 2:5, NVI). Dejemos atrás esos pensamientos que solo se orientan a nuestro propio beneficio. ¡Sigamos las huellas de nuestro Salvador! A su tiempo, Dios nos honrará.

Padre, quiero ser cada día más como Cristo.

MH

19 DE JULIO

La casa y las riquezas son herencia de los padres;
mas de Jehová la mujer prudente.

Proverbios 19:14, RVR1960

Un genealogista es una persona entendida en genealogías y linajes. Algunas de ellas se dedican a buscar a los herederos de las personas que dejaron un patrimonio al morir sin haber hecho un testamento. Así, se encargan de hacer investigaciones para reconstruir los vínculos familiares y localizar a los parientes para tramitar la herencia.

Una mañana, un hombre de vida modesta recibió la llamada de un genealogista para notificarle que recibiría una herencia de un primo que él ni siquiera conoció. Al principio pensó que seguramente era una broma o una estafa, pero al recibir los documentos legales se dio cuenta de lo afortunado que era. Su vida cambió de un día para otro. Hoy vive agradecido pensando que solamente Dios podría haber realizado tal milagro en su vida.

¿Has pensado que tú misma eres la herencia de Dios para bendecir la vida de otros, en especial de tu esposo? El proverbio de hoy asegura que Dios se ha encargado de bendecir al hombre de una manera muy especial: vinculándolo con una mujer prudente y proveyendo para él la ayuda idónea que necesita.

Seamos casadas o no, si nuestra vida está fundada en Cristo y somos no solamente oidoras de Su palabra, sino practicantes de ella, nos convertimos en un patrimonio valioso. En un regalo que Dios provee para bendecir a todas las personas que nos rodean.

"Cúmplase en mí Señor, tu voluntad. La senda hazme ver con claridad".

MG

20 DE JULIO

Los oídos para oír y los ojos para ver:
¡hermosa pareja que el Señor ha creado!

Proverbios 20:12, NVI

Helen Keller fue una mujer que sufrió una enfermedad que la dejó sorda y ciega desde pequeña. Gracias a Dios, la familia de Helen pudo sufragar los gastos de una institutriz que la ayudó a relacionar el mundo interior de Helen con el mundo exterior. Helen pudo, incluso, llegar a la universidad. Escribió varios libros, fue conferencista y defensora de los derechos humanos de los discapacitados. No sabemos el impacto de la Biblia en la vida de Helen, aunque se sabe que tuvo la influencia de un ministro y su maestra.

¿Qué sería peor: perder la vista o el oído? Helen Keller escribió: "Entre no ver y no oír, sin ninguna duda, es mucho peor no oír, pues no ver te incomunica con los objetos, pero no oír te incomunica con las personas y eso te convierte en un objeto". ¿Conoces a personas ciegas o sordas? ¿Sufres tú misma de una discapacidad?

A veces nos preguntamos por qué el Señor permite que haya personas con discapacidades. Los discípulos también preguntaron a Jesús por qué cierto hombre había nacido ciego. ¿Había sido por sus propios pecados o por los de sus padres? Jesús respondió: "Nació ciego para que todos vieran el poder de Dios en él" (Juan 9:3, NTV).

Si sufres una discapacidad o conoces a alguien que la sufra, recuerda que Dios tiene planes altos para ti y para ellos. Por otro lado, alguien ha mencionado que las siete maravillas del mundo son ver, oír, tocar, probar, sentir, reír y amar y, por seguro, lo son. ¿Qué tan agradecida estás por tus ojos y tus oídos que funcionan bien?

Señor, que tu poder se refleje en mí hoy.

YF

21 DE JULIO

Hay quien todo el día codicia;
pero el justo da, y no detiene su mano.

Proverbios 21:26, RVR1960

En el libro de *Los Miserables*, el personaje Jean Valjean sale de la cárcel donde fue encerrado por robar una hogaza de pan. Luego recibe la hospitalidad del obispo Myriel, ¿y cómo lo agradece? Robando seis cubiertos de plata. Cuando la policía detiene a Valjean, el sacerdote lo defiende y, al marcharse los gendarmes, el obispo le regala la platería y le dice: "No olvides nunca que me has prometido emplear este dinero en hacerte hombre honrado. Jean Valjean, hermano mío, tú no perteneces al mal, sino al bien. Compro tu alma; el libro de las negras ideas y del espíritu de perdición, y la consagro a Dios".

Jean Valjean se supo libre al salir de prisión, pero usó su libertad para volver a cometer un crimen. ¿No hacemos lo mismo? Nosotras hemos sido liberadas de la cárcel del pecado, y como dijo el obispo, hemos sido consagradas para Dios. Tenemos un propósito para cumplir.

La Biblia dice que "Cristo en verdad nos ha liberado". (Gálatas 5:1, NTV). Como Jean Valjean, hemos salido de la prisión de la muerte y el pecado. Pero, dice Pablo: "Ahora asegúrense de permanecer libres". ¿Cómo? No volviendo atrás, a los malos hábitos, como sucedió con Valjean, y haciendo lo que dice este proverbio: dando y no deteniendo nuestra mano.

El resto del libro nos cuenta cómo Jean Valjean hace el bien criando a una huérfana como si fuera su propia hija. El obispo le dio una segunda oportunidad y Jean Valjean fue generoso desde entonces. A los justos les encanta dar, dice Salomón. Demos a los demás al usar nuestra libertad para hacer el bien y ofrecer segundas oportunidades también. Nosotras las hemos recibido: que sean compartidas.

Señor, enséname a dar segundas oportunidades.

KO

22 DE JULIO

El prudente se anticipa al peligro y toma precauciones.
El simplón avanza a ciegas y sufre las consecuencias.

Proverbios 22:3, NTV

Durante la pandemia del 2020, me sorprendió descubrir que una amiga no consideraba peligroso el virus y no usaba cubrebocas si no la obligaban. Creía que todo era un invento. Además, me preguntaba si no tenía yo fe, pues Dios está en control y moriremos cuando Él quiera. No me atreví a decirle: "¿Y si viniera un camión a toda carrera, cruzarías la calle porque tienes fe?".

Vivimos en una era de peligros. El crimen ha aumentado; sabemos de atracos, secuestros y trata humana. En algunos países el terrorismo es una amenaza. Nos preocupamos porque los hijos no caigan en algunas trampas por medio del Internet. Es importante no ser controlados por el temor sino "tomar precauciones".

"El prudente se anticipa al peligro y toma precauciones". No se queda congelado por el temor. Cuando Nehemías empezó la obra de reparar y reconstruir los grandes muros de Jerusalén, los enemigos de Israel amenazaban atacarlos. No desistieron, sino que "los que reedificaban la muralla… llevaban la carga en una mano trabajando en la obra, y en la otra empuñaban un arma" (Nehemías 4:17, LBLA). Combinaron la fe en Dios y la acción para prevenir el peligro.

No seamos como "el simplón [que] avanza a ciegas y sufre las consecuencias". Además de fe, Dios nos ha dado sentido común y también prudencia para tomar buenas decisiones. ¡Demos pasos firmes el día de hoy!

Padre, hazme prudente para enfrentar el futuro.

MH

23 DE JULIO

… ni entres en la heredad de los huérfanos;
porque el defensor de ellos es el Fuerte.

Proverbios 23:10-11, RVR1960

La UNICEF tiene como objetivo garantizar el cumplimiento de los derechos de los niños y adolescentes y asegurar su bienestar. En el mundo existen alrededor de ciento setenta millones de niños huérfanos. En América, el país con más huérfanos es Brasil, y la razón se debe a la alta tasa de mortalidad por SIDA. México es el segundo país con niños sin cuidados parentales, debido al crimen organizado y la migración.

Los creyentes de la Iglesia primitiva se entregaron por completo a cuidar de los más débiles y le dieron suma importancia a velar por los huérfanos. El crecimiento acelerado de la iglesia en sus inicios fue impresionante. ¿Qué hizo que el pueblo de Dios fuera tan relevante en aquellos días? Uno de los factores más importantes fue la adopción.

Santiago nos dice que la verdadera religión es visitar a los huérfanos y a las viudas en sus aflicciones, y la iglesia primitiva puso esa doctrina en práctica (Santiago 1:27). La palabra hebrea "goel" significa "defensor". El "goel" defendía los derechos de los huérfanos e indefensos. Dios, el Fuerte, es protector especial de los vulnerables. Es nuestro goel, el redentor que nos defiende. El proverbio de hoy nos advierte también que, en caso de obrar mal en contra de los huérfanos, el Fuerte nos juzgará.

Los cristianos de hoy tal vez necesitamos aprender de los creyentes de los primeros siglos. ¿Nos sentimos en verdad responsables del bienestar de los huérfanos o simplemente dejamos que sean las organizaciones las que hagan algo? ¿Qué podemos hacer de maneras prácticas hoy? ¿Has pensado adoptar un "niño" y ayudarlo económicamente por medio de una organización que se dedique a la niñez?

Señor, bendice por favor a todos los niños y ayúdame a encontrar la forma de ayudar.

MG

24 DE JULIO

Una respuesta sincera
es como un beso en los labios.

Proverbios 24:26, NVI

Se dice que "sincera" es la palabra que describe a la miel pura, sin cera. En latín, se refiere a los que han nacido en un lugar sin mezclarse, hablando de semillas o pueblos que son puros en cuanto a su origen, y que no se han corrompido al mezclarse con ejemplares diferentes. Esto quiere decir que sincero es alguien que se comporta en forma pura y veraz.

Muchos de los profetas del Antiguo Testamento tuvieron que enfrentar maltratos y a veces la muerte por ser sinceros delante de reyes malvados. Recordemos a Jeremías que fue puesto en una cisterna llena de lodo porque a Sedequías no le convenía escuchar lo que Dios le decía a través del profeta, aun cuando le estaba previniendo sobre cómo salvar su vida y la de su familia. Su veracidad le trajo problemas.

Por otro lado, podemos recordar la señal que Judas había dado a los soldados. Saludó a Jesús en el huerto de Getsemaní y le dio un beso, señal para que lo arrestaran. Su traición fue evidente. Nuestro Dios, sin embargo, espera sinceridad de nosotros. En Hebreos 10:22, el escritor nos pide acercarnos "con corazón sincero, en plena certidumbre de fe" (RVR1960).

¿Qué tipo de beso daremos hoy? ¿Uno de traición como el de Judas o uno sin cera, es decir, puro y sin mezclarse con dobles intenciones? Hablemos verdad y comportémonos sin dobleces. Seamos como Jeremías, aunque nos metamos en dificultades.

Señor, ayúdame a ser sincera.

YF

25 DE JULIO

Como ciudad derribada y sin muro
es el hombre cuyo espíritu no tiene rienda.

Proverbios 25:28, RVR1960

En Estambul todavía puedes visitar restos de la muralla que protegía la ciudad. En el pasado, cuando se llamaba Constantinopla, era crucial para su protección. El grupo que lograba penetrar las murallas podía reclamar el trono y causar estragos. Por lo tanto, era impensable vivir en una ciudad con un muro derribado o inexistente. ¿Y qué de nuestro espíritu?

El proverbio del día nos enseña que si carecemos de límites somos como una ciudad indefensa. ¿Te sientes exhausta, drenada y desesperada? Quizá no tienes márgenes en tu vida y no practicas el dominio propio. Una mujer sin control, por ejemplo, come mucho, duerme poco, no tiene tiempo para sí misma ni para Dios. Por eso, necesitamos fronteras.

En la vida espiritual, Henri Nouwen nos dice que la disciplina es "el esfuerzo para crear un espacio en el que Dios pueda actuar". Para esto, necesitamos el control propio que viene del Espíritu, y así conseguir un tiempo para descansar, un lugar para crear, plazos para adaptarnos e, incluso, dinero extra para ahorrar. Jesús mismo no sanó a todos los enfermos, ni visitó todas las ciudades, ni habló con todas las personas en su época. Buscaba estar a solas con su Padre y tener tiempo de calidad con sus seguidores. Incluso dijo a sus apóstoles después de unos días intensos: "Vayamos solos a un lugar tranquilo para descansar un rato" (Marcos 6:31, NTV).

Si estás agotada y no encuentras gozo en tu vida, piensa si tus muros se han derrumbado por falta de disciplina. Cambia tu perspectiva y encuentra los límites que han desaparecido por descuido o pecado, y vuelve a ponerlos.

Padre, ayúdame a reconstruir los muros de mi espíritu.

KO

26 DE JULIO

¿Has visto a un hombre que se tiene por sabio?
Más esperanza hay para el necio que para él.

Proverbios 26:12, NBLA

Anne Lamott escribió: "Mi camino de fe no comenzó con un salto sino más bien con pequeños brinquitos de lo que parecía ir de un lugar seguro a otro". La famosa novelista, maestra y oradora veía esos lugares como nenúfares a los que ella acudía de uno en uno mientras crecía. Y cada uno la preparaba para el siguiente en el pantano de la duda.

¿Has sentido dudas? Nuestro proverbio hoy nos recuerda que muchas veces pensamos saberlo todo, y eso es necio. Literalmente este proverbio dice "sabio en sus propios ojos". Esta persona no considera que Dios es la fuente principal de sabiduría, así que hay poca esperanza para él. Pero tampoco reconoce que otros saben más y que él o ella puede equivocarse.

El apóstol Pablo había sido sabio en sus propios ojos, orgulloso miembro de los fariseos y perseguidor de los cristianos. Solo por la gracia de Dios fue humillado y después pudo escribir: "No hagan nada por egoísmo o vanidad; más bien, con humildad consideren a los demás como superiores a ustedes mismos" (Filipenses 2:3, NVI). Gedeón, el juez, también experimentó muchas dudas y pidió a Dios que le diera seguridad del siguiente paso.

Anne Lamott aprendió que lo opuesto a la fe no es la duda. La fe, de hecho, nos hace conscientes del caos, el vacío y la incomodidad de este mundo y nuestras vidas, y a veces solo debemos esperar a que surja la luz. No creamos que lo sabemos todo. Cuando vengan las dudas, simplemente saltemos al siguiente nenúfar y "crezcamos ahí". El tiempo vendrá para el siguiente salto.

Padre, perdóname por mi vanidad; solo deseo ser más como Cristo.

MH

27 DE JULIO

No presumas hoy de lo que piensas hacer mañana;
¡nadie sabe lo que traerá el futuro!

Proverbios 27:1, TLA

Recientemente *The New York Times* publicó un resumen del año 2020 con las fotografías más significativas de lo vivido por la humanidad en cada mes. Lo tituló: "Un año como ningún otro". La revista *Time* dedicó su portada al 2020 con la frase: "El peor año de la historia", subrayando la expresión con una gran "X" sobre el número. Ciertamente la pandemia de la COVID-19 tomó por sorpresa al mundo y el año fue en extremo difícil.

Sin embargo, hay voces que opinan que se han vivido cosas peores en el pasado con las guerras mundiales y los años de recesión económica. "Cada uno habla de la feria según le va en ella", dice el refrán.

¡Cuán acertado es el proverbio de hoy! Nadie sabía lo que nos traería el porvenir. Ni lo sabemos aún. En el 2020 hemos aprendido humildad ante el futuro. Tenemos mayor consciencia de que no tenemos el control sobre el mañana. Recuerdo las palabras de un canto que solíamos entonar en los campamentos juveniles: "Nada sé sobre el futuro, desconozco lo que habrá"; canto que también nos alentaba: "Nada temo del futuro, pues Jesús conmigo está".

Nuestras circunstancias pueden hacernos sentir en el extremo de la autosuficiencia o en el lado del temor. Nuestro equilibrio es la esperanza. Que nuestra paz esté fundamentada en la promesa de Jesús cuando dijo: "Yo estoy con vosotros hasta el fin del mundo".

Señor, pongo mi vida en tus manos. Tú cumplirás tu propósito en mí.

MG

28 DE JULIO

Amigo de criminales
es quien roba a sus padres y alega que no ha pecado.
Proverbios 28:24, DHH

Cuando viví en la ciudad de México, alquilé un departamento pequeño. Los dueños de la casa eran un matrimonio adulto a quienes en diferentes ocasiones escuché decir que debían cerrar muy bien su casa porque su hijo, que era drogadicto, llegaba cuando ellos no estaban y sacaba cosas valiosas para venderlas y alimentar su vicio. Aunque en el pasado su situación fue desahogada y tenían una casa grande y bonita, el esposo había quedado desempleado y luchaban por mantenerse. Entonces me tocó a mí.

Después de pocos meses de vivir ahí, alguien abrió mi departamento y robó mis pertenencias. Todo indicaba que había sido el hijo de la pareja, pero no lo podía comprobar. Por las evidencias, habían sido más de uno los que entraron a robar. ¡Un grupo de criminales!

¡Qué difícil es educar a los hijos! En especial, existe un tiempo en la vida que todos temen: la adolescencia. Pero precisamente este es un tiempo precioso donde los niños comienzan a tomar sus propias decisiones y conocer quiénes son. Como sucedió con el joven Samuel, ese es el momento en que Dios los llama por su nombre y espera que ellos respondan: "Habla, Señor, que tu siervo escucha" (1 Samuel 3:9, NTV).

Si eres madre, pide a Dios sabiduría para educar a tus hijos. Si tus hijos son adolescentes o jóvenes, ora por ellos todos los días para que ellos estén atentos a la voz de Dios y respondan favorablemente. Si tus hijos han tomado malas decisiones, no te desanimes y predica con el ejemplo. Dile a Dios hoy: "Aquí estoy".

Dame, Padre, sabiduría para guiar a mis hijos.

YF

29 DE JULIO

Los sanguinarios odian a las personas intachables,
pero los honrados procuran ayudarlas.

Proverbios 29:10, NTV

¿Te imaginas ser tan perfecta que tu persona no admita ni el más mínimo reproche? Que al pensar en ti nadie encontrara un día malo contigo, o que tus registros fiscales mostraran que no debes nada al gobierno. Al contrario, ¡ellos te deben a ti! ¿Y cómo te sentirías de conocer a una persona así? ¿Presumirías que tienes por amiga a alguien irreprochable? ¿Cómo sería estar casada con alguien recto y honorable? Quizá, tristemente, la envidia asomaría su grotesca cara.

¿Recuerdas tus días de escuela? ¿No sentíamos poca simpatía por los más inteligentes, o los más sociables, o los más divertidos? Por lo general, solemos resentir a aquellos que poseen cualidades que anhelamos. Y ninguna historia ejemplifica tan bien la primera frase del proverbio de hoy como la de Jesús.

Pocas personas del primer siglo comprendieron que se encontraban ante Dios encarnado. Pensaban que Jesús era un hombre común y corriente, malinterpretaron sus palabras y acciones. Muchos se sintieron amenazados por su perfección. ¿Y qué hicieron? La mayoría gritó: "¡Crucifícale!". En otras palabras, mancharon sus manos con sangre inocente. Y aunque tú y yo no estuvimos ahí, hemos rechazado al Hijo de Dios. Sin embargo, Él nos da una segunda oportunidad. Nos ofrece su salvación hoy mismo.

Muchas veces contemplo mis manos y pongo las palmas hacia arriba mientras estoy orando. Esta expresión me recuerda que mis manos hirieron las manos de Jesús, pero que las manos de Jesús tomaron los clavos en mi lugar. Hombres sanguinarios y asesinos mataron a Jesús. Él hoy nos ofrece vida. ¡Aceptémosla!

En la cruz vi la luz y las manchas de mi alma yo lavé. Gracias, Jesús.

KO

30 DE JULIO

Algunas personas maldicen a su padre
y no son agradecidas con su madre.

Proverbios 30:11, NTV

Una fábula antigua cuenta que un hombre caminaba en su campo una fría mañana cuando encontró a una serpiente casi congelada. Aun sabiendo cuán peligrosas son las serpientes, la levantó y la colocó junto a su pecho para calentarla y traerla a la vida. La serpiente pronto revivió, pero al poco tiempo mordió al hombre que había sido amable con ella. ¿Nos sorprende tanta ingratitud?

El proverbio de hoy no nos ofrece detalles sobre el tipo de familia del que provienen los hijos malagradecidos. En aquellos días era menos frecuente la familia monoparental, excepto en casos de muerte. El concepto de honrar a los padres es fundamental en la cultura judeocristiana; de hecho, forma parte de los diez mandamientos que recibió Moisés en las tablas de piedra. La falta de respeto hacia los progenitores muestra una falta de gratitud hacia ellos y hacia Dios.

Cuando el ángel Gabriel anunció a Zacarías que su esposa estéril daría a luz un hijo, que sería Juan el Bautista, le reveló que cumpliría la profecía dada por Malaquías: "Él hará que los padres se reconcilien con sus hijos y los hijos con sus padres" (Malaquías 4:6, NVI). Esta restauración de relaciones es parte de la transformación que anhela Dios para nosotros.

Quizá vivas con algo de rencor hacia tu mamá o tu papá. Quizá hayas sido rebelde ante ellos en algún momento. Puede ser que tú, tus hijos u otros conocidos hayan sufrido por una familia desintegrada o disfuncional. Confía en que Cristo puede usarte como instrumento de reconciliación. Sé agradecido y trata a tus padres con honor.

Señor, enséñame a honrar y agradecer a mis padres, y perdonarlos si han fallado.

MH

31 DE JULIO

Abre su boca con sabiduría,
y la ley de clemencia está en su lengua.

Proverbios 31:26, RVR1960

"El chavo del ocho" era uno de los personajes de Roberto Gómez Bolaños. En este programa de televisión, en la escuela o en la vecindad, todos los personajes hablaban al mismo tiempo. Súbitamente se quedaban callados y solo quedaba "el chavo" hablando, generalmente haciendo algún comentario poco prudente pero gracioso acerca de alguien. Algo así como: "Háganle caso al maestro Longaniza" o "No tan vieja como la bruja del 71". Al darse cuenta de que todos le escuchaban, y ante la cara de desaprobación por parte del agredido, iba dejando de hablar. Era el momento en que los espectadores reíamos ante sus ocurrencias.

En la vida real es diferente. Si no cuidamos nuestras palabras y ofendemos a las personas habrá consecuencias. Podemos meternos en problemas si hablamos imprudentemente.

La reina Ester tenía que hacer una petición a su esposo el rey, pero esperó sabiamente hasta encontrar el momento oportuno. Le reveló que ella era judía y pidió su ayuda para salvar a su pueblo. Como marco de sus palabras, organizó espléndidos banquetes, se vistió con sus hermosos vestidos reales, e incluso pidió previamente apoyo en oración y ayuno. Seguramente escogió cada una de las palabras que usaría para que su mensaje fuera claro y efectivo.

Proverbios como este e historias como la Ester están ahí para instruirnos. Una mujer virtuosa abre su boca con sabiduría, y es considerada al hablar. Decir lo adecuado con las palabras precisas en el momento indicado es actuar con asertividad.

Señor, ayúdame a hablar con sabiduría.

MG

1 DE AGOSTO

Mas el que me oyere, habitará confiadamente y vivirá tranquilo, sin temor del mal.

Proverbios 1:33, RVR1960

La "lucha de la cuerda", "juego de la soga" o "tira y afloja" es un juego donde se hacen dos equipos y cada uno coge la cuerda por un extremo. Se hace una línea central y se debe conseguir, tirando de la cuerda, que el equipo contrario traspase la línea y pierda. ¿Lo has jugado? Yo recuerdo bien las manos raspadas y la emoción de ganar. Pero si se aplica a la mente, este juego no es nada divertido.

Cuando me preocupo, siento que se libra el juego de la soga en mi mente y en mi alma. Por un lado, tiran las preocupaciones de alguna situación; por el otro lado, siento que Dios me dice que confíe. No debe sorprendernos que la palabra griega *merimnaó*, que se usa en la Biblia para describir la preocupación, se defina como fractura, algo como ser jaloneada en dos direcciones.

El antídoto de la preocupación está en la Biblia. "No se preocupen por nada; en cambio, oren por todo" (Filipenses 4:6, NTV). Sigamos este sabio consejo y, como dice nuestro proverbio de hoy, viviremos tranquilas. ¿Acaso hay algo más hermoso que vivir en paz y sin afanes?

Si hoy te sientes preocupada o ansiosa, respira hondo y siéntate unos minutos; no tomará más de cinco. Cierra tus ojos y cuéntale a Dios qué cosas te preocupan. Enlístalas, enuméralas, descríbelas. Luego, suelta la soga. Deja de preocuparte y confía en Él.

Señor, no quiero preocuparme por nada, sino orar por todo.

KO

2 DE AGOSTO

Se levanta de madrugada y prepara el desayuno para su familia y planifica las labores de sus criadas.

Proverbios 31:15, NTV

En gran parte del mundo, tener servicio doméstico es señal de riqueza. Sin embargo, hasta hace no mucho tiempo en muchas partes de América Latina, era bastante normal para las familias de clase media. No nos extraña que, incluso hoy algunas tengan este tipo de ayuda, cuando en países del primer mundo, sigue siendo privilegio de pocos.

Cuando yo era grande, mi mamá, contrató a una mujer que limpiaba la casa un día a la semana. Una vez me di cuenta de que, antes de que llegara la señora, mi mamá se apuraba para ordenar la casa ¡para no quedar mal ante ella!

Tampoco la mujer de Proverbios 31 se quedaba con las manos cruzadas. Se levantaba "de madrugada" a preparar el desayuno para su familia. Organizaba todo. Lo más probable es que hayan tenido una gran casona, terrenos amplios y animales que cuidar. En otros versículos leemos de varios trabajos que ella hacía. En el Nuevo Testamento, tenemos el ejemplo de Lidia, "una comerciante de tela púrpura muy costosa, quien adoraba a Dios" (Hechos 16:14, NTV). Ante la predicación de Pablo, abrió su corazón a Dios, pero también consideró a su familia como prioridad, porque "ella y los de su casa fueron bautizados" (v. 15).

Tengamos o no ayuda con los quehaceres, es una gran responsabilidad planificar y cumplir con ellos. Cuando nos abruman, sobre todo si trabajamos fuera de casa, es recomendable delegar algunas tareas. En medio de ello, nunca olvidemos las necesidades espirituales de la familia y confiemos en que Dios también nos guiará a atenderlos en ese sentido.

Señor, hazme comprender que las tareas diarias son parte de mi servicio para ti y para mi familia.

MH

3 DE AGOSTO

Y hallarás gracia y buena opinión
ante los ojos de Dios y de los hombres.

Proverbios 3:4, RVR1960

Hace unos meses falleció Jennie, una mujer hermosa, cálida y fiel creyente. Yo ignoraba cuán amada era por los miembros de la iglesia a la que perteneció hasta que vi la gran tristeza de los hermanos de la congregación. Muchas personas compartían fotografías a su lado, expresando su reconocimiento. Ella siempre sonreía y los abrazaba fuertemente. Fue una mujer sabia y amorosa que supo ganarse el aprecio y admiración de los demás.

Indudablemente es deseable y hermoso contar con el amor y respeto de otros. Me hace pensar en Débora, una mujer mencionada en la Biblia. Era tan sabia que llegó a ser líder en Israel, y fue tan importante que las decisiones más trascendentales para el pueblo eran consultadas con ella. Lo más impresionante es que sus guerreros no quisieron enfrentar la batalla si ella no los acompañaba. Su influencia fue tremenda.

El capítulo 3 de Proverbios nos habla de las ventajas de la obediencia y la sabiduría. Nos asegura que el no apartarse de la misericordia y la verdad nos traerá como consecuencia la aprobación no solo de los hombres, sino también de Dios. Como en el caso de Débora, podemos ser para otros un buen ejemplo porque los que amamos a Dios somos "como el sol cuando brilla con toda su fuerza" (Jueces 5:31, NTV).

A veces nos llegamos a preocupar demasiado por la opinión de los demás, pues es una necesidad humana. Amemos a Dios, y seremos ejemplo para otros, como lo fueron Jennie y Débora.

Oh, Dios, quiero agradarte. Que mi vida sea olor fragante para ti.

MG

4 DE AGOSTO

No sigas la senda de los perversos ni vayas por el camino de los malvados. ¡Evita ese camino! ¡No pases por él!

Proverbios 4:14-15, NVI

El Dr. Eduardo Calixto González, médico mexicano, con un doctorado y postdoctorado en neurofisiología, expone en sus conferencias la gran diferencia entre el cerebro de un hombre y el de una mujer y cómo se complementan el uno al otro.

Nos gustaría saber que nosotras las mujeres, aunque tenemos un cerebro más pequeño, es mucho más complejo: vemos mejor los colores, apreciamos mejor los sabores dulces, percibimos mejor las caricias, captamos más información, decimos más palabras y desarrollamos más nuestras emociones. Podemos usar nuestros dos hemisferios al mismo tiempo y por eso podemos hacer varias cosas a la vez. Sin embargo, el cerebro humano está inclinado al mal: somos polígamos por naturaleza y, por lo tanto, infieles.

En Eclesiastés la Palabra de Dios dice: "He aquí, solamente esto he hallado: que Dios hizo al hombre recto, pero ellos buscaron muchas perversiones" (Eclesiastés 7:29, RVR1960). Siendo perfectos, Adán y Eva, al pecar ¡echaron a perder nuestro cerebro! Y, ¿no te has dado cuenta de que la mayoría se excusa detrás de la ciencia para decir que así nacimos? Algo es cierto, así nacimos: en pecado.

Salomón nos aconseja en nuestro versículo de hoy: "No sigas la senda de los perversos". No quieras excusar a la vieja naturaleza que adquirimos cuando Adán pecó. Nuestra carne sólo puede ser transformada con la sangre de Cristo, si nos arrepentimos y venimos a Él buscando una transformación a fondo.

Señor, Tú eres fiel y justo para perdonar nuestros pecados, y limpiarnos de toda maldad.

YF

5 DE AGOSTO

Prenderán al impío sus propias iniquidades,
y retenido será con las cuerdas de su pecado.

Proverbios 5:22, RVR1960

Los incendios del 2019 en Australia arreciaron en septiembre. Se intensificaron en noviembre y finalmente se controlaron con las fuertes lluvias de enero de 2020. Sin embargo, más de cuarenta y seis millones de acres de tierra se quemaron. Cerca de tres mil quinientos hogares se perdieron y treinta y cuatro personas murieron. Por lo menos el 80% de las Montañas Azules, patrimonio de la humanidad, fueron dañadas por el fuego.

En casa tenemos una chimenea que usamos en invierno. Me gusta sentarme y ver las llamas dando luz y calor. Pero si pongo el fuego en cualquier otro lugar, el fuego se volverá destructivo y amenazante. En el sitio equivocado, el fuego puede terminar con mi casa y con mi familia.

El sexo es igual. En el contexto correcto, que es el matrimonio, da luz y calor. Une a la pareja y "cocina" el amor. Pero en el contexto equivocado, es decir, fuera del matrimonio, solo trae dolor y destrucción. El proverbio de hoy nos recuerda que el hombre que anda con una mujer promiscua queda preso por sus propios pecados. ¡Qué diferencia con el amor de una pareja que obedece a Dios y disfruta de la intimidad! Como lo dijo la joven esposa de Salomón: "El amor destella como el fuego con la llama más intensa. Las muchas aguas no pueden apagar el amor, ni los ríos pueden ahogarlo" (Cantares 8:6-7, NTV).

Pongamos el fuego en la chimenea del matrimonio para que dé luz y calor a nuestro hogar. Recordemos que si lo movemos de ahí, solo traerá heridas. Oremos por un amor que destelle con intensidad y que no pueda ser apagado, porque es Dios mismo quien le ha dado la chispa.

Señor, que el fuego de mi amor por mi esposo sea de bendición y luz en mi hogar.

KO

6 DE AGOSTO

El mandamiento es una lámpara, la enseñanza es una luz
y la disciplina es el camino a la vida.

Proverbios 6:23, NVI

El contexto de este proverbio es la influencia de los padres. Desgraciadamente, hoy en día estamos en una guerra donde algunos gobiernos quieren ser las principales autoridades sobre los niños. Los padres de familia están luchando por poder educar a sus hijos con sus propios valores, entre ellos valores bíblicos sobre la sexualidad.

Escuché a una joven profesionista explicar cómo admira a su mamá, Anne. La considera "tal vez la mejor música en el país", y dice que podría estar componiendo música y enseñando teoría en las mejores universidades. Sin embargo, obedeció el llamado de Dios a criar a sus hijos de tiempo completo. La hija reconoce que ella y su hermano han logrado seguir en los caminos del Señor por la gran influencia de su mamá.

"Pues su mandato es una lámpara y su instrucción es una luz", dice este proverbio en otra versión (NTV). Según la Biblia, la madre y el padre son los principales responsables de educar a los niños. Aunque ahora existen escuelas muy distintas, los padres siguen siendo "una luz" importante desde que nacen los hijos. El apóstol Pablo escribió a Timoteo: "Traigo a la memoria tu fe sincera, la cual animó primero a tu abuela Loida y a tu madre Eunice, y ahora te anima a ti" (1 Timoteo 1:5, NVI). ¡Ya tres generaciones habían sido impactados por su obediencia a Dios!

Sin duda la mayoría de nosotros estamos agradecidos por las enseñanzas de nuestros padres, aunque no hayan sido creyentes. Si lo fueron, somos doblemente bendecidos. Aun cuando nos parezca que no somos muy importantes en este mundo, ¡lo seremos si nuestra luz alumbra a las siguientes generaciones!

Oh, Padre celestial, que tu luz brille en mí para que influya para bien en mis hijos y nietos.

MH

7 DE AGOSTO

Por eso, hijos míos, escúchenme
y presten atención a mis palabras.

Proverbios 7:24, NTV

En *El Princípe Caspian*, Aslan no se muestra a los niños desde el principio, sino que espera que ellos sigan sin verlo, en otras palabras, que experimenten la fe. Susan, la hermana mayor, elige no creer que Aslan los está guiando porque está cansada y quiere salir del bosque, así que Aslan le dice: "Has escuchado a tus miedos, pequeña".

¿A quién escuchamos: a la fe o a nuestros miedos? C. S. Lewis escribió que el enemigo real de la fe no es la razón, sino la emoción y la imaginación. Aunque nuestras creencias sean evidentes, no siempre creemos. Cuando aprendemos a nadar, por ejemplo, aunque nos expliquen que el agua nos sostendrá, nuestro miedo irracional nos puede hundir.

La fe, escribió CS Lewis, es "sostenernos a las cosas que nuestra razón ha aceptado, a pesar de nuestros cambios de humor". Durante la pandemia del 2020, el miedo se presentó en muchos hogares e, incluso, afectó la salud de muchos. ¿Cuál es el remedio? Sostenernos motivados por las promesas de Dios y no por nuestra imaginación. Recordemos: "Cuando pases por aguas profundas, yo estaré contigo. Cuando pases por ríos de dificultad, no te ahogarás" (Isaías 43:2, NTV).

La voz del miedo es profunda y nos puede sacudir, pero hagamos caso del proverbio de hoy y escuchemos a Dios, la Sabiduría misma. Entonces, como dice el antiguo himno, "la gracia aliviará nuestros temores".

Señor, ciertamente tengo miedo, pero confío en ti.

KO

8 DE AGOSTO

Yo, la sabiduría, habito con la inteligencia,
y sé hallar los mejores consejos.

Proverbios 8:12, DHH

Hace algunos años, Elizabeth Cantú de Márquez, presidente del Centro de Ayuda Integral para la Mujer (AIM), me dio el honor de fungir como directora administrativa por unos años. Tenía que resolver los problemas inmediatos e informar de los faltantes, tanto en lo material como en cuando al personal que nos ayudaba. Capacitábamos mujeres en necesidad con clases de cocina, corte y confección, alfabetización, cultura de belleza, y otras muchas habilidades. Nuestra directora general, la médica psicoterapeuta Jenny Rodríguez, se encargaba de la consejería, basada estrictamente en la Biblia.

Llegó un momento en que las mujeres que pedían consejería eran tantas, que nuestra querida Jenny no podía con todo. Entonces, ella misma se encargó de capacitar a algunas de nosotras en el arte de aconsejar. Así que asistimos a cursos, congresos y conferencias. Éramos inexpertas en ese arte, así que tuvimos que pasar tiempo en oración para que el Señor nos dotara de su sabiduría, y así poder ayudar a estas almas atribuladas.

Nuestro Señor Jesús, la Sabiduría personificada, nos invita a que encontremos en Él los mejores consejos para ayudar a otros y darles luz. Personalmente, recuerdo dos o tres mujeres que no regresaron más a mi cuarto de consejería. He pedido perdón al Señor por no haberles dado el consejo adecuado para la aflicción que les aquejaba. Oro que el Señor les haya dado consuelo con alguien más.

Si estás pensando en ser una buena consejera, ¿qué es lo mejor que puedes hacer? Refugiarte en los brazos del Maestro y pasar tiempo con Él para aprender sus estrategias y consejos.

Gracias, Padre, por ser el mejor Consejero. Dame sabiduría para aconsejar a otros.

YF

9 DE AGOSTO

Venid, comed mi pan.

Proverbios 9:5, RVR1960

Se dice que existen entre trescientos y novecientos tipos diferentes de pan en México, con nombres tan divertidos como ojo de pancha, cocol, huacal o chilindrina. El pan lo puedes hornear, freír o asar. Cuando tienes mucha hambre, un trozo puede calmar tu estómago unas horas. El pan, en pocas palabras, es uno de los alimentos más antiguos y consumidos del mundo. ¿Sabías que una vez el pan cayó del cielo?

Mientras los israelitas vagaban por el desierto, Dios proveyó para ellos un tipo de hojuela que cubría la tierra como el rocío de la mañana y que se usaba para hacer pan. Aunque los israelitas le llamaron "maná" o "qué es esto", podemos concluir que era un pan celestial. Sin embargo, seguían teniendo hambre de algo más. A pesar de que no les faltaba el pan, seguían vacíos. ¿Por qué? Porque ninguna comida, por muy abundante que sea, puede llenar el alma de aceptación, perdón y paz.

Sin embargo, cuando Jesús estuvo en el mundo, dijo a sus seguidores: "Yo soy el pan de vida. El que viene a mí nunca volverá a tener hambre" (Juan 6:35). En otras palabras, les estaba diciendo que conocerle a Él trae lo que tanto anhelamos: vida eterna. "Yo soy el pan verdadero que descendió del cielo. El que coma de este pan no morirá —como les pasó a sus antepasados a pesar de haber comido el maná— sino que vivirá para siempre" (Juan 6:58, NTV):

La sabiduría nos invita a venir y comer del pan del cielo, el que nos dará vida después de la muerte. Todos los seres humanos tenemos miedo del paso entre este mundo y lo que sigue, y hacemos lo imposible por evitarlo o no ser olvidados. Sin embargo, tenemos la clave para una vida sin fin: creer en Jesús, el pan del cielo.

Jesús, tú eres el pan que vino del cielo. Dame la vida eterna.

KO

10 DE AGOSTO

Fuente de vida es la boca del justo,
pero la boca de los impíos encubre violencia.

Proverbios 10:11, NBLA

Lo que decimos puede ser grabado en cualquier momento. Lo que escribimos en los medios sociales se difunde rápidamente. Si nos expresamos de forma indebida, a menudo "encubre violencia".

Una mujer de nuestra iglesia siempre fue muy amable con los nuevos que llegaban. Les daba la bienvenida, charlaba con ellos y los hacía sentirse apreciados. Alguien confesó: "Fue por ella y su amabilidad que regresé". Otra conocida declaró: "Nunca la escuché hablar mal de nadie". Su hablar era, sin duda, "fuente de vida".

Según otra traducción de este proverbio: "Las palabras de los justos son como una fuente que da vida; las palabras de los perversos encubren intenciones violentas" (NTV). En los tiempos bíblicos, una fuente se refería muchas veces a un manantial. En esa tierra árida, las fuentes de agua literalmente significaban la diferencia entre la vida y la muerte. Aun en nuestros tiempos, sin agua no hay vida. A la mujer samaritana Jesús le llamó la atención ofreciéndole "agua viva" que nunca se acabaría (Juan 4). Si hablamos con amor y sobre todo si ofrecemos esa "agua viva" a otros, ¡otras vidas pueden florecer!

Ya sean verbales o escritas, nuestras palabras tienen poder de sanar o herir, de dar esperanza o de deprimir. Seamos conscientes de nuestra influencia sobre los demás.

Padre, que todo lo que diga brote de ti, ¡fuente de vida por excelencia!

MH

11 DE AGOSTO

El que es imprudente critica a su amigo;
el que piensa lo que dice sabe cuándo guardar silencio.

Proverbios 11:12, TLA

Los educadores han encontrado que, por lo general, el acoso escolar empieza en casa, ya sea por padres autoritarios que gritan y regañan, sin realmente disciplinar, o por hermanos mayores que abusan verbal y físicamente de los menores. En un estudio realizado por la universidad de Bristol, se encontró que el 28% de niños encuestados sufrían por apodos o golpes.

Cuando yo tenía nueve o diez años empecé a generar malos hábitos alimenticios. Tenía un joven tío al que le gustaba hacer bromas a costa de mi apariencia, así que empezó a llamarme "Ninfa *tractoris*", un apodo divertido para algunos, pero bastante hiriente para mí. El apodo, ingenioso y cruel, fue devastador para mi autoestima.

Los apodos entre familiares son comunes, y la mayor parte de las veces son, en realidad, una crítica enmascarada o abierta a las características de una persona. Otra traducción del proverbio de hoy lo expresa así: "El que carece de entendimiento menosprecia a su prójimo; mas el hombre prudente calla" (RVR1960). Poner un apodo a una persona, destacando sus debilidades, es una forma de menosprecio. Aun cuando sea divertido e ingenioso, es mejor ser prudente y callar.

No es fácil romper con un ciclo de burlas y menosprecio en la familia, pero divertirnos a expensas de las debilidades de otro no es gracioso. ¿Qué puedes hacer al respecto? No seas parte ni te rías, sino muestra con la Palabra que es mejor tratar de encontrar expresiones que refuercen nuestro aprecio por amigos y familiares, en especial por los niños.

Señor, sana mis heridas y ayúdame a no herir a los demás con mis palabras.

MG

12 DE AGOSTO

Nadie puede afirmarse por medio de la maldad;
solo queda firme la raíz de los justos.

Proverbios 12:3, NVI

Calígula fue uno de los más terribles emperadores romanos. Al principio desempeñó bien su puesto de emperador, tanto que cuando enfermó, hubo gente que se ofreció a los dioses para que se recuperara. Cuando sanó de su enfermedad, ejecutó a los que se habían ofrecido a los dioses por su recuperación y obligó a personas que creía que conspiraban contra él a suicidarse. Debido a sus excesos, se endeudó e impuso impuestos elevados al pueblo y, para apoderarse de los bienes, mataba a los propietarios.

Se autonombró "dios", se hizo tres templos en su honor y obligó al Senado y a la gente a adorarle. Era un pervertido sexual y nombró Cónsul a su caballo para ridiculizar a los miembros del Senado, pues su caballo, según él, era mejor que ellos. Ordenó al ejército romano adentrarse en el mar golpeando con sus espadas para pelear en contra de Neptuno, el dios marítimo. No es coincidencia que haya sido el primer emperador romano asesinado.

Nadie puede afirmarse en un puesto por medio de la maldad. Cuando alguien tiene poder y maltrata a los que están bajo su dominio, está en contra de una ley divina. Al morir Calígula, Séneca dijo: "La naturaleza lo produjo, en mi opinión, para demostrar hasta dónde puede llegar el vicio ilimitado cuando se combina con un poder ilimitado".

En algún momento de tu vida, Dios va a darte dominio sobre alguien más. Quizá lo tienes ahora mismo. Sé alguien a quien tus subalternos recuerden con cariño y no con odio. Recuerda, como nos dice Pablo, que tú también tienes "un Amo en el cielo" (Colosenses 4:1, NTV).

Padre, que aprenda a tratar a los demás con justicia y respeto.

YF

13 DE AGOSTO

El alma del perezoso desea, y nada alcanza;
mas el alma de los diligentes será prosperada.

Proverbios 13:4, RVR1960

Una famosa anécdota cuenta que un hombre se acercó a un virtuoso pianista al terminar un concierto y le dijo: "Daría media vida por tocar el piano como usted lo hace". El pianista lo miró y respondió: "Es exactamente lo que he hecho". Un tío mío que toca el oboe me contó que practica muchas horas antes de un concierto. Lo que en el escenario luce sencillo, ha tomado tiempo y esfuerzo.

Cuando empecé a escribir pensé que sería sencillo. Solo requería sentarme y teclear una historia. Sin embargo, con el tiempo comprendí que requería muchas revisiones, reescribir secciones enteras, llegar a acuerdos con editores, así como pulir y pulir un texto. ¡Es trabajo duro! Y si bien el ser diligentes en nuestra área de trabajo es importante, ¡lo es también en lo espiritual!

Leemos de Esdras, un hombre que volvió a Jerusalén después del exilio. Él no solo contaba con la aprobación de Dios, sino con buenos hábitos. Era "escriba diligente en la ley de Moisés… y le concedió el rey todo lo que le pidió, porque la mano de Jehová su Dios estaba sobre Esdras" (Esdras 7:6, RVR1960). Esdras no solo aprendía de Dios, sino que compartía con otros lo aprendido por medio de la enseñanza. ¡Y Dios lo prosperó! El rey de una nación poderosa le concedió sus peticiones.

Seamos diligentes en nuestra lectura bíblica. Quizá deseamos saber más de Dios y conocerle más, pero el simple deseo, como dice nuestro proverbio, no nos ayudará si somos perezosas. En cambio, si trabajamos con esmero, ¡prosperaremos!

Señor, quiero ser más diligente en tu Palabra, como Esdras.

KO

14 DE AGOSTO

Delante de cada persona hay un camino que parece correcto, pero termina en muerte.

Proverbios 14:12, NTV

En nuestro medio predominan mensajes como "Solo hazlo" de la empresa Nike o "Tú eres el número uno", frases que motivan al público a centrarse en ellos mismos y sus deseos. A la vez, la filosofía predominante es que la verdad es relativa y "tu verdad" es la que realmente vale.

Cuando era joven universitaria, una compañera me dio un consejo: "Olvida lo que te enseñaron tus padres y tu religión. Haz lo que te parece bien a ti". Dudé en cuanto a la sabiduría de sus palabras, pero reflejaban el ambiente que me rodeaba y hasta cierto punto las seguí. Gracias a Dios, Cristo irrumpió en mi vida y me indicó que solo Él era el camino correcto.

La mayoría de la gente escoge "un camino que parece correcto" y que "termina en muerte" si no permite que el Creador de todo esté a cargo. Cuando los reyes y el pueblo de Israel y Judá se desviaron y eligieron adorar ídolos y practicar la injusticia, sufrieron la derrota y el exilio. El joven rico del evangelio de Marcos que anhelaba la vida eterna, a quien Jesús lo retó a dejar de depender de su riqueza, estaba "afligido" y "se fue triste, porque era dueño de muchos bienes" (Marcos 10:22, NBLA).

¿Estamos siguiendo "un camino que parece correcto" pero que no lo es? Si nuestra prioridad es la comodidad, la popularidad, sentirnos bien o pasarla bien, lo más seguro es que nos hemos equivocado de camino. Elijamos el camino de la vida que nos ofrece Cristo Jesús.

Señor, quiero seguir tu camino, el que lleva a la vida eterna, y no el mío.

MH

15 DE AGOSTO

Sin consulta, los planes se frustran,
pero con muchos consejeros, triunfan.

Proverbios 15:22, LBLA

Cerca de mi ciudad hay un campamento que ha sido un verdadero oasis para miles de vidas de niños, jóvenes y adultos. Siempre que asistí, hubo una consejera en nuestro cuarto o cabaña. Nos guiaba en nuestros devocionales diarios y estaba dispuesta a aconsejarnos en cualquier tema que quisiéramos consultar con ella.

Una consejera me ayudó a tomar la decisión más importante de mi vida: aceptar a Cristo como mi Salvador personal. Años después, pedí el consejo de un misionero para elegir mi profesión y cuando tuve que hacer decisiones sentimentales, busqué el asesoramiento de uno de mis maestros en el seminario. Hoy puedo sentirme agradecida por los consejeros que Dios me dio para tomar las tres decisiones más importantes de mi vida.

A medida que vamos creciendo en edad, se nos dificulta más pedir el consejo de otros para tomar nuestras decisiones. La Biblia nos aconseja consultar sobre nuestros planes. ¡Para triunfar es mejor tener muchos consejeros! Podemos aprovechar la sabiduría y experiencia de las personas idóneas que Dios ha puesto como nuestros líderes y amigos. Y aun si no encontramos una persona idónea, siempre podemos acercarnos a Jesús, nuestro Admirable Consejero (Isaías 9:6, NBLA).

No seamos sabios en nuestra propia opinión. ¿Enfrentas hoy una situación en la que te vendría bien un consejo? Pide a Dios que te provea no solo de uno sino de varios consejeros, y toma en cuenta sus recomendaciones, sobre todo para las decisiones más importantes de tu vida.

Señor, te pido ayuda para resolver mis problemas y humildad para seguir el consejo.

MG

16 DE AGOSTO

El Señor lo ha creado todo con un propósito:
aun al hombre malvado para el día del castigo.

Proverbios 16:4, DHH

Durante el Imperio romano había toda clase de situaciones que hoy enfrentamos. Existía el aborto, la pederastia, la trata de personas y la esclavitud. Se cometían toda clase de abusos contra los derechos humanos. Sin embargo, resulta interesante que los cristianos de esa época no se levantaron en contra de un tema específico. Pablo, por ejemplo, no lanzó una campana particular, sino una muy general. ¿A qué nos referimos?

Pablo habló a sus contemporáneos sobre la raíz de todos los abusos: el pecado que mora en nosotros. Su campaña "antipecado" se puede encontrar en la epístola a los romanos, donde vez tras vez, Pablo nos recuerda que todos hemos pecado. Y, ciertamente, ese pecado que está contra Dios y su ley, nos conduce a conductas pecaminosas específicas como la mentira, el adulterio o el asesinato.

El proverbio de hoy pudiera ser malinterpretado, pero entendamos lo que dice. Dios ha hecho a todos los hombres. El propósito de Dios al crear al hombre era que tuviera comunión con Él. Pero el hombre eligió pecar, en otras palabras, darle la espalda a Dios. Pablo nos explica que el precio del pecado es la muerte. De ese modo, "cada persona está destinada a morir una sola vez y después vendrá el juicio" (Hebreos 9:27, NTV). El propósito del perverso es el día de la calamidad.

La buena noticia es que Dios también ha designado el modo de salvación para todos nosotros. El pecado no es el punto final. "Cristo fue ofrecido una sola vez y para siempre, a fin de quitar los pecados de muchas personas" (Hebreos 9:28, NTV). Acepta hoy su salvación.

Señor, el problema de todos es el pecado, y el mío también. Gracias porque has provisto la solución por medio de Jesús.

YF

17 DE AGOSTO

Un amigo es siempre leal, y un hermano nace para ayudar en tiempo de necesidad.

Proverbios 17:17, NTV

Mi amiga Gül, de trasfondo musulmán, creía que Alá, por ser todopoderoso y magnífico, no podía tener una relación personal con ella. Su idea de una divinidad era como la de un sultán que mora en su palacio y que no puede convivir con la gente corriente. ¿Tenemos el mismo concepto de Jesús? ¿También vemos al Dios de la Biblia como un poderoso rey que domina desde la distancia y solo está pendiente de nuestros errores?

Cuando Gül conoció a Jesús, su vida cambió radicalmente. Aunque le tomó años acercarse al carpintero de Nazaret del que hablan los Evangelios, con cada paso que daba, su corazón se llenaba más y sabía que esta era una relación como la que nunca había experimentado. Hoy es una fiel servidora de Cristo, aun cuando su profesión de fe le ha hecho perder su trabajo y le ha traído muchos conflictos con su familia.

Este proverbio nos recuerda dos imágenes de la relación que tenemos con Jesús y que hacen que el cristianismo sea tan diferente a todas las demás religiones. Jesús dijo: "Ustedes ahora son mis amigos, porque les he contado lo que el Padre me dijo" (Juan 15:15, NTV). También dijo: "Todo el que hace la voluntad de Dios es mi hermano y mi hermana y mi madre" (Marcos 3:35, NTV).

Jesús es el amigo más leal que tendremos. No nos defraudará jamás. Y también es el hermano que necesitamos en tiempos de necesidad. Si Jesús no es aún tu amigo o tu hermano, ven a Él hoy mismo. Cree que Él vino a salvarte y, como mi amiga Gül, déjate asombrar por el Dios que se hizo carne y vino a habitar entre nosotros.

Gracias, Jesús, por ser mi amigo y hermano.

KO

18 DE AGOSTO

El espíritu humano puede soportar un cuerpo enfermo,
¿pero quién podrá sobrellevar un espíritu destrozado?

Proverbios 18:14, NTV

Fátima padece una enfermedad crónica, pero escribió en su muro de Facebook: "Aunque padezco diabetes, puedo hacer todo lo que me proponga. Mi enfermedad no me define". Resulta maravilloso, incluso para los médicos, lo que la tenacidad y la esperanza pueden lograr en un cuerpo enfermo. Sin embargo, este proverbio nos habla de dos enfermedades.

La primera nos habla de nuestros cuerpos que se desgastan y traen complicaciones hereditarias. Un espíritu optimista puede aliviar el dolor e incluso traer sanidad. Pero la segunda enfermedad nos recuerda las consecuencias del pecado. ¿Quién puede traer la solución a un espíritu angustiado o quebrantado?

"El Señor está cerca de los que tienen quebrantado el corazón; él rescata a los de espíritu destrozado" (Salmo 34:18, NTV). Si hoy padeces por la enfermedad del pecado, si te sientes lejos de Dios y llena de remordimientos, si no sientes ganas de seguir, ven a Jesús hoy mismo. Él quiere sanar tu corazón y darte esperanza y una nueva vida.

Si, por otro lado, padeces una enfermedad crónica, recuerda que si tu espíritu ha sido sanado por Jesús, tienes esperanza. Dios puede darte la fuerza para soportar el dolor físico y puede hacer milagros. Sin embargo, Él ya te ha dado la sanidad más grande de todas: la de tu corazón.

Médico divino, cura todos mis males, sobre todo los del corazón.

KO

19 DE AGOSTO

A Jehová presta el que da al pobre,
y el bien que ha hecho, se lo volverá a pagar.

Proverbios 19:17, RVR1960

El escritor ruso León Tolstoi fue una persona muy dadivosa. Aun cuando fue hijo de un señor feudal con setecientos siervos, Tolstoi se hacía sus propios zapatos y no permitía que los sirvientes tendieran su cama. Llegó al extremo de donar todas sus posesiones para beneficio de los pobres.

En uno de sus cuentos, *El zapatero remendón,* narra cómo el zapatero Martín se quedó dormido después de leer la Biblia. Escuchó la voz de Jesús diciéndole que lo visitaría. Por la mañana preparó una sopa y miraba hacia la ventana esperando la visita. Entonces miró a un anciano agotado de palear la nieve y le invitó a tomar un té caliente. Más tarde, mientras seguía pendiente, notó a una pobre mujer vestida con andrajos, y le dio sopa y una capa para el frío. Martín seguía esperando, cuando observó cómo un jovencito le robó una manzana a una viejecita, quien amenazó con entregarlo a la policía. Intervino haciendo la paz entre ellos.

Ya terminando el día, escuchó una voz diciendo: "Martín, ¿no me conoces? Soy yo". Y del rincón oscuro surgió la imagen del anciano, la mujer pobre y la vendedora de manzanas. Martín sintió una gran alegría y empezó a leer el evangelio en la página abierta: "Porque tuve hambre, y me disteis de comer; tuve sed, y me disteis de beber; fui forastero; y me recogisteis… en cuanto lo hicisteis a uno de estos mis hermanos más pequeños, a mí lo hicisteis" (Mateo 25:35-36, 40, RVR1960).

¿Será que tenemos que estar más atentos a las ventanas para darnos cuenta de la gente en necesidad? Pasemos de la observación a la acción. Busquemos a Jesús en cada persona que no tiene sustento, refugio o cuidado.

Señor, hazme sensible a las necesidades de otros.

MG

20 DE AGOSTO

El espíritu que Dios ha dado al hombre
es luz que alumbra lo más profundo de su ser.

Proverbios 20:27, DHH

¿Sabías que hay más de cuatro mil trecientas religiones en el mundo? El 75% de la población mundial, sin embargo, practica estas cinco: budismo, cristianismo, hinduismo, islam y judaísmo. De estas cinco, el cristianismo y el islam son las más practicadas. Sin embargo, si agrupáramos las personas sin religión, ocuparían el tercer lugar.

La raza humana es religiosa por naturaleza. Todas las culturas antiguas han venerado deidades buscando llenar la necesidad espiritual que tiene el corazón humano. Dios ha puesto en el espíritu del hombre algo que lo pone inquieto, algo que le hace pensar en lo espiritual para alumbrar lo más profundo de su ser. Pero ese vacío nunca va a ser llenado a menos que Dios mismo lo quiera llenar.

Y Dios ha querido hacerlo, pero tenía que arreglar primero el problema que nos separaba de Él: el pecado. Así que se dio a sí mismo como sacrificio por nuestros pecados y abrió el camino para la reconciliación. Dios, en su Palabra nos promete: "Después de aquellos días, dice el Señor: Pondré mis leyes en la mente de ellos, y sobre su corazón las escribiré; y seré a ellos por Dios, y ellos me serán a mí por pueblo" (Hebreos 8:10, RVR1960)

Probablemente tenemos familiares, amigos o conocidos que no son salvos todavía. Nuestro cometido es mostrarles la luz que tenemos en nuestro espíritu para que también les alumbre a ellos. Oremos al Señor que llene el vacío que tienen en su corazón.

Padre, hoy te pido por (nombres) que aún no conocen de ti.

YF

21 DE AGOSTO

No hay sabiduría humana ni entendimiento ni proyecto que puedan hacerle frente al Señor.

Proverbios 21:30, NTV

Los telescopios y los microscopios tienen el mismo propósito: ayudarnos a ver lo que el ojo humano no puede. Sin embargo, también son muy distintos. Los microscopios nos permiten ver lo pequeño y los telescopios lo grande y alejado. En otras palabras, debemos aprender a ver lo que no siempre es obvio: lo individual y el panorama completo.

Nuestras vidas no solo se componen de las pequeñas y continuas decisiones que tomamos, sino que formamos parte de un mundo más grande y complejo, donde lo que decimos y hacemos afecta a los demás. Y además, como dice nuestro proverbio, Dios ya tiene trazada nuestra microscópica historia y el telescópico plan de este mundo y la humanidad. ¡Y nadie puede hacerle frente!

José, por ejemplo, no vio con claridad el panorama completo hasta la muerte de su padre. Sus debilidades y sufrimientos no adquirieron sentido hasta que pudo comprender que el plan de Dios era que salvara a su familia. Entonces pudo decir a sus hermanos: "Ustedes se propusieron hacerme mal, pero Dios dispuso todo para bien" (Génesis 50:20, NTV).

Si hoy estás mirando tu vida solo con el microscopio, saca el telescopio y recuerda que todo, lo bueno y lo malo, forma parte del gran plan de Dios para ti. Si solo estás mirando el panorama completo, recuerda que las pequeñas decisiones del hoy afectarán tu futuro. Aprendamos a ver como Dios mira, pues Él todo dispone para nuestro bien y nadie puede contra sus propósitos.

Señor, enséñame a ver como tú ves.

KO

22 DE AGOSTO

El que ama la pureza del corazón y habla con gracia tendrá al rey como amigo.

Proverbios 22:11, NTV

En la actualidad existen pocos reyes, pero además de presidentes y gobernantes, muchos quisieran acercarse a sus estrellas de cine favoritas, a sus héroes del deporte o a los cantantes de moda. En el pasado se anhelaba tener sus autógrafos; ahora es más común querer aparecer en una foto junto a ellos. Pero ser amigos de los famosos es privilegio de muy pocos.

La hija de unos amigos misioneros recibió un favor impresionante de parte de una organización que les concedía un deseo a chicos con cáncer: pudo entrevistarse con el príncipe Carlos de Inglaterra. No logró esa oportunidad por tener riquezas o una alta posición, ni por algún éxito que la hiciera famosa, sino realmente por la gracia de Dios.

Como cristianos, consideramos que Cristo es nuestro Rey y Señor. No podemos ganar su favor con ofrendas generosas, obras piadosas o impresionantes conocimientos. "El que ama la pureza del corazón y habla con gracia tendrá al rey como amigo". Y Él mismo nos ha purificado los corazones para que podamos entrar en su presencia. Consideremos a Abraham, de quien sabemos que: "Dios lo consideró justo debido a su fe. Incluso lo llamaron 'amigo de Dios'" (Santiago 2:23, NTV).

¡Qué gran privilegio es poder ser amigos de nuestro Rey! Solo podemos entrar en su presencia por su gracia mostrada en la muerte de Cristo, por la pureza que solo Él nos pudo conceder y por la fe en Él. Gocémonos en este gran regalo de su amistad.

Mi Rey y mi Señor, ¡gracias por hacerme tu amiga!

MH

23 DE AGOSTO

No mires al vino cuando rojea,
cuando resplandece su color en la copa.

Proverbios 23:31, RVR1960

Una composición popularizada por Mariano Osorio dice: "¿Me conoces? Soy… el compañero de todos los goces mundanos, el mensajero de la muerte que gobierna al mundo. Yo estoy presente en todas partes, en todas las ceremonias, ninguna tiene lugar sin mi presencia. Fabrico adulterios, hago nacer en los corazones pensamientos negros y criminales. Yo acabo con la familia …ocasionando los conflictos, crímenes y desgracias …Yo soy vuestro rey. Su majestad: el alcohol".

Aun conociendo sus efectos negativos, la mayoría de las personas con esta adicción nunca pensaron quedar atrapadas en ella. Una de las características de las tentaciones es la sutileza. El proverbio nos dice que entra suavemente. Es impresionante la manera en que puede terminar algo que empieza solo con mirar la copa.

¿Sabías que la adicción al alcohol se incrementó 250% en los jóvenes durante el año 2020 a causa del confinamiento por la pandemia? La Biblia es muy clara: "No se emborrachen con vino, porque eso les arruinará la vida" (Efesios 5:18, NTV). Si nos sentimos con necesidad de control, dejemos que sea el Espíritu Santo quien nos guíe, nos anime y nos consuele, y no una sustancia tóxica.

La realidad del alcoholismo en nuestra sociedad nos debe mover a la oración, al evangelismo y a la orientación oportuna de nuestros jóvenes. Es nuestra misión comunicarles que el vacío que intentan llenar con un vicio solo puede ser satisfecho por Cristo. ¿Conoces a alguien con este problema por quien puedes orar hoy?

Señor, protege y líbranos del lazo de las adicciones.

MG

24 DE AGOSTO

No digas: Como me hizo, así le haré;
daré el pago al hombre según su obra.

Proverbios 24:29, RVR1960

Al Chavo del ocho, personaje creado por Roberto Gómez Bolaños, se le atribuye la frase: "La venganza nunca es buena. Mata el alma y la envenena". La rima resulta pegajosa, pero está relacionada con el versículo de hoy. Hoy en día es muy común ver a personas tomar venganza de formas terribles y por cosas sin sentido.

Corrie Ten Boom fue llevada a un campo de concentración nazi junto con su familia por salvar a judíos del exterminio. En los campos de concentración, fueron humillados y maltratados al grado que su padre y su hermana murieron allí. Ella fue liberada cuando la guerra terminó. Al contar la historia de lo que sucedió en los campos de exterminio, visitó muchos lugares. Un día, dando una conferencia en Alemania, se encontró con uno de los carceleros que la había maltratado cruelmente en ese lugar. El hombre le dijo que ahora era un cristiano, le extendió la mano y le pidió perdón. Pero Corrie sentía odio.

Sin embargo, una frase bíblica vino a su mente de inmediato: "si no perdonáis a los hombres sus ofensas, tampoco vuestro Padre os perdonará vuestras ofensas" (Mateo 6:14-15, RVR1960). Corrie tenía que tomar una decisión en ese momento. ¿Guardaría su odio contra ese hombre o le otorgaría el perdón? Eligió lo segundo.

Corrie sufrió la maldad del nazismo. No creo que nosotras hayamos llegado a sufrir a tal grado, así que si ella pudo perdonar, ¿crees que nosotras no podemos? Corrie escribió muchos libros contando su historia, pero siempre enseñando sobre el perdón. En alguna ocasión dijo acerca de los sobrevivientes al Holocausto: "Aquellos que fueron capaces de perdonar son los que mejor pudieron reconstruir sus vidas". ¿Perdonamos?

Padre, quiero reconstruir mi vida sobre los cimientos del perdón.

YF

25 DE AGOSTO

Comer mucha miel no es bueno,
ni buscar la propia gloria es gloria.

Proverbios 25:27, RVR1960

La miel es nutritiva y saludable, pero si comes demasiada miel cruda puedes producir una reacción alérgica en tu cuerpo que lleve a una falla cardiaca e, incluso, a la muerte. Del mismo modo, buscar honores para uno mismo no es bueno. Sin embargo, ¡cómo luchamos con este tema!

¿No es verdad que la mayoría de las veces nuestra identidad se define por lo que otros piensan de nosotros? Necesitamos, casi como una droga, que los demás piensen que somos "buenas personas", o "excelentes madres", o "las mejores maestras", o "cristianas dignas de imitar". Y si esto no ocurre, ¡nos angustiamos! Por lo mismo decimos "sí" muchas veces, cuando queremos decir "no".

En la Biblia, muchos lucharon con este tema. Algunos líderes judíos "amaban más la aprobación humana que la aprobación de Dios" (Juan 12:43, NTV). Pedro "tenía miedo a la crítica", así que no quiso comer con los que no eran judíos (Gálatas 2:12, NTV). ¿Cuál es entonces el remedio? No preocuparnos ni buscar honores para nosotras mismas, pues "una persona con un corazón transformado busca la aprobación de Dios, no la de la gente" (Romanos 2:29, NTV).

Todas luchamos con este tema y seguramente nos cuesta trabajo identificarlo. Pero la próxima vez que te hagan una invitación y quieras decir "no" porque estás cansada o tienes otras prioridades, dilo. Que no te importe si otros aprueban o no tu decisión. Si fallas y otros piensan que no eres "perfecta", ¡bingo! ¡Es verdad! ¡No lo somos!

Señor, sáciame con tu aprobación.

KO

26 DE AGOSTO

Por falta de leña se apaga el fuego,
y donde no hay chismoso, se calma la discusión.

Proverbios 26:20, NBLA

¿Qué hacer cuando estás con la puerta cerrada en una habitación y comienza un fuego? Primero, si puedes ver humo saliendo por el marco de la puerta, ¡no la abras! Segundo, si no ves humo, toca la puerta. Si está caliente, ¡no la abras! Tercero, si no ves humo ni está caliente, pero tocas el picaporte y está caliente, ¡no abras! Si eso hacemos con el fuego, ¿por qué no con el chisme?

Son populares los programas de televisión que se dedican al chisme sobre las celebridades. La palabra *chisme* se refiere a un comentario no verificado que circula entre la gente, generalmente de carácter negativo. En ocasiones se usa como sinónimo de *mentira*. De todas maneras, tiende a perjudicar a otros, como "fuego" que destruye.

Así como donde ya no hay leña "se apaga el fuego", donde no hay chismoso, se calma la discusión. Aunque la mayoría no lo considera pecado grave, el chismoso se incluye en la categoría del ladrón y el homicida, ya que busca dañar y herir: "Si sufren, que no sea por matar, robar, causar problemas o entrometerse en asuntos ajenos" (1 Pedro 4:15, NTV). Es difamar y deshonrar a una persona.

Seamos sensibles al hecho de que las peleas y discusiones a menudo nacen de palabras indebidas. ¿Qué hacer cuando estás en una habitación y comienza un incendio de chismes? Como vimos más atrás, ¡no abras la puerta! Cuando surjan llamas del chisme, procuremos alejarnos para no alimentar el fuego.

Señor, que mis palabras apaguen y no enciendan fuegos.

MH

27 DE AGOSTO

Sé diligente en conocer el estado de tus ovejas,
Y mira con cuidado por tus rebaños.

Proverbios 27:23, RVR1960

Nueva Zelanda es conocido por ser un país con más ovejas que población humana. En 2017, por ejemplo, se calcula que había treinta millones de ovejas por cuatro millones de habitantes. Es una de las industrias más importantes de la isla. En el siglo XIX exportaba lana; ahora produce carne principalmente.

La obtención de lana para el comercio siempre ha sido una manera de subsistir, y así era en los tiempos bíblicos. De modo que el consejo de estar al pendiente de las ovejas está orientado a ser buenos administradores de lo que Dios nos da. Como mujeres, somos responsables de velar por el patrimonio familiar administrando bien la provisión del esposo y enseñando a nuestros hijos a cuidar las instalaciones donde vivimos.

Pablo le pidió a Tito que las mujeres mayores enseñaran a las menores "a ser prudentes, castas, cuidadosas de su casa, buenas, sujetas a sus maridos" para que la Palabra de Dios no fuera blasfemada (Tito 2:5, RVR1960). Una de las razones por las que Dios quiere que vivamos de forma ordenada y limpia es para ser ejemplo de familias con hogares donde reine la paz y la armonía.

En cada área de nuestra vida, es importante cuidarse de no caer en los extremos. Que el orden y limpieza no se convierta en una obsesión que le robe a la familia la libertad de disfrutar del hogar. Al mismo tiempo nunca permitas que tu casa brille más que tú. El cuidado de ti misma debe ser aún más importante.

Señor, ayúdame a aprender a tener un orden correcto en mis prioridades.

MG

28 DE AGOSTO

En cambio, con líderes sabios y entendidos viene la estabilidad.

Proverbios 28:2, NTV

Vivimos tiempos muy complicados, donde la valentía es uno de los valores más olvidados. Sin embargo, ¡cuánto la necesitamos! ¿Cuándo fue la última vez que escuchaste de un bombero que se arriesgó a entrar al fuego para salvar a un niño? ¿O un estudiante que alzó su mano durante una ponencia para refutar las ideas erróneas de un catedrático?

Martín Lutero seguramente sintió miedo al enfrentar las audiencias en las que le exigían renunciar a sus ideas, pero se mantuvo firme. ¿Qué hizo que no se acobardara? Ciertamente no fue la idea de un futuro mejor, pues sabía que podía enfrentar la misma muerte o el destierro. Su pensamiento era el siguiente: "A menos que sea convencido por las Escrituras o la razón... no puedo, en buena consciencia, retractarme".

Ahora bien, no es fácil mostrar este tipo de valentía, pero la podemos definir como esas ganas ardientes de conocer la verdad, incluso cuando incluye reconsiderar nuestras propias creencias. Una vez que la encontramos, defendemos nuestras convicciones aun cuando la mayoría nos amenace o se burle. Saulo de Tarso es un claro ejemplo de esto. Él creía estar siguiendo la verdad como fariseo, pero cuando Dios lo retó y conoció a Jesús, estuvo dispuesto a reconsiderar, cambiar y morir por el Evangelio.

¿Eres valiente? No es sencillo, sobre todo en un mundo donde la mayoría prefiere las mentiras. Pero ten el valor de dar tu opinión, de preguntar cuando no sabes, de ser capaz de evaluar la información que se te presenta para comprender cuál es la verdad. Como dice nuestro proverbio, cuando los sabios están presentes en una sociedad, el pueblo se alegra.

Padre, dame el valor de defender la verdad.

KO

29 DE AGOSTO

La gente malvada queda atrapada por el pecado,
pero los justos escapan con gritos de alegría.

Proverbios 29:6, NTV

Theresienstadt fue un campo-gueto de los nazis. Servía como lugar de tránsito rumbo a los centros de exterminio como gueto para los judíos que eran celebridades locales y para retener a otros judíos, quizá ancianos o discapacitados. En la propaganda nazi, se describía como una "ciudad balnearia" donde los judíos alemanes ancianos podían "jubilarse" con seguridad. Así también actúa el pecado.

El enemigo de Dios, Satanás, pinta un cuadro tipo "balneario" de una vida de pecado. Nos dice que ahí podemos hacer lo que queramos y que tenemos libertad de elección sin consecuencias funestas. Mical Beer, prisionera en Theresienstadt, describió el día de su liberación en su diario. "Después de los disparos... se escuchó la voz de una mujer... "¡Una bandera roja!". Se escucharon gritos de gozo —y respiramos con alivio. ¡Habíamos logrado sobrevivir!".

Nuestro proverbio de hoy dice que los justos escapan del pecado con gritos de alegría. Supongo es algo similar a lo que siente una persona que ha estado injustamente en un campo de prisioneros o ha sido secuestrada. ¡Hay gozo y cantos! ¡Gritos y júbilo! Cuando Jesús nos libra del campo de concentración del pecado, podemos volver a respirar. ¡Hemos sobrevivido! ¿Lo has experimentado?

Hoy puedes liberarte del pecado. Hoy puedes comenzar una vida nueva. Solo tienes que creer en las palabras de Jesús: "Les digo la verdad, todos los que escuchan mi mensaje y creen en Dios, quien me envió, tienen vida eterna. Nunca serán condenados por sus pecados, pues ya han pasado de la muerte a la vida" (Juan 5:24, NTV). ¿Lo crees?

Señor, gracias porque me has librado del pecado.

KO

30 DE AGOSTO

Se consideran puras en su propia opinión,
pero están sucias y no se han lavado.

Proverbios 30:12, NTV

Las sustancias para limpiarse han evolucionado. Ahora tenemos una plétora de jabones sólidos y líquidos, algunos antibacteriales. En tiempos de pandemia se incrementó la venta de geles, alcohol y otras sustancias para desinfectar a las personas y objetos. Aun así, ninguna purifica el interior de nuestro ser.

Al llegar los conquistadores a México, descubrieron que los indígenas practicaban el aseo diario en lagos, ríos o temazcales (baños de vapor). La higiene de los españoles distaba mucho de esas costumbres. De hecho, en el siglo XIV, los médicos europeos ya desaconsejaban los baños calientes. Se dice que Luis XIV solo se bañó dos veces en toda su vida, pero se consideraba muy limpio por cambiarse de ropa dos veces al día.

Este proverbio se refiere a quienes se creen puros, pero están sucios. Por supuesto, se refiere a su estado espiritual. Seguramente guardaban ciertos mandamientos rituales con rigor, sin guardar una verdadera devoción hacia Dios. De la misma manera, Dios le reclama a la iglesia de Laodicea: "Porque tú dices: Yo soy rico... y de ninguna cosa tengo necesidad; y no sabes que tú eres un desventurado, miserable, pobre, ciego y desnudo" (Apocalipsis 3:17, RVR1960). No habían permitido que Jesucristo realmente los limpiara y sanara desde adentro.

Si somos limpias y pulcras, tenemos hábitos encomiables. Pero el "baño diario" debe incluir la higiene mental y espiritual. ¿Has permitido que Cristo te haga una "nueva creación"? (2 Corintios 5:17, NVI). Este es el primer paso. Después hace falta confesar los pecados y acercarnos al Señor de forma constante.

Crea en mí, oh, Señor, un corazón limpio.

MH

31 de agosto

El corazón de su marido está en ella confiado,
y no carecerá de ganancias.

Proverbios 31:11, RVR1960

La frase: "No puede haber amistad sin confianza, ni confianza sin integridad" de Samuel Johnson ha sido sumamente útil para mí a lo largo de la vida. Sé que lo mejor que puedo hacer para ser una persona digna de confianza, una buena amiga y esposa, es ser íntegra.

Las presiones del hombre en el mundo actual son muy demandantes y agobiantes. Un esposo necesita saber que su pareja está de su parte, apoyándolo y jugando en su mismo equipo. Su corazón confía en la fidelidad de su amada. Esta lealtad incluye no hablar mal de él a sus espaldas. Necesita saber que juntos pueden hacer buen uso de las finanzas familiares, y que ella cuidará bien de los hijos aun cuando él no se encuentre en casa.

La mujer virtuosa de Proverbios le da bien y no mal a su esposo "todos los días de su vida". Aún lo hace en los días en que se siente enojada, defraudada, enferma o herida. Todos los días.

La relación matrimonial es también una relación de amistad, donde la confianza va de la mano con la integridad. Un esposo tranquilo es un esposo feliz. Dios es justo y si tú como esposa haces el bien, tienes la promesa de cosechar lo que has sembrado.

Señor, este día quiero dar bien a mi esposo. Ayúdame por favor a ser una esposa confiable.

MG

I DE SEPTIEMBRE

Comerán del fruto de su camino,
y serán hastiados de su propio consejo.

Proverbios 1:31, RVR1960

El dicho: "No le pidas peras al olmo" nos muestra una ley fundamental: segamos lo que sembramos. No cosecharemos manzanas, a menos que hayamos plantado un manzano. No habrá uvas sin vid. Y este proverbio nos recuerda que en esta vida comemos el fruto de lo que hemos cultivado.

Una vida sin Dios produce mentiras, enemistades, borracheras, pleitos, celos, envidia y enojo. Cuando Él no forma parte de nuestro diario vivir, lo natural es no pensar en los demás. Sin Dios en el panorama, no creemos en una vida después de la muerte, así que nos regimos por el "vive y dejar vivir". Pero basta un vistazo a nuestra sociedad actual para ver lo que hemos provocado: gobiernos corruptos, familias destruidas, entretenimiento inmoral, abusos y trata de personas.

El apóstol Pablo escribió que "el que siembra para el Espíritu, del Espíritu segará vida eterna" (Gálatas 6:8, RVR1960). En Gálatas nos dice que cuando Dios forma parte de nuestra vida, cosechamos amor, gozo, paz, paciencia, bondad, amabilidad, fidelidad, control propio y humildad (Gálatas 5:22-23, NTV). ¿No es una mejor lista que la anterior?

En el proverbio de hoy, el sabio escritor lamenta que quienes menosprecian la sabiduría, comerán del fruto de su camino, es decir, cosecharán lo que sembraron. ¿Qué cultivaremos el día de hoy? Recuerda que la Palabra de Dios es como una semilla: si diariamente plantamos estos proverbios en nuestros corazones, comeremos un fruto dulce, sabroso y nutritivo.

Señor, ayúdame a sembrar tu Palabra en mi vida para cosechar todo lo bueno que viene de ti.

KO

2 DE SEPTIEMBRE

Va a inspeccionar un campo y lo compra;
con sus ganancias planta un viñedo.

Proverbios 31:16, NTV

Se ha dicho que la cultura latina es poco previsora, lo cual complica la tarea de los vendedores de seguros. Entre otros factores está el bajo nivel de ahorro. Es costumbre vivir "al día" y planear poco. Se gasta lo que no se tiene. Se pide prestado para fiestas especiales, con un lujo poco realista que genera grandes deudas.

Una amiga que ha trabajado desde joven limpiando casas ajenas, tenía pocos recursos, pero los cuidaba sabiamente. Apartó dinero para comprar una máquina de tejer para ganar algo haciendo prendas. Luego, ella y su esposo fueron ahorrando fondos para ir pagando un terreno y haciendo una casita, poco a poco. Mucho antes de que nosotros —que éramos mayores que ella— tuviéramos casa propia, ¡ellos con su esfuerzo ya la tenían!

La mujer descrita aquí es totalmente previsora. Ahorra, compra terrenos e invierte en ellos. Aparentemente, su esposo confía en ella para que tome esas decisiones; sabe que es buena administradora. Así confió el faraón de Egipto en José: "José quedó a cargo de toda la casa del rey; llegó a ser el administrador de todas sus posesiones" (Salmos 105:21, NTV). Combinar el don de administrar con la responsabilidad es, ciertamente, de apreciar.

¿Somos como la mujer virtuosa? ¿Somos ahorradoras y previsoras?

Padre, enséñame a ser buena administradora de los recursos que me das.

MH

3 DE SEPTIEMBRE

No seas sabio en tu propia opinión;
teme a Jehová, y apártate del mal.

Proverbios 3:7, RVR1960

En la película llamada *Eva al desnudo,* ganadora del premio a la mejor película en 1950, Bette Davis interpreta a Margo, una actriz madura que pierde todo por culpa de "la sabiduría de Eva" Harrington. Eva hace todo lo posible por robar la fama y las relaciones de Margo hasta quedarse con todo. Una de las frases más famosas dice: "¡Ya es hora de que el piano se dé cuenta de que él no ha escrito el concierto!".

Eva y Adán vivían en un paraíso. Todo era perfecto y su vida era como una luna de miel permanente. Podían disponer de todo, excepto del fruto de un árbol. Dios había dado sus instrucciones claras y específicas, pero a Eva se le antojó precisamente aquel fruto. Quiso hacer las cosas a su manera y ese fue su primer pecado. No tomó en serio la advertencia de Dios y el paraíso terminó.

¿Hemos sentido "la sabiduría de Eva" resurgir en nuestro interior cuando nos fijamos en el fruto prohibido y caemos en la tentación? Creemos saber más que Dios lo que es mejor para vivir una vida abundante y fructífera, hasta que nos damos cuenta de que ese camino nos llevó al desierto y no al paraíso. La Palabra de Dios nos da un mandato: "Andad en todo el camino que Jehová vuestro Dios os ha mandado, para que viváis y os vaya bien, y tengáis largos días en la tierra que habéis de poseer" (Deuteronomio 5:33, RVR1960).

Vivamos de manera obediente. Si sabemos que estamos haciendo algo que a Dios no le gusta, simplemente apartémonos. Somos solamente un piano, como decía una de las actrices en la película, y no hemos escrito el concierto.

Tus estatutos son perfectos y tu palabra alumbra mi camino.
Quiero ser una hija obediente.

MG

4 DE SEPTIEMBRE

Los malvados no duermen si no hacen lo malo;
pierden el sueño si no hacen que alguien caiga.

Proverbios 4:16, NVI

La maldad hoy está en su apogeo: oímos sobre asesinatos, robos descarados, gobernantes corruptos, pornografía, drogas, secuestros, desapariciones, venta de niños y mujeres, esclavitud en pleno siglo XXI. En lugar de mejorar, la raza humana está en plena decadencia.

Leí la historia de una mujer que había escapado de una banda de tratantes de blancas. Casi no le daban de comer y la mantenían encerrada junto con otras muchas mujeres en una jaula, donde no había espacio para que pudieran acostarse en el suelo. De cuando en cuando, eran golpeadas hasta desmayarse y, cuando alguien no cooperaba, simplemente la mataban y la sustituían con alguna otra chica robada. Pudo escaparse cuando uno de los tipos que las cuidaban se emborrachó y dejó las llaves de la jaula al alcance de ella. Al abrir la jaula, les dijo a las otras chicas que se escaparan con ella, pero, por el miedo terrible que tenían, no quisieron. Cuando escapó, la persiguieron tirándole a matar, pero ella se escondió entre la vegetación y esperó hasta que pudo llegar a un lugar seguro.

Jesús vino a "pregonar libertad a los cautivos" (Lucas 4:18, RVR1960). Sin embargo, como sucedió en la historia anterior, quizá cuando vemos la puerta abierta hacia la libertad el miedo nos paraliza y ¡no aceptamos la salida que se nos ha ofrecido!

Hoy podemos orar por la liberación de todas esas personas que están sufriendo por esta gente malvada. Pero también, pensemos en si hemos recibido la libertad que Jesús nos ofrece.

Señor, haz justicia en esta tierra y libera a las personas que están sufriendo esclavitud.

YF

5 DE SEPTIEMBRE

Bebe el manantial de tu misma cisterna,
y los raudales de tu propio pozo.

Proverbios 5:15, RVR1960

En el mito maya, el hombre y la mujer fueron creados del maíz. Los dioses les dieron inteligencia y una visión que podía alcanzar hasta las cuatro esquinas de la tierra. De hecho, podían ver tanto que los dioses se preocuparon. Eso era demasiado poder. Así que nublaron su visión para que solo vieran lo más cercano. Y aunque esta es una leyenda, tiene un poco de verdad: ¡cada día los hombres vemos menos! De hecho, hemos negado una importante verdad: ¡la importancia del matrimonio!

En todos los mitos que revisé de la creación del hombre, se menciona la unión de un hombre y de una mujer como el inicio de la raza humana. Todo comenzó con un matrimonio. ¿Por qué ahora nos cuesta tanto comprender esta sencilla verdad?

La Biblia enseña claramente que Dios creó al hombre a su imagen, y que creó varón y hembra. Luego, nos dice con mucha solemnidad, que el hombre se unirá a su mujer y serán una sola carne (Génesis 2:24, RVR1960). La palabra hebrea para "una" es *echad*, que no se refiere a un valor numérico sino a algo que es completo, una sola pieza. No hay relación personal en el mundo que sea tan íntima, perfecta y satisfactoria como el matrimonio bendecido por Dios. Por eso nuestro proverbio nos dice que solo bebamos de la sexualidad en nuestro propio pozo.

Una frase muy famosa de la película *Jerry Maguire* dice: "Tú me completas". Podemos traducirlo también como "tú me complementas o tú me haces completo". De eso se trata el matrimonio. Dios quiere que seamos una unidad, una sola carne. Nuestro cónyuge nos puede completar. Bebamos de nuestro pozo y no permitamos que los valores falsos nublen nuestra visión. ¿Lo intentamos?

Señor, quiero ser una sola carne con mi esposo. Ayúdame.

KO

6 DE SEPTIEMBRE

Su disciplina correctiva
es el camino que lleva a la vida.

Proverbios 6:23, NTV

"Disciplina" es para algunos una mala palabra. Muchos prefieren lo que creen que es lo opuesto, ser supuestamente "libres". En numerosos países estamos viendo una vuelta al uso de la violencia y la delincuencia para protestar. ¿Tendrá algo que ver con niños criados con tan poca disciplina que este comportamiento se considera aceptable?

Uno de mis hijos observó que un compañerito de la escuela era bastante mal portado y que no lo corregían sus padres. Me preguntó: "¿Es que sus papis no lo quieren?". Me asombró que se diera cuenta de que los padres disciplinamos a los pequeños por amor.

La "disciplina correctiva... lleva a la vida". Otro pasaje exhorta a los padres con hijos: "Críenlos con la disciplina e instrucción que proviene del Señor" (Efesios 6:4, NTV). Así es la disciplina de Dios, que nace de su amor por nosotros. Su propósito es la instrucción, no la destrucción. No es castigo ni venganza. "Lleva a la vida", a una vida plena, la de un verdadero discípulo. ¿Vemos la relación entre la palabra disciplina y discípulo?

Cuando nos desviamos por un camino equivocado, podemos experimentar esa disciplina de Dios que nos vuelve al camino de la vida. Nos guía a perdonar y pedir perdón. Nos motiva a desechar los hábitos nocivos. Aún es posible que nos ponga obstáculos para recordarnos: "Este no es el camino correcto". ¿De qué forma nos ha disciplinado recientemente?

Padre, como tu hija sé que me corriges con amor. Ayúdame a responder como Tú quieres.

MH

7 DE SEPTIEMBRE

... como un buey que va al matadero.

Proverbios 7:22, NTV

Cuando compramos carne en el supermercado, poco pensamos en los mataderos. En varias películas infantiles se nos presentan distintos personajes, pollos y cerdos, que adivinan qué hay en esos lugares y hacen todo lo posible por escapar. ¿Pero en verdad saben los animales a dónde van? Este proverbio nos sugiere que el buey, creyendo quizá que se dirige a verdes pastos, avanza, sin pena ni gloria, hacia su destrucción.

En contexto, el proverbio se refiere a un joven que camina hacia al adulterio, pero nos hace pensar en nosotras mismas, pues muchas veces caminamos directo a la muerte al comportarnos con temeridad e imprudencia, ¡y no nos damos cuenta! Sin embargo, los corderos en el Antiguo Testamento tenían otra función, además de ser alimento. Su muerte hacía expiación por los pecados. Entonces vino Jesús.

Isaías nos dice que Jesús "como cordero fue llevado al matadero" (Isaías 53:7, NTV). Pero a diferencia de los corderos, carneros y chivos, ¡Él sabía qué le esperaba y fue voluntariamente! Su sacrificio era lo único que podía librarnos de la pena, el poder y la opresión del pecado. ¡Y estuvo dispuesto a morir!

Antes de conocer a Jesús, vamos por el mundo como animales directo al matadero. Las drogas, el alcohol, los trastornos alimenticios y la depresión, entre muchas cosas, nos empujan hacia el despeñadero. La buena noticia es que Cristo vino a salvarnos. Él se ofreció a sí mismo y murió por nuestros pecados. ¡Él quiere darnos vida eterna! Acudamos a Él hoy mismo y aceptemos su regalo de salvación. Cuando nos sintamos en el camino incorrecto, pidamos que nos saque del pozo y nos lleve a buen puerto. No seamos como un buey que va directo al matadero.

Señor, líbrame de la muerte.

KO

8 DE SEPTIEMBRE

Yo amo a los que me aman,
y me hallan los que temprano me buscan.

Proverbios 8:17, RVR1960

¿Recuerdan a las mujeres que fueron a la tumba del Señor Jesús un domingo temprano? Pienso que muchas hemos anhelado ser una de ellas. Personalmente, me he imaginado caminando con María Magdalena, Salomé y la otra María llevando las especias para embalsamar el cuerpo de Jesús. La Biblia dice que fue muy temprano en la mañana.

¿Con cuánto tiempo de anticipación estuvieron planeando ese encuentro? ¿Se quedaron en la casa de una de ellas la noche anterior para llegar juntas? ¿Qué platicaron esa noche? Al pensar en las respuestas, es evidente que el amor que le tenían a Jesús las unía y sentían emoción al pensar en verlo una vez más, aunque fuera la última vez. Creo que no durmieron esa noche, y quizás comentaban lo que harían al llegar. Se levantaron antes de que saliera el sol y fueron de prisa. Ellas pensaban encontrar al Señor muerto. Nunca imaginaron la sorpresa que se llevarían. Primero, se encontraron con ángeles que hablaron con ellas.

¿Te imaginas encontrarte de repente hablando con un ángel? Pero lo más insólito es que después encontraron al Señor Jesús mismo, pero no muerto, ¡sino vivo! Imagino al Señor diciéndoles: "Hijas amadas, yo amo a las que me aman y me encuentran las que temprano me buscan". Y la respuesta de ellas fue una adoración callada, a sus pies.

¿Es nuestro amor por el Señor y Rey suficientemente grande como para que le busquemos temprano en la mañana? Así como las mujeres del relato bíblico, podríamos venir con una expectativa y, ya en su presencia, encontrarnos con una bendición mucho más grande.

Señor, te amo y quiero buscarte muy de mañana.

YF

9 DE SEPTIEMBRE

No reprendas al escarnecedor, para que no te aborrezca;
corrige al sabio, y te amará.

Proverbios 9:8, RVR1960

Este texto que tienes en tus manos ha pasado por la inspección de muchos ojos, los de mis coautoras, nuestros editores y los correctores de pruebas. En otras palabras, muchas personas piensan que los escritores ponen un texto en el papel y así se imprime. ¡Nada hay más lejos de la verdad! Para que una publicación salga a la luz, debe pasar por el proceso de edición y corrección.

Me gusta enseñar a otros cómo escribir. He dado varios cursos, sobre todo en línea, y mis alumnos mandan sus textos para que yo los lea y los comente. Pero he visto una realidad: no a todos les agrada ser corregidos. Muchos no repiten el texto ni lo vuelven a tocar. Otros defienden sus posturas y no cambian nada, ¡aun cuando sean errores de sintaxis u ortografía! Pero los mejores escritores, aquellos que sienten pasión por las letras y que quieren comunicar algo, se sienten agradecidos.

Este proverbio nos invita a ser humildes. El verdadero sabio ama la corrección. ¿Cómo reaccionas cuando alguien te dice que algo que has hecho no está bien o puede mejorar? ¿Cómo actúas cuando alguien te muestra un error o una actitud que ha dañado a otros? Se requiere humildad para comprender que no somos intachables, pues seguimos haciendo lo malo. Pero seamos agradecidas porque en Cristo siempre tenemos una segunda oportunidad. Como Pablo, podemos decir: "No que lo haya alcanzado ya, ni que ya sea perfecto; sino que prosigo" (Filipenses 3:12, RVR1960).

Ya que aún nos falta mucho camino por recorrer, seamos humildes y recibamos la corrección. Y vayamos un paso más, amemos al que nos reprende, nos instruye y nos enseña.

Padre, ayúdame a apreciar al que me corrige.

KO

10 DE SEPTIEMBRE

Las ganancias de los justos realzan sus vidas,
pero la gente malvada derrocha su dinero en el pecado.

Proverbios 10:16, NTV

Aunque en América Latina la pobreza es un lastre para la sociedad, vemos que las mafias y cárteles no carecen de fondos para hacer sus fechorías. Algunos de estos están armados como el mejor ejército. Es "gente malvada [que] derrocha su dinero en el pecado", para herir, matar y además atrapar a personas inocentes en sus redes.

De modo opuesto, nos maravilla saber de hombres y mujeres que generosamente crean fundaciones para bendecir a muchos en la salud, la educación, la creación de empleos, la alimentación y más. Otros menos ricos damos para sostener a misioneros, proveer para los huérfanos y apoyar todo tipo de proyectos que ayudan a los necesitados.

La Biblia trata el tema del dinero constantemente, ya que es algo que sirve para bien o para mal, según la forma de usarlo. Este proverbio enfatiza que "las ganancias de los justos realzan sus vidas" o, en otra versión, "el salario del justo es vida" (NBLA), pues es necesario para el sostenimiento básico. También es útil para mejorar la vida diaria de nuestras familias y otros. El apóstol Pablo alabó a los filipenses por su generosidad a la obra misionera y les aseguró que, como resultado, "mi Dios les proveerá de todo lo que necesiten" (Filipenses 4:19, NVI). ¡Qué contraste con la gente que malgasta sus ganancias en lo contrario al bien y la vida!

Nuestra forma de usar lo que Dios nos da, ¿realza nuestras vidas? ¿Es de provecho y bendición a los demás? ¿Muestra sabiduría? Con lo poco o lo mucho que tengamos, reconozcamos que proviene de Dios y que Él nos recompensará por ser buenos administradores.

Dios, confío en ti para que me muestres el buen uso de lo que me das.

MH

11 DE SEPTIEMBRE

Como zarcillo de oro en el hocico de un cerdo
es la mujer hermosa y apartada de razón.

Proverbios 11:22, RVR1960

Miss Piggy o la señorita Piggy es una de las protagonistas del Show de los Muppets. Se trata de una cerdita que está convencida de que será una estrella, pero detrás de su feminidad y encanto, se convierte en una persona violenta que practica el karate, sobre todo cuando siente que ha sido insultada o se siente frustrada. Aunque nos reímos de sus locuras, en el fondo nos recuerda que, aunque se maquille y se ponga largos guantes, sigue siendo una cerdita.

El estereotipo de la mujer moderna es más equilibrado que la del siglo pasado. La mujer de hoy concede importancia al desarrollo de otras características, además de la belleza externa. Se desarrolla profesionalmente, domina por lo menos un idioma extranjero y es más independiente. Sin embargo, la preparación no es lo mismo que la sabiduría. La sabiduría empieza con el temor de Dios.

La Biblia nos relata la historia de Ester, que era hermosa y atractiva. El rey de Persia la amó más que a todas las demás y la hizo su reina. Sin embargo, ella no solo fue una modelo para presumir, sino una mujer sabia que salvó a todo un pueblo cuando estuvo dispuesta a morir con tal de interceder por los judíos. Ester mostró discreción y sabiduría, y fue recompensada.

Durante estas meditaciones en el libro de Proverbios, la recomendación de adquirir sabiduría se nos ha dado no una sino innumerables ocasiones. ¿Somos mujeres hermosas y apartadas de razón?

Señor, que pueda anhelar más la sabiduría que la belleza.

MG

12 DE SEPTIEMBRE

Al necio le parece bien lo que emprende, pero el sabio escucha el consejo.

Proverbios 12:15, NVI

¿Has oído la expresión "sigue tu corazón"? El rey Roboam, a pesar de sus cuarenta y un años, todavía pensaba como adolescente. Parecía que no había aprendido nada de la amarga experiencia de su padre durante el tiempo en que se alejó de Dios. El pueblo de Israel se había sentido subyugado por la carga de impuestos durante el gobierno de Salomón. Necesitaban un respiro y vieron la oportunidad cuando Roboam ascendió al trono y esperaron una respuesta favorable.

Roboam prometió responder en tres días y consultó a los ancianos consejeros de su padre, quienes le dijeron que fuera condescendiente con su pueblo, pero también pidió la opinión de sus amigos. Roboam estaba en la edad en la que los hombres suelen pensar que deben parecer más jóvenes, y siguiendo las ideas de sus contemporáneos, dijo que sería más duro de lo que fue su padre. Para su desdicha, sus intenciones hicieron que las doce tribus de Israel se dividieran y reinó solamente sobre dos de las tribus.

Me pregunto si Roboam leyó alguna vez la colección de proverbios que escribió su padre. Si lo hubiera hecho, no habría fracasado. No sólo tenía a los ancianos consejeros, también tenía sus escritos, inspirados por Dios mismo. Roboam pensó que iba a empezar un reino con el pie derecho y su historia terminó con amargura.

El Señor quiere asegurarse de que sigamos los consejos correctos. Nos ha dejado su Palabra escrita para guiarnos en nuestras decisiones de vida, pero no sólo eso, nos ha puesto hombres piadosos apegados a su Palabra que pueden ayudarnos también. Si alguna vez te sientes tentada a "seguir tu corazón", pide consejo.

Padre, que aprenda a escuchar buen consejo.

YF

13 DE SEPTIEMBRE

Hay quienes son pobres y se hacen pasar por ricos;
hay otros que, siendo ricos, se hacen pasar por pobres.

Proverbios 13:7, NTV

A Hetty Green la apodaron "la bruja de Wall Street". En un momento dado de su vida, fue la mujer más rica de Estados Unidos durante la edad dorada, entre 1870 y 1891. Pero era tan tacaña, que vestía y vivía casi como una mendiga. Siendo rica, vivía como pobre. ¿Puede esto suceder también en otros ámbitos? ¡Sí!

Los fariseos de tiempos de Jesús se creían muy ricos espiritualmente porque conocían la ley de Moisés. Hacían ayunos y largas oraciones, diezmaban y llevaban una vida aparentemente intachable. Pero la realidad es que eran pobres, muy pobres, pues cuando tuvieron la oportunidad de seguir y amar a Jesús, lo rechazaron.

Jesús dijo: "Dios bendice a los que son pobres en espíritu y se dan cuenta de la necesidad que tienen de él, porque el reino de los cielos les pertenece" (Mateo 5:3, NTV). Para llegar a Dios, necesitamos ser pobres y aceptar que no podemos solas. Después, cuando somos sus hijas, Él nos hace ricas. "Ustedes conocen la gracia generosa de nuestro Señor Jesucristo. Aunque era rico, por amor a ustedes se hizo pobre para que mediante su pobreza pudiera hacerlos ricos" (2 Corintios 8:9, NTV).

No seamos como Hetty Green. No nos creamos ricas y autosuficientes, sino vayamos a Dios con humildad y solicitemos su presencia en nuestras vidas. Y si ya somos suyas y hemos sido bendecidas con toda clase de riquezas, no vivamos como mendigas. ¡Compartamos con otros el amor de Dios!

Señor, gracias porque soy rica en bendiciones espirituales. Ayúdame a compartirlas.

KO

14 DE SEPTIEMBRE

¡Solo los simplones creen todo lo que se les dice! Los prudentes examinan cuidadosamente sus pasos.

Proverbios 14:15, NTV

El cuento *El traje nuevo del emperador* de Hans Christian Anderson relata la historia de un emperador que gastaba gran parte de su fortuna en ropa elegante. Un día llegaron unos tejedores que ofrecieron tejer la tela más extraordinaria del mundo: se volvería invisible ante los ojos de los necios o los que no merecían su cargo. A cambio de unas monedas de oro, iniciaron la confección del traje invisible, que ni lo ministros del rey se atrevían a declarar una farsa. Cuando desfiló el rey, todos admiraban la majestuosidad del traje, hasta que un niño exclamó: "¡Pero si está desnudo!".

En las redes sociales, fácilmente creemos todo lo que leemos y a menudo lo compartimos sin averiguar si es verdad. Muchas veces ni sospechamos que podría ser falso porque procede de nuestro amigo, quien también creyó que era de confiar.

Efectivamente, "los simplones creen todo lo que se les dice" y no ejercen su sentido común. En contraste, "los prudentes examinan cuidadosamente sus pasos". Cuando Jesús anduvo en la tierra, muchos creyeron a los líderes judíos que lo acusaban de hereje y transgresor de la ley. No investigaron lo que realmente enseñaban los libros del Antiguo Testamento acerca del Mesías. No escuchaban con discernimiento sus palabras. Otros fueron como Nicodemo, quien en el juicio de Cristo preguntó: "¿Acaso juzga nuestra ley a un hombre a menos que le oiga primero y sepa lo que hace?" (Juan 7:51; NBLA).

No es sabio creer todo lo que nos dicen. Consideremos los hechos desde diferentes puntos de vista. Examinemos lo que dice la Biblia. Estemos dispuestos a reconocerlo si estuvimos equivocados.

Señor, guía mis pensamientos y mis decisiones.

MH

15 DE SEPTIEMBRE

El corazón del justo piensa para responder;
mas la boca de los impíos derrama malas cosas.

Proverbios 15:28, RVR1960

Thomas Edison entregó a su madre una nota que le dio su maestro. Ella vio la nota y sus ojos se llenaron de lágrimas. Leyó entonces en voz alta: "Su hijo es un genio, esta escuela es muy pequeña para él y no tenemos buenos maestros para enseñarlo, por favor enséñele usted". Muchos años después, ya que Edison se había convertido en un gran inventor, encontró el papelito. El mensaje era: "Su hijo está mentalmente enfermo y no podemos permitirle que venga más a la escuela". Edison lloró por horas y luego escribió en su diario: "Thomas Alva Edison fue un niño mentalmente enfermo, pero por una madre heroica se pudo convertir en el genio del siglo".

¿Qué hubiera pasado si su madre hubiera permitido que ese mensaje definiera la vida de su hijo? El efecto de las palabras en las personas es muy poderoso. Podemos derramar cosas tan malas que envenenen el alma de una persona, o podemos estimular a nuestros seres cercanos y motivarlos a desarrollar plenamente sus capacidades y cualidades.

El proverbio de hoy nos recomienda pensar antes de hablar. Cuando estamos enojadas o alteradas podemos responder con palabras de las que más tarde nos arrepentiremos. Mantengamos el control de nuestra lengua. Como madres podemos formar hijos más seguros si las afirmaciones que les expresamos son positivas.

Animar es una gran labor. Puedes tomar unos segundos para pensar las mejores palabras que puedas expresar hoy a las personas que te rodean. Siempre podemos encontrar cosas positivas y derramar amor.

Señor, no permitas que mi boca sea un instrumento de desánimo para las personas que amo.

MG

16 DE SEPTIEMBRE

Peso y balanzas justas son de Jehová;
obra suya son todas las pesas de la bolsa.

Proverbios 16:11, RVR1960

Cuando era niña, mi mamá me mandaba a la tienda más cercana. El señor que la atendía era don Luis, quien platicaba alegremente conmigo. Como conocía a mis padres, a veces nos fiaba las cosas. Es decir, podíamos adquirir el producto y pagarlo después. Pero recuerdo muy bien que un día llegué a pedirle el favor de que me pesara algo que mi madre había comprado y quería corroborar que tuviera el peso exacto. ¿Qué descubrí?

Don Luis puso sobre la báscula lo que iba a pesar, pero discretamente quitó un pedazo de hierro que tenía en un lugar estratégico de la báscula y que usaba para no dar el peso completo. Esto me desconcertó. Al principio no sabía por qué quitaba el pedazo de hierro. Después me di cuenta de que lo usaba para robar. Él quería pesar correctamente lo que yo le estaba pidiendo en ese momento, pero en la práctica solía hacer trampa. Ciertamente no robaba mucho, quizá solo unos gramos. Nunca fue un hombre acaudalado. Sin embargo, ¿podemos justificar sus acciones?

Si don Luis quería enriquecerse practicando el robo, no estaba en el camino correcto. La Palabra de Dios nos dice que la "bendición de Jehová es la que enriquece, y no añade tristeza con ella" (Proverbios 10:22, RVR1960). No podemos saltarnos este principio y pensar que por robar, aunque sea poquito, seremos bendecidas y tendremos riqueza.

A veces no es un producto en lo que defraudamos. A veces puede ser en pequeñas mentiras o en pequeñas omisiones al hablar. Si nuestro propósito es ser veraces en todo, no tendremos dificultad en siempre decir la verdad y el Señor nos bendecirá, ¿no lo crees?

Padre, ayúdame a ser honesta en todo.

YF

17 DE SEPTIEMBRE

Los sensatos mantienen sus ojos en la sabiduría,
pero los ojos del necio vagan por los confines de la tierra.

Proverbios 17:24, NTV

En la comunicación es vital el contacto visual. ¿Te ha pasado que estás conversando con alguien que no te mira a los ojos? Resulta incómodo e insultante; peor aún si sus ojos están en la pantalla de su teléfono revisando sus mensajes. Sutilmente nos está diciendo que lo que otros dicen a muchos kilómetros de distancia es más importante que lo que nosotras, a unos pasos, tenemos para decir.

Durante la pandemia los estudiantes tuvieron que utilizar plataformas como Zoom para tomar clases. Los profesores les rogaban tener sus cámaras encendidas, pues de lo contrario no podían comprobar que estuvieran prestando atención. Y aun cuando tenían sus cámaras, ¡sus ojos deambulaban por todos lados menos hacia el profesor!

Nuestro proverbio de hoy compara la necedad con ese vagar de los ojos distraídos. Nos dice, en pocas palabras, que fijar la atención en la sabiduría es lo correcto. El escritor de Hebreos está de acuerdo, ya que nos recomendó fijar "la mirada en Jesús" (Hebreos 12:2, NTV). Recuerdo también al apóstol Pedro quien, mientras caminaba sobre el mar en dirección a Jesús, desvió la mirada y contempló las olas y el viento, ¡y entonces empezó a hundirse!

Podemos ir por la vida con ojos que miran todo, pero no prestan atención a nada. Podemos ser necias y hundirnos ante los problemas y las dificultades. Por el otro lado, se nos invita a poner los ojos en Jesús, la sabiduría encarnada. Si lo hacemos, no solo mostraremos sensatez, sino que podremos enfrentar las circunstancias más extremas.

Pongo mis ojos en ti, Jesús, tan lleno de gracia y amor.

KO

18 DE SEPTIEMBRE

Con regalos se abren todas las puertas
y se llega a la presencia de gente importante.

Proverbios 18:16, NVI

Cameron Townsend fundó el Instituto Lingüístico de Verano para llevar la Palabra de Dios a hablantes de lenguas que antes no tenían acceso a ella. A lo largo de sus años de servicio, llegó a conocer a decenas de presidentes y personas de autoridad; su generosidad y disposición a servir abrieron puertas. En sus primeros días en México, el alcalde de un pueblito de Morelos le pidió regalada una Biblia, y pronto encontró que se transformaba su vida; fue el primer creyente de esa localidad.

El "tío Cam" regaló también semillas y enseñó a los habitantes a sembrar hortalizas. Hizo una cartilla para enseñar a leer el náhuatl. Cuando llegó de sorpresa el presidente Lázaro Cárdenas a conocer el trabajo, quedó tan impactado que dijo: "Eso es exactamente lo que México necesita. Invita a venir a todos los traductores que encuentres".

"Con regalos se abren todas las puertas". La generosidad muestra interés y amor, sobre todo ante personas acostumbradas a que solo se les acerquen para pedir algo. "Se llega a la presencia de gente importante". En el primer libro de Crónicas encontramos que, para construir el templo de Dios, el pueblo ofrendó de forma sorprendente. El rey David reconoció en su oración al Señor: "En verdad, tú eres el dueño de todo, y lo que te hemos dado, de ti lo hemos recibido" (1 Crónicas 29:14, NVI). En este caso, la generosidad nació de corazones agradecidos.

No hace falta gastar mucho para dar un obsequio. Una tarjeta, una porción de la Biblia, algún detalle sencillo o confeccionado por uno mismo... el hecho de mostrar amor de esta manera puede ayudarnos a ganar el aprecio de otras personas. Dios mismo puede entrar por esas puertas abiertas.

Gracias, Señor, por regalarnos a tu Hijo. Permíteme regalar de tu amor.

MH

19 DE SEPTIEMBRE

El de grande ira llevará la pena;
y si usa de violencias, añadirá nuevos males.

Proverbios 19:19, RVR1960

La Organización Mundial de la Salud ha informado que tres de cada diez adolescentes denuncian que han sufrido violencia en el noviazgo. Puede ser violencia psicológica, física y hasta sexual. Seguramente muchos no denuncian. Cada caso es único, pero una de las explicaciones a estas conductas expone la posibilidad de estar replicando el comportamiento que los jóvenes han visto en la relación de sus propios padres. Reaccionar con violencia a veces es una reacción aprendida, y cuando es reforzada se va convirtiendo en un hábito destructivo.

Dios ha dotado al ser humano con la capacidad de experimentar emociones, y cada una tiene su razón de ser. Pero debemos mantener el control sobre ellas. El problema con el enojo es que si nos dejamos llevar, la ira puede llegar a controlar a la persona, conduciéndola a la violencia.

David nos dice: "¡Ya no sigas enojado! ¡Deja a un lado tu ira! No pierdas los estribos, que eso únicamente causa daño" (Salmos 37:8, NTV). Cuando el Espíritu nos controla, podremos triunfar sobre la ira. El enojo no solamente lastima las relaciones personales, también nos enferma físicamente.

¿Cómo reaccionas ante el enojo? Si tienes hijos, estás modelando, enseñando y siendo ejemplo para ellos. Busquemos con ahínco una atmósfera pacífica y amorosa en nuestros hogares. Waldo Emerson dijo: "Por cada minuto de enojo perdemos sesenta segundos de felicidad".

Señor, que mi hogar sea un lugar de paz y no de conflicto.

MG

20 DE SEPTIEMBRE

Es peligroso que el hombre le prometa algo a Dios y que después reconsidere su promesa.

Proverbios 20:25, DHH

Recuerdo que después de una conferencia muy impactante, le prometí al Señor levantarme muy temprano para leer la Palabra y orar. Al principio todo iba muy bien, pero después, se fue apagando esa emoción y dejé de hacerlo. Tiempo después, el Señor me recordó mi promesa. ¡Qué avergonzada me sentí ante Él! Como seres humanos, fallamos hasta en sostener nuestra palabra. Tuve que pedirle al Señor perdón por mi ignorancia y mi falta al no cumplir lo prometido.

¡Cuántas promesas le hacemos a Dios sin pensar! ¿No te ha pasado? Generalmente, cuando queremos un favor, pensamos que podemos intercambiar favores con Dios: "Si tú me das esto, yo voy a hacer esto por ti". Nuestras emociones nos delatan, y allí es cuando hacemos promesas que después no cumplimos.

Nuestra vieja naturaleza se apresura a hablar y a comprometerse, sin pensar que a veces no tenemos el poder de cumplir. El Señor conoce nuestra naturaleza. Por eso nos ha dado la solución cuando hacemos promesas sin sentido. Ya en otro capítulo de Proverbios, Dios nos dice que si "te has enlazado con las palabras de tu boca..., haz esto ahora, hijo mío, y líbrate... Ve, humíllate, y asegúrate de tu amigo" (Proverbios 6:2-3, RVR1960).

Tenemos que reconocer que al prometer a Dios algo, no le hacemos un favor. Dios no necesita nada de nosotros. No seamos tan orgullosas como para intercambiar favores con Él. Al contrario, al pedir, reconocemos que no tenemos el poder de cambiar nuestra situación, pero Dios sí lo tiene.

Señor, no soy nadie para pedir, pero gracias porque puedo hacerlo por medio de Jesús.

YF

21 DE SEPTIEMBRE

Los planes bien pensados
y el arduo trabajo llevan a la prosperidad.

Proverbios 21:5, NTV

¿Has ido a una reunión de planificación? Toda empresa busca juntar a los jefes y encargados para organizar y proyectar a futuro. En el hogar también es bueno tener un presupuesto, organizar la semana e, incluso, las vacaciones. El proverbio de hoy nos invita a pensar bien en los planes y trabajar arduamente. De hecho, me parece que los hijos de las madres organizadas piensan que ellas son multicompetentes.

John Piper, conocido predicador, alabó a su madre, una mujer sencilla y trabajadora, que sacó adelante a la familia, a pesar de que su esposo viajaba constantemente para ir a predicar en distintos lugares. Quizá el momento clave fue cuando John, después de morir su madre, entró a la casa paterna para revisar sus papeles. ¿Sabes qué encontró? Una carpeta rotulada: "Pendientes", un lugar donde su madre guardaba tareas inconclusas o incompletas. Cuando John la abrió, ¡descubrió que estaba vacía!

Ruth Piper, la madre de John, no cursó en un seminario ni se consideraba una teóloga. Al parecer, solo leía la Biblia. Y tenía un libro bíblico favorito: Proverbios. De allí emanaba su sabiduría y buenas prácticas. ¿Aprendió allí a no dejar asuntos por hacer? Este año, nosotras estamos recorriendo los proverbios y podemos encontrar muchos consejos sobre cómo ser diligentes. ¡Pongámoslos en práctica!

Si no tienes una carpeta de "pendientes", crea una. Te puede ayudar a organizarte e ir cumpliendo tus metas. Si ya la tienes, revísala con frecuencia y busca el tiempo para llevar a cabo tus objetivos. Qué gran legado será que, el día que muramos, nuestros hijos, nietos o amigos descubran que dejamos la carpeta de pendientes vacía.

Señor, quiero ser más organizada. Enséñame cómo planificar.

KO

22 DE SEPTIEMBRE

El perezoso afirma: "¡Hay un león allí afuera!
¡Si salgo, me puede matar!".

Proverbios 22:13, NTV

La mayoría no enfrentamos leones en nuestra vida diaria, pero existe todo tipo de riesgos, desde accidentes automovilísticos y aéreos hasta robos y secuestros. Afortunadamente, la mayoría no consideramos estos como pretextos para no salir de casa.

Probablemente todos conocemos a alguna persona que tiene pavor a la idea de volar en avión, sobre todo por un posible accidente. En realidad, las estadísticas muestran que es más peligroso viajar a pie o en carro. El número de muertos por cada mil millones de kilómetros a pie son más de 50, en coche 3.1 y en transporte aéreo solo .05. Los "leones" de hoy no son tan peligrosos como pensamos.

Este proverbio nos hace reír al imaginar a alguien tan perezoso que, para no ir a trabajar, inventa que un león lo podría matar. Sin embargo, muchos se arman de pretextos para no cumplir con sus responsabilidades. Jesús usó la parábola de un padre que pidió a sus dos hijos que fueran a trabajar en su viña. Uno se negó a ir, pero recapacitó y fue. El otro dijo que iría pero nunca fue. El mensaje es que arrepentirse de un error es mejor que no cumplir (Mateo 21:28-32).

¿Hemos encontrados pretextos para no obedecer a Dios? Aun el "después lo hago" a menudo se convierte en nunca. Procuremos ser fieles en la obra de la viña del Señor.

Padre, quiero obedecerte y servirte hoy, sin pretextos.

MH

23 DE SEPTIEMBRE

No comas pan con el avaro... Come y bebe, te dirá;
mas su corazón no está contigo.

Proverbios 23:6-7, RVR1960

La palabra hipócrita viene del griego *hypokrisis*, que significa "actuar" o "fingir". Se puede entender como una máscara, así que la persona, en otras palabras, no es sincera ni genuina. El proverbio de hoy nos pone el ejemplo de una persona avara, que "de labios para afuera" te invita de su comida, pero dentro de su corazón en realidad no lo desea. El consejo bíblico es no comer con esa persona o apartarse de ella.

Dalila, en la Biblia, pretendió amar a Sansón, pero lo traicionó a cambio de dinero. En tres ocasiones le pidió que le revelara el secreto de su fuerza, pero Sansón le mintió. En cada una de ellas, Dalila lo traicionó. Finalmente logró que el fuerte hombre le confiara el secreto. Él le dijo que si le cortaban su larga cabellera, sería como cualquiera de los hombres. Ella hizo que Sansón se recostara sobre su regazo y cuando se quedó dormido vino un hombre y lo rapó. Efectivamente perdió su fuerza y los filisteos le sacaron los ojos y lo llevaron cautivo. ¡Qué triste historia! Fue un hombre demasiado confiado. Desde la primera vez que ella no fue honesta con él, debió alejarse.

Romanos dice: "el amor sea sin fingimiento" (Romanos 12:9, RVR1960). Debemos amar sin una máscara; no de labios hacia afuera. El mejor ejemplo de autenticidad es Jesucristo. Se interesó genuinamente por las personas y aún lo hace.

¿Somos dadoras genuinamente alegres? Tarde o temprano manifestamos con nuestros actos lo que hay en nuestro corazón.

Señor, quiero decir siempre la verdad, no solo con mis palabras sino también con mis acciones.

MG

24 DE SEPTIEMBRE

Rescata a los que van rumbo a la muerte;
detén a los que a tumbos avanzan al suplicio.

Proverbios 24:11, NVI

Hasta el último hombre es el nombre de una película que narra la historia del soldado Desmond Thomas Doss. Desmond era adventista y había sido enseñado a guardar los diez mandamientos ciegamente. Durante la Segunda Guerra Mundial, se unió al ejército de los Estados Unidos para servir a su país, pero con la firme conciencia de que nunca dispararía un arma. Fue tildado de cobarde por esta firme decisión, pero se integró como paramédico ayudando a los soldados heridos en combate.

Su mayor hazaña tuvo lugar en la batalla de Okinawa cuando, después de subir el acantilado, los japoneses tomaron por sorpresa a los estadounidenses. Desmond Doss estuvo descolgando a sus compañeros sobrevivientes por el acantilado durante toda la noche. Las cifras oficiales de las personas que rescató señalan que fueron setenta y cinco, pero en realidad no se sabe cuántas fueron. Incluso se dice que descolgó a dos japoneses. En cada rescate, su oración era: "Ayúdame a salvar a uno más".

Si salvar la vida de alguien en la tierra es importante para todos, ¿cuánto más importante será rescatar a los que van rumbo a la muerte eterna? Nuestra misión aquí en la tierra, como hijas de Dios, es detener a los que avanzan al suplicio a tumbos. En Judas está escrito: "A algunos que dudan, convencedlos. A otros salvad, arrebatándolos del fuego" (Judas 1:22-23, RVR1960).

Si visualizamos el sufrimiento de los que irán al lago de fuego, nos daremos cuenta de que no queremos que nadie vaya a ese suplicio. ¿Has orado y predicado el mensaje de salvación a los que te rodean que no son salvos?

¡Señor, ayúdame a salvar a uno más!

YF

25 DE SEPTIEMBRE

A Dios lo alabamos porque vive en el misterio;
al rey lo respetamos porque trata de entenderlo.

Proverbios 25:2, TLA

Cuenta la Biblia que Salomón sabía de botánica, ingeniería y mucho más; tanto así que la reina de Saba que lo visitó se asombró con su sabiduría. Hoy elogiamos a los científicos que usan sus talentos para conocer más de nuestro mundo.

María de los Ángeles La Torre Cuadros es una bióloga peruana que solo está interesada en el ecosistema de los Andes tropicales, incluyendo a sus habitantes. Dijo en una entrevista: "Siempre me ha sorprendido la diversidad de colores, el detalle de cada elemento y la majestad que representa e inunda nuestros sentidos. Comprendo el amor infinito de Dios al ver la creación".

Muchos de los escritores de la Biblia, al igual que María de los Ángeles, se dejaban asombrar por la belleza de la creación. David, por ejemplo, dijo: "Cuando contemplo el cielo, y la luna y las estrellas que tú mismo hiciste, no puedo menos que pensar: '¿Qué somos los mortales para que pienses en nosotros y nos tomes en cuenta?'" (Salmo 8:3-4, TLA).

El mundo está lleno de misterios. Pienso que tal vez Dios los dejó allí porque, como dice este proverbio, así como Él es demasiado grande para comprender, también lo es su creación. Pero, tal vez, como María de los Ángeles, sientas curiosidad por los árboles, los animales y las estrellas; o quizá por cómo funcionan las sociedades y la historia. Si vives con constante asombro y curiosidad, te darás cuenta de que la vida no nos alcanzará para saberlo todo, pero que es emocionante aprender cosas nuevas. Súmate a la aventura de aprender, ¡sin importar tu edad!

Señor, que tenga una perpetua curiosidad por saber cómo funciona el hermoso mundo que has creado.

KO

26 DE SEPTIEMBRE

Las palabras suaves pueden ocultar un corazón perverso,
así como un barniz atractivo cubre una olla de barro.

Proverbios 26:23, NTV

Existen muchas clases de barnices. Unos hacen que un mueble asemeje uno antiguo. Algunos son muy brillantes, y otros son mate. Las piezas de cerámica pueden verse perladas o matizadas. Las joyas pueden ser chapadas de un metal precioso. El revestimiento, chapado o barniz, hace que un objeto se vea más hermoso y de más valor.

Una mujer heredó un collar muy elegante cuando falleció su mamá. Hasta tuvo cierto temor de viajar con él porque aparentaba ser de oro. Cuando lo llevó a que lo valoraran, supo que solo era chapado de oro y, de hecho, no se interesaron en comprárselo.

Según el dicho, no todo lo que brilla es oro. "Las palabras suaves pueden ocultar un corazón perverso, así como un barniz atractivo cubre una olla de barro". El barro, sin el tratamiento que requiere la porcelana, puede asemejarse a ésta si lleva baño de plata. En el Edén, Satanás mismo, con apariencia de serpiente, engañó a Adán y Eva con "palabras suaves" haciéndoles pensar que serían más sabios al probar el fruto prohibido, que serían más como Dios mismo.

Existen expertos en comunicarse de forma convincente, aunque no siempre expresan la verdad. Algunos hombres saben que pueden seducir a una mujer con palabras halagadoras. Las doctrinas falsas pueden ser muy atractivas. Tengamos cuidado. Detrás de palabras que suenan bien, puede haber peligro.

Padre, dame discernimiento para no caer ante la falsedad.

MH

27 DE SEPTIEMBRE

Fieles son las heridas del que ama;
pero importunos los besos del que aborrece.

Proverbios 27:6, RVR1960

Siempre es mejor prevenir una enfermedad que curarla cuando esta ocurre. Las vacunas previenen a los niños de enfermedades como la polio, el sarampión, la difteria, el tétanos, el rotavirus y muchas más. La inmunidad, en pocas palabras, ha salvado la vida de millones de niños, aunque, en el momento en que las vacunas se aplican con una jeringa, seguramente nuestros hijos no aprecian su importancia. Lo mismo hacen las heridas del que ama.

Recuerdo ocasiones en que mi mamá, mi papá o mis tías me hacían notar cuando hacía algo que no estaba bien. Me sugerían la manera de mejorar en algún tema en particular o me ayudaban a enfrentar alguna realidad de la que no me había dado cuenta. A veces también me regañaron con severidad. En aquellos momentos reaccioné con llanto, enojo o tristeza, pero siempre supe que lo hacían por mi bien.

El proverbio de hoy nos dice que es mejor ser heridas por alguien que nos ama, que recibir los besos de alguien que es hipócrita. El Señor nos recuerda que "ninguna disciplina resulta agradable a la hora de recibirla. Al contrario, ¡es dolorosa! Pero después, produce la apacible cosecha de una vida recta" (Hebreos 12:11, NTV).

Hace falta valor para expresar verdades delicadas a las personas que amamos. Valoremos a quienes se han llenado de Dios y nos han expresado algo que, aun cuando nos haya herido, ha sido para nuestro bien. Incluso, podemos sentir y expresar gratitud por tener personas a las que les importa nuestro bienestar y que nos "vacunan" para evitar en nosotras las enfermedades de las malas decisiones.

Gracias, Dios, por las personas que me aman con sinceridad y se preocupan por mí.

MG

28 de septiembre

El que ayuda al pobre no conocerá la pobreza;
el que le niega su ayuda será maldecido.

Proverbios 28:27, NVI

¿Qué cantidad de dinero debe tener el rico para dejar de ser pobre? O, ¿cuándo se considera que una persona es pobre? Una fórmula dice que si una persona gana entre el 40% o 50% del ingreso medio de la población, entonces es pobre. ¿Somos pobres?

Dios sabía que en este mundo habría pobres por el pecado que anida en el corazón de todos nosotros. Por eso, en la Ley de Moisés, Dios da mandamientos especiales en beneficio de los pobres. Por ejemplo, sus sacrificios debían ser conforme a lo que tenían; en un juicio no se debía les debía perjudicar por su situación económica; los que cosechaban debían dejar producto para los pobres.

Booz, un hombre adinerado, siguió la ley de Dios de modo que sus cosechadores dejaban lo que caía al amarrar las gavillas para hombres y mujeres que no tenían heredad. Entre esas personas estaba Rut, la que llegaría a ser su esposa. Cuando Rut contó a su suegra Noemí sobre la bondad de este hombre, ella exclamó: "¡Que el Señor lo bendiga!" (Rut 2:20, NTV). ¡Y eso sucedió!

¿Cómo puedes cumplir hoy con las leyes de Dios y ayudar a otros? La ley se resume en una sencilla frase: "Ama a tu prójimo como a ti mismo". Piensa cómo puedes aplicar hoy este mandato en tu hogar o tu lugar de trabajo. Quizá puedas animar al que está triste, dar una moneda al que mendiga, compartir los alimentos con una familia de escasos recursos. Tu bondad será recompensada.

Ayúdame a tender mi mano al pobre, aun si yo misma me considero pobre.

YF

29 DE SEPTIEMBRE

Sigue los pasos de los hombres buenos
y permanece en los caminos de los justos.

Proverbios 2:20, NTV

Las Tablillas de Yale datan de mil seiscientos años antes de Cristo y contienen unas treinta o cuarenta recetas que nos relatan qué y cómo comían los antiguos habitantes de Mesopotamia. Describen caldos y guisos, entre ellos, el pichón guisado. Si lees la receta y la sigues, ¡resulta! De hecho, para eso son las recetas: para seguirlas y conseguir el resultado esperado. ¿Son los proverbios recetas?

En el capítulo 2 de Proverbios el escritor nos da un consejo para un buen matrimonio: ¡no ser infiel! Sin embargo, las relaciones humanas no son como la cocina. En pocas palabras, quizá hemos oído de matrimonios que no fueron infieles y tampoco funcionaron. En realidad, cualquier relación humana requiere tiempo y esfuerzo, pero el resultado que anhelamos no está garantizado. Podemos leer cien o veinte libros de autoayuda sobre cómo tener un matrimonio que funciona y, aun así, vernos en aprietos. ¿Por qué?

Porque las relaciones personales requieren amor, y el amor se arriesga, sufre y da sin esperar recibir a cambio. Entonces, ¿qué hacer? Seguir los pasos de Jesús y, como dice nuestro proverbio, permanecer en ellos. Para tener éxito en el matrimonio usemos de modelo el amor de Dios: constante, fiel, eterno. Escucha esta declaración de Jesús: "Hay más bendición en dar que en recibir" (Hechos 20:35, NTV).

No hay receta para un matrimonio feliz, pero sí hay muchos consejos en los proverbios que podemos seguir. ¡Escuchemos y sigámoslos! El amor todo lo sufre, todo lo cree, todo lo espera, todo lo soporta, pero sobre todo, ¡el amor hace que valga la pena vivir!

Padre, quiero dar, más que recibir.

KO

30 DE SEPTIEMBRE

Hay tres cosas que me asombran... cómo planea el águila por el cielo... y cómo ama el hombre a la mujer.

Proverbios 30:18-19, NTV

¿Has visto a las águilas planear sin mover sus alas? Lo hacen, además, dibujando círculos en el aire sobre el mismo lugar. Solemos pensar que es porque han encontrado una presa en la tierra y piensan atacar, pero realmente es porque han encontrado una pequeña corriente de aire vertical que les permite permanecer en la misma altura y moverse sin gastar energía. ¿No es increíble?

Todavía más maravilloso es el amor entre hombre y mujer. Admiro al que llegó a ser mi esposo. Fue persistente a pesar de mi falta de interés. Su mejor amigo le dijo que yo no le iba a corresponder. Viajó casi hasta la punta de la sierra para buscarme en un pueblito cuando supo que yo estaba pasando por una crisis. Mostró amistad aun cuando le aclaré que no llegaría a más que eso. Siete años después de que me pidió la mano por primera vez, ¡al fin nos casamos!

La tenacidad del hombre enamorado puede vencer tremendas barreras para lograr su fin. De manera semejante, la persistencia de Dios para mostrarnos su amor no tiene límites. Hizo lo que parecía imposible, dar su vida por revelar el alcance de ese amor *ágape.* "En esto consiste el amor verdadero: no en que nosotros hayamos amado a Dios, sino en que él nos amó a nosotros" (1 Juan 4:10, NTV). Y nunca dejará de alcanzarnos: "Tu bondad y tu amor inagotable me seguirán todos los días de mi vida" (Salmo 23:6, NTV).

¿Has respondido a ese asombroso amor que dio todo por ti? Si es así, te animo a corresponder de la mejor manera: amar a los que Dios pone en tu camino y también invitarlos a acompañarte a ser parte de la mayor historia de amor de todos los tiempos.

¡Cuán maravilloso es tu amor por mí, Señor!

MH

1 DE OCTUBRE

Hijo mío, si los pecadores te quisieren engañar,
no consientas.

Proverbios 1:10, RVR1960

En el juego de *Monopoly Deal* hay una carta que todos quieren pues dice "Solo di no". Si alguien quiere quitarte una propiedad o un juego de propiedades, si te quieren cobrar renta o una deuda, muestras esa carta y ¡listo! Nadie puede tocarte. En la vida, todos debemos tener y usar una carta así.

Nuestro proverbio nos insta a decir "no" cuando nos inviten a hacer algo que no esté bien. Una campaña publicitaria contra las drogas repetía lo mismo: "Di no". ¿Es fácil? ¡No lo es! "No" es una de las palabras más difíciles de pronunciar cuando queremos quedar bien o sentirnos aceptadas. Sin embargo, la salud emocional depende de que aprendamos a negarnos siempre que se trate de algo dañino.

Para ayudarnos en este proceso, recordemos: si decimos no a algo, le estamos diciendo sí a otra cosa. Por ejemplo, decir no a las drogas implica decir sí a la salud y a la vida. Decir no a mentir es decir sí a la verdad. José le dijo no a la propuesta indecorosa de la esposa de su patrón, pues para él era más importante decir sí a una vida moral delante de Dios.

Cuando te veas tentada a ceder a la presión de grupo o a caer en prácticas que no sean sanas, "solo di no". Quizá las otras personas no te comprendan o, incluso, te hagan sentir mal, pero dile sí a Dios y a sus preceptos, ¡y serás sabia!

Señor, ayúdame a no consentir cuando otros quieran que haga lo malo.

KO

2 DE OCTUBRE

Se complace en la prosperidad de sus negocios,
y no se apaga su lámpara en la noche.

Proverbios 31:18, NVI

Los expertos en el sueño dicen que el adulto en promedio debe dormir entre 7 y 9 horas para que su cuerpo rinda lo necesario. Sin embargo, diferentes factores afectan la vida moderna para reducir esa cantidad ideal. El estrés, el exceso de cafeína y la luz de las pantallas y dispositivos electrónicos a menudo interfieren con el ritmo circadiano (el ciclo de vigilia y sueño).

No soy la única persona que abusa de su cuerpo y no siempre duerme el tiempo recomendado. He batallado con el insomnio, sobre todo en ciertas épocas de mi vida, como en la menopausia. Por mi trabajo y otras razones, tiendo a pasar mucho tiempo en la computadora. Cuando supe que la luz de las pantallas puede afectar al reloj del cerebro, empecé a evitar en lo posible el uso de la laptop y el celular en la hora antes de dormir.

La lámpara de la mujer virtuosa no se apagaba en la noche. La mujer virtuosa también madrugaba, aunque sospecho que procuraba descansar lo necesario. La admiramos por ser trabajadora y por su dedicación a su familia. En el versículo 25 vemos que no parecía estar estresada sino confiada ante el futuro. Parece que en su vida había equilibrio.

¿Estamos guardando equilibrio en nuestras vidas, sobre todo entre el trabajo y el hogar? ¿Sabemos cuidar de nuestros cuerpos lo suficiente? Procuremos tomar buenas decisiones para no sufrir física ni emocionalmente por el mal uso del tiempo.

Señor mío, ayúdame a encontrar balance en mi vida para darte lo mejor.

MH

3 DE OCTUBRE

Porque el hombre perverso es abominación para el Señor;
pero Él es amigo íntimo de los rectos.

Proverbios 3:32, LBLA

Reconocemos cuán importante es la amistad. Cicerón dijo: "Vivir sin amigos no es vivir". Oscar Wilde compartió: "Sí, el amor está muy bien a su modo, pero la amistad es una cosa mucho más alta. Realmente nada hay en el mundo más noble y raro que una amistad verdadera". ¿Tienes amigas? ¿Cuántas son íntimas o especiales? ¿Te imaginas ser la íntima amiga de Dios?

La Biblia dice que Dios y Abraham eran amigos. Dios fue amigo de Abraham porque fue un hombre recto. Podemos imaginarlos conversando. Con seguridad Abraham se sentía reconfortado en su presencia. El Señor, de hecho, puede hacer lo que ninguna amiga puede. Él puede llenarnos como nadie en esta tierra puede hacerlo. ¡Ni siquiera una pareja!

Jesús dijo: "Ya no os llamo siervos, porque el siervo no sabe lo que hace su señor; pero os he llamado amigos, porque os he dado a conocer todo lo que he oído de mi Padre" (Juan 15:15, LBLA). Aristóteles comparó la amistad con un alma que habita dos cuerpos, o un corazón que habita en dos almas. En otras palabras, la afinidad es lo que conecta a los amigos, y Jesús quiere que tu corazón y el mío estén conectados con el suyo. ¡De eso trata la amistad!

A veces buscamos en nuestro esposo o en una amiga lo que solamente Jesús nos puede dar. Jesús te escucha y se interesa por ti. Él mira tu corazón y no tu apariencia. Te amó incondicionalmente y de tal manera que sufrió la cruz por ti. Te conoce por nombre. Si no disfrutamos del gozo de su amistad, ninguna persona nos hará feliz. No te sientas sola como si no conocieras a nadie. ¡Él es tu amigo y está contigo siempre!

Gracias, Dios, por tu amistad.

MG

4 DE OCTUBRE

Aleja de tu boca la perversidad;
aparta de tus labios las palabras corruptas.

Proverbios 4:24, NVI

Afuera, en el mundo, nos enfrentamos a cosas terribles: rechazo, acoso, burlas, desprecios… Nuestro hogar debería ser el lugar donde encontrar paz y respeto. Dios diseñó a la familia para ser un lugar seguro. Lastimosamente, en la mayoría de los hogares, los integrantes de la familia oyen palabras inconvenientes. Los niños, al crecer, piensan que es algo normal en todas las familias.

Tengo una vecina muy mal hablada. Ofende a su nieta de cinco años usando palabras como "tonta" o "estúpida", además de otras palabras más altisonantes. Me pregunto si esta mujer también oyó las mismas palabras de su madre y si la vida tan triste que tiene será producto de esas palabras tan hirientes. ¡Casi es seguro que sí!

Me causa ternura la manera en que Dios nos habla en Proverbios, con tanto cariño. ¿Te has dado cuenta? "Oye, hijo mío… aparta de tus labios las palabras corruptas". Corrupto quiere decir podrido, deshonesto, inmoral, corrompido. Mucho se ha dicho que las palabras tienen el poder de crear o destruir.

¿Cómo tratas a los miembros de tu casa? ¿Con respeto y amor? Sé tan educada y respetuosa con los miembros de tu familia, especialmente con los niños, que cuando salgan al mundo y alguien los trate mal, no piensen ellos que eso es normal.

Señor, que mis palabras no sean corruptas sino traigan vida a otros.

YF

5 DE OCTUBRE

Para que no des a los extraños tu honor,
y tus años al cruel.

Proverbios 5:9, RVR1960

En las culturas orientales se presta mucha atención al honor y los occidentales también lo valoran. Sin embargo, en este proverbio, el padre le recuerda a su hijo que en el terreno del sexo es muy sencillo perder el honor.

Andrew Sullivan define el matrimonio como "la manera en que dos adultos afirman su compromiso emocional el uno con el otro". Timothy Keller dice que el matrimonio es el lugar donde le decimos al otro "te pertenezco de manera completa, permanente y exclusiva". Si revisamos la primera definición notamos que los sentimientos son la base de la unión. En la segunda, el compromiso va mucho más allá. Las palabras "permanente" y "exclusiva" le dan otra dimensión.

La Biblia nos dice que el matrimonio es un compromiso y por eso las relaciones sexuales solo deben darse en este contexto. "Honroso sea en todo el matrimonio" (Hebreos 13:4, RVR1960). Incluso en las películas vemos que algunos personajes declaran esto. Cameron Díaz le dice al personaje de Tom Cruise en *Vanilla Sky*, "¿No sabes que cuando te acuestas con alguien tu cuerpo hace una promesa, lo quieras o no?". En cualquier relación sexual hay una promesa, y va de por medio el honor. Por eso, el matrimonio es el único lugar donde ese compromiso se puede proteger y cumplir.

No des a los extraños tu honor. No hagas una promesa que no podrás cumplir. Que tu matrimonio sea honroso. Que puedas decirle a tu cónyuge: "Te pertenezco toda, para siempre y solo a ti". Es el mejor regalo que le podemos dar.

Padre, quiero que mi matrimonio sea honroso. Ayúdame a amar a mi esposo como tú me amas a mí.

KO

6 DE OCTUBRE

Anda a ver a la hormiga...
asegura su comida en el verano, la almacena...

Proverbios 6:6-8, DHH

Ya no somos tan previsores como nuestros antepasados, que carecían de alimentos si no los almacenaban en tiempo de la cosecha. En casi cualquier momento conseguimos las frutas y verduras que nos gustan; si no es su temporada, muchas se consiguen en forma enlatada o congelada.

Mi abuela paterna era toda una "hormiguita" previsora, como muchas de su época, sobre todo en climas fríos. Guardaba los tubérculos en un lugar fresco para que duraran por el invierno, pero no se congelaran. Preservaba gran cantidad de verduras y pepinillos. Hacía salsas y mermeladas. Su familia no carecía de lo necesario en ninguna estación.

El rey Salomón nos señala la hormiga. Aun los animales saben que deben prepararse para el futuro. ¿Y los seres humanos? Tenemos más conocimiento real, pero en ocasiones pocos deseos de ponerlo en práctica. Un gran ejemplo del espíritu previsor es el de José, quien llegó a ser administrador del faraón de Egipto. Dios le mostró que vendrían siete años de abundancia seguidos por siete años de sequía. Así ahorró y almacenó suficientes granos como para salvar a muchas personas en el tiempo de hambruna.

Podemos tener una interpretación equivocada de la fe y pensar que no es necesario ahorrar para el futuro, porque "Dios proveerá". Pero ese mismo Dios nos dio habilidades, sabiduría y recursos que podemos aprovechar de la manera debida. Planeemos para el futuro, confiando también en Él.

Señor, gracias por tu provisión. Ayúdame a invertir en el futuro.

MH

7 DE OCTUBRE

... como un ave que vuela directo a la red.

Proverbios 7:23, NTV

Las películas de superhéroes son más populares hoy que nunca, quizá por el uso de efectos especiales. Sin embargo, creo que llenan el vacío que todos tenemos de sentirnos protegidos por fuerzas superiores. En el pasado, los griegos hicieron lo mismo con su mitología y sus dioses y semidioses que controlaban el mundo. Ahora tenemos a equipos de superhéroes que nos libran cuando vamos directo a la red del peligro.

En la película de la *Liga de la Justicia*, todo lucía desesperanzador, sobre todo porque Superman había muerto. Sus amigos, en un esfuerzo conjunto y usando un poder sobrehumano, lo resucitaron. Entonces Superman movió la balanza hacia los defensores de la tierra y ¡nuevamente rescataron al planeta de la destrucción! Tristemente, los superhéroes no logran hacer nada por el problema real que todos tenemos: el pecado. Ellos mismos no logran ser "perfectos" o hallar paz y amor. Muchos de ellos son motivados por la venganza y la ira. ¿Entonces quién nos librará del enemigo que destruye matrimonios, lastima a los inocentes y nos hunde en la miseria?

El apóstol Pablo, quien vivió en constantes peligros y amenazas, escribió: "De hecho, esperábamos morir; pero, como resultado, dejamos de confiar en nosotros mismos y aprendimos a confiar solo en Dios, quien resucita a los muertos. Efectivamente él nos rescató del peligro mortal y volverá a hacerlo de nuevo. Hemos depositado nuestra confianza en Dios, y él seguirá rescatándonos" (2 Corintios 1:9-10, NTV).

Jesús es el héroe que necesitamos. No solo nos rescata, sino que ¡tiene el poder de darnos vida eterna! Como Pablo, dejemos de confiar en nosotras mismas (y en superhéroes ficticios), y confiemos solo en Dios.

Señor, gracias porque me has rescatado y sigues rescatándome del pecado y de los peligros de este mundo.

KO

8 DE OCTUBRE

Quien teme al Señor aborrece lo malo;
yo aborrezco el orgullo y la arrogancia...

Proverbios 8:13, NVI

Philip Yancey cuenta la historia de Pascal, un hombre de Madagascar. Como científico, estaba orgulloso de su ateísmo. Un día fue arrestado por participar en una huelga de estudiantes y fue encarcelado en una prisión hecha para ochocientas personas, pero donde había más de dos mil quinientos reos. Pascal solo tenía un libro en prisión, una Biblia, regalo de su familia. ¿Y qué pasó?

A pesar de sus creencias ateístas, empezó a leer la Biblia y se dio cuenta de que la ciencia no podía ayudarlo en prisión. Tres meses después, empezó a tener estudios bíblicos con otros presos. Cuando fue liberado, Pascal visitó la cárcel dos veces a la semana para distribuir Biblias y traer comida saludable a quienes pasaban hambre.

Pascal muestra la diferencia que Cristo puede hacer en nuestra vida cuando dejamos a un lado el orgullo, cuando aceptamos que no podemos solas, o que la ciencia y nuestras creencias particulares no son suficientes para dar sentido a nuestra vida. No olvidemos que el orgullo es el mayor enemigo de las almas.

El Señor aborrece el orgullo y la arrogancia porque nos impiden acercarnos al único que nos puede dar vida en abundancia. Pero una vez que estamos cerca de Él, nosotras aprendemos a aborrecer lo malo.

Señor, líbrame del orgullo.

YF

9 DE OCTUBRE

Llama a los hombres que pasan por ahí,
ocupados en sus propios asuntos.

Proverbios 9:15, NTV

Los más grandes consumidores del materialismo son menos felices que los demás. A esta conclusión llegó Marsha Richins, profesora de la universidad de Missouri, y quizá estaba haciendo eco al proverbio que dice: "la prosperidad de los necios los echará a perder" (Proverbios 1:32, RVR1960).

Todas tenemos un cuarto de tiliches, o un sótano, ático o garaje donde apilamos cosas útiles y no tan útiles. Sin embargo, cuando alguien muere y los demás debemos revisar sus pertenencias, nos llevamos grandes sorpresas. Recuerdo haber leído sobre una mujer que tenía en su garaje cajas sin abrir con muchos productos que había ordenado en línea y jamás disfrutó. Había acumulado cosas, pero no había sido más feliz por ello.

En el proverbio de hoy, la necedad se coloca en un lugar prominente e invita a las personas que van por los caminos rectos a seguirla. Y no hay trampa más sutil que el materialismo que nos dice "solo un poco más". Una blusa más, unos zapatos más, una cacerola más, un par de aretes más. Tristemente, la prosperidad nos echa a perder. El dinero se puede volver un ídolo, es decir, algo que quita de su lugar a Dios. Jesús dijo: "La vida de una persona no depende de la abundancia de sus bienes" (Lucas 12:15, NVI).

Si vamos por la senda derecha del contentamiento, no nos apartemos de ella. Si hemos empezado a amar el dinero, dejemos de acumular. En un examen frío, si abrimos nuestro armario, encontraremos ropa que no hemos usado, o cosas que compramos y siguen ahí. Que la prosperidad no nos eche a perder. Nuestra vida es mucho más valiosa que las cosas que tenemos. O que no tenemos.

Señor, líbrame del materialismo.

KO

10 DE OCTUBRE

Los labios del justo orientan a muchos;
los necios mueren por falta de juicio.

Proverbios 10:21, NVI

Ha habido un *boom* en el área de la consejería y lo que se llama *coaching*. En algunos países es bastante común que la gente hable de su terapista; hacen citas periódicamente. La orientación que ofrecen los mentores llamados *coaches* pretende guiar a las personas a descubrir sus propias metas y tomar decisiones apropiadas.

En Wikipedia se define el *coaching* como "el proceso de acompañamiento individual que consiste en indagar por medio de la pregunta. Así la persona puede extraer por sí misma sus propias conclusiones y reflexiones". Incluso existen *coaches* que orientan a los cristianos que buscan canalizar sus dones para servir al Señor.

En este proverbio vemos que los justos, los seguidores de Dios, "orientan a muchos". La combinación de la sabiduría que ofrecen las Escrituras y la que nace por la presencia del Espíritu Santo permite que guíen a otras personas, aunque por supuesto ellas tienen que tomar sus propias decisiones. La carta a los Romanos dice "No se amolden al mundo actual, sino sean transformados mediante la renovación de su mente. Así podrán comprobar cuál es la voluntad de Dios, buena, agradable y perfecta" (Romanos 12:2, NVI). Así es. Con una mente renovada evitamos sufrir "por falta de juicio".

Por mucho que puede ser útil la guía de los profesionales, gracias a Dios por su Palabra y a la vez por creyentes experimentados que nos orientan por el buen camino. Busquemos tales "justos" para ser nuestros mentores y a la vez procuremos ser buenos orientadores para nuestros semejantes.

Padre, ¡sé tú mi coach personal!

MH

11 DE OCTUBRE

A su alma hace bien el hombre misericordioso;
mas el cruel se atormenta a sí mismo.

Proverbios 11:17, RVR1960

Se han encontrado miles de tablillas de arcilla que nos ayudan a saber más de los imperios sumerio, asirio, babilónico y persa. Si se hubieran escrito en otro material, quizá no sabríamos mucho de ellos. Las inscripciones en las pirámides también nos han ayudado a conocer más sobre la cultura egipcia. Benjamín Franklin dijo: "Escribe los agravios en el polvo, las palabras de bien escríbelas en el mármol".

Quizá en tu vida hay muchas palabras que te han herido. Como dice nuestro proverbio, perdonar es una manera de ejercer misericordia. Tal vez quien ofendió no pida perdón jamás. Sin embargo, es posible perdonar en nuestro corazón. Cuando sentimos rencor, nos atormentamos a nosotros mismos. Para esas cosas es mejor tener mala memoria.

La carta a los colosenses dice: "Sean comprensivos con las faltas de los demás y perdonen a todo el que los ofenda. Recuerden que el Señor los perdonó a ustedes, así que ustedes deben perdonar a otros" (Colosenses 3:13, NTV). Es desgastante no perdonar. Aun cuando las personas no nos lo pidan, el perdón nos ayuda a vivir en paz.

Demuestra comprensión y perdona. Trata a otros como te gustaría que te trataran a ti. Piensa en esto que dijo Robert Enright: "A veces, el perdón es un regalo silencioso que dejas en el umbral de la puerta de aquellos que te han hecho daño".

Gracias por tu perdón. Ayúdame a perdonar también a quien me ha ofendido.

MG

12 DE OCTUBRE

El perezoso no atrapa presa,
pero el diligente ya posee una gran riqueza.

Proverbios 12:27, NVI

Jackie Pullinger se graduó del Colegio Real de Música y se especializó en el oboe. Sin embargo, en 1966 tomó un barco y se fue a Hong Kong, con solo diez dólares en la mano. Quería ser una misionera. Encontró trabajo en una escuela en la ciudad amurallada de Kowloon, el lugar de la oscuridad o la colmena, por ser un centro productor de opio. Y ahí, en medio de ese lugar de opresión, Jackie se volvió rica. ¿Cómo?

Jackie conoció a varios miembros de pandillas y líderes y, a pesar del peligro, les ayudó a encontrar en Jesús su propósito y una razón para vivir sin drogas. Más tarde, estableció un centro para adictos y enseñó música en el colegio para niñas de San Esteban. Para 2007, la sociedad de San Esteban abrigaba a doscientas personas.

Nuestro versículo de hoy hace el contraste entre un perezoso y un diligente. El perezoso no se va a molestar en mejorar su vida, ni siquiera en su propio bienestar. Pero la diligencia ya trae riqueza incluida, que tal vez no sea monetaria, pero con seguridad será la de encontrar propósito en nuestras vidas, como ha hecho Jackie. Jamás ha recibido un salario y depende de donaciones, pero sigue adelante.

No hay lugar en el reino de Dios para la negligencia y la pereza. Así que hoy te invito a ser diligente. ¿Tienes sueños de servir a Dios? ¿Quieres salir de tu comodidad e ir a servir a los que nadie atiende, como drogadictos, madres solteras, enfermos terminales, viudas y huérfanos? A Jackie no la detuvieron sus estudios ni su poco dinero para impactar la vida de muchos. Lo mismo puedes hacer tú.

Oh, Señor, envíame a mí. Quiero ser usada por ti.

YF

13 DE OCTUBRE

El que anda con sabios, sabio será;
mas el que se junta con necios será quebrantado.

Proverbios 13:20, RVR1960

Esopo contó la fábula de un hombre que quiso comprar un asno, pero antes decidió ponerlo a prueba. Lo llevó a su casa y lo guardó en el establo. De inmediato, el asno se juntó con el más perezoso, así que, al otro día, el hombre lo devolvió. El vendedor se sorprendió de su rapidez de decisión, a lo que el hombre contestó: "No necesito más tiempo. Sé que este asno será exactamente igual al que eligió por compañía". En otras palabras: "Dime con quién andas, y te diré quién eres".

Hay muchas relaciones personales que no elegimos, como nuestros padres, hermanos o primos, pero la amistad es una decisión. C. S. Lewis dice que la amistad comienza cuando le decimos a otra persona: "¿Cómo? ¿Tú también? Creí que era el único". Y esa afinidad es la que nos une. En otras palabras, solemos juntarnos con otros que piensan igual.

¿Quiénes son nuestras amistades? ¿Personas sabias que temen a Dios? ¿Necios que se meten en dificultades? Nuestras amistades pueden decir mucho de nosotras. Elijamos amigos que "viven de acuerdo con la verdad" (2 Juan 1:4, NTV). Estas son las personas sabias que nos animarán a buscar a Dios.

Otra versión del proverbio de hoy dice: "Quien con sabios anda a pensar aprende" (TLA). ¿Qué te enseñan tus amistades? ¿Qué les enseñas tú a ellas? No existe la influencia neutral; todos influimos positiva o negativamente en los demás. Revisa qué efecto tienen otros en ti y tú en los demás.

Padre, gracias por mis amigas. Que sea yo buena influencia para ellas. Que ellas sean buena influencia para mí.

KO

14 DE OCTUBRE

La paz en el corazón da salud al cuerpo;
los celos son como cáncer en los huesos.

Proverbios 14:30, NTV

El Imperio romano vivió un periodo largo conocido como *pax romana*, de gran estabilidad y calma interior, además de seguridad exterior. Este tiempo también le permitió alcanzar su máximo desarrollo económico y expansión territorial.

La Enciclopedia Británica sitúa este periodo de relativa paz entre los años 27 a.C. y 180 d.C., lo cual coincidiría con los años que cubre el Nuevo Testamento. Aseguró el desarrollo de la civilización en el área del Mediterráneo que, junto con la buena ingeniería de las calzadas romanas, también permitió la difusión del cristianismo. El apóstol Pablo tuvo privilegios como ciudadano romano, algo que Dios usó también.

"El corazón tranquilo da vida al cuerpo, pero la envidia corroe los huesos" (NVI). Así como la paz romana, la paz interior contribuye a la salud o bienestar exterior. Pablo escribió: "Que gobierne en sus corazones la paz de Cristo" (Colosenses 3:15, NVI). En esos corazones no habría lugar para el "cáncer" de los celos y la ira. En el hebreo, la palabra *shalom* se utiliza para la paz y el bienestar, ya sea con el hombre o con Dios, además de una tranquilidad interior.

La mayoría hemos experimentado la ausencia de paz por la preocupación, el resentimiento o la envidia. Si hemos entregado nuestras vidas a Jesucristo, Él es poderoso para transformarnos y hacer que nuestros sentimientos y pensamientos estén centrados en Él y libres de los enemigos de esa paz.

Señor, ¡que reine tu paz en mi ser!

MH

15 DE OCTUBRE

La blanda respuesta quita la ira;
mas la palabra áspera hace subir el furor.

Proverbios 15:1, RVR1960

En menos de treinta segundos, una pequeña llama puede convertirse en un gran incendio. El 60% de los incendios que se registran en diciembre son ocasionados por accidentes con las series de luces en los árboles de Navidad. En pocos minutos, una habitación se llena de espeso humo negro. Hay lugares en los que se cuenta con sistemas de detección de humo, aspersores de agua automáticos y alarmas contra incendio que protege a los ocupantes del lugar y a los bienes materiales. La prevención es clave para combatir estos incidentes. Siempre debería haber un extinguidor disponible y a la mano.

El enojo es parecido a un fuego devastador. A veces la chispa que lo enciende puede ser una palabra. En pocos minutos la ira puede llevar a una persona a cometer errores de los cuales seguramente se arrepentirá después. Una respuesta blanda, tranquilizadora y pacífica es como el agua que sale de esos aspersores en el techo, capaz de extinguir la llama, enfriar el calor y disipar el humo. Ojalá tuviéramos un dispositivo automático para detectar el peligro y controlar nuestras palabras.

Pablo nos aconseja: "Que sus conversaciones sean cordiales y agradables, a fin de que ustedes tengan la respuesta adecuada para cada persona" (Colosenses 4:6, NTV). La prevención radica en procurar la plenitud del Espíritu Santo en nosotros.

Podemos tomar la decisión de antemano de no dejarnos llevar por el enojo y actuar como agua y no como gasolina. Dios nos ayude a subyugar el orgullo, controlar nuestro ánimo y elegir las palabras adecuadas para cada situación.

Señor, aviva el fuego de tu Espíritu Santo en mí.

MG

16 DE OCTUBRE

Panal de miel son las palabras amables:
endulzan la vida y dan salud al cuerpo.

Proverbios 16:24, NVI

En cierta ocasión, la doctora Verónica Trochez, conferencista del lenguaje positivo, necesitaba un trabajo de arte e impresión y fue a un lugar para que se lo hicieran. Sin embargo, la persona que debía atenderla estaba enfrascada en su computadora. Esperó pacientemente a que esa persona le hiciera caso. Como ni siquiera la miraba ni la atendía, ya molesta, pensó en ir con el gerente a poner una queja. Según su filosofía, si ella quería respeto, amabilidad y cortesía, debía de mostrarlo primero.

El joven, sin mirarla, le extendió la mano y le pidió la memoria con el archivo del trabajo que deseaba. Ella tomó su mano y le dijo: "Hola. Mucho gusto. Yo soy Verónica. ¿Cuál es tu nombre?". Asombrado, contestó: "Humberto". La doctora prosiguió: "Mucho gusto, Humberto. ¿Cómo estás hoy? Veo que eres una persona muy comprometida y responsable con tu trabajo". A partir de ese momento, el joven cambió su actitud hacia ella y, cuando ella llegó al otro día para recoger su encargo, el chico la atendió con mucho respeto y cortesía.

Esta manera de actuar no es nueva. La Palabra de Dios, en forma de proverbios, nos enseña que las palabras amables son como miel y endulzan la vida de quien las recibe. Para que otros cambien su actitud hacia nosotros, sólo tenemos que hablarles con mucha amabilidad, respeto y cortesía. Las otras personas nos devolverán la misma actitud.

¿A quién no le ha pasado que cuando alguien le sonríe y saluda con mucha gentileza, le hace sentir bien y le hace corresponder con la misma amabilidad? Cuando alguien nos habla con palabras amables, nos endulza la vida. Hagamos la prueba.

Padre, que hoy actúe con respeto y cortesía con todos.

YF

17 DE OCTUBRE

El corazón alegre es una buena medicina,
pero el espíritu quebrantado consume las fuerzas.

Proverbios 17:22, NTV

Las endorfinas son sustancias químicas que produce el organismo y estimulan las zonas del cerebro donde experimentamos placer y alegría. Se las conoce como hormonas de la felicidad y las podemos generar por medio del ejercicio, una buena noche de sueño y el uso de la imaginación. Pero una de las maneras más sencillas de liberarlas es ¡riendo!

Hoy nuestro proverbio nos habla del corazón alegre. Haz la prueba en este momento y sonríe. El simple reflejo físico nos hace sentir mejor, ¿cierto? ¡Cuánto más unas buenas carcajadas! ¿Y si no tienes motivos para reír? En el día quizá encontramos más oportunidades de llorar o de sentir miedo y ansiedad.

Pero Pablo nos recomienda lo mismo que este proverbio: "Estén siempre llenos de alegría en el Señor. Lo repito, ¡alégrense!" (Filipenses 4:4, NTV). Lo interesante está en que no nos pide estar contentos "en las circunstancias" en las que estemos, o "en nuestras fuerzas", sino "en el Señor". ¿Qué significa esto? Que nuestro gozo viene de quién es Jesús. Piénsalo: Jesús es bueno, amable, santo y perfecto. Además, todo lo puede, todo lo sabe y todo lo ve. Y sobre todo, te ama, te escoge, te perdona, te limpia, te sana, te abraza, te busca, te salva y te recibe. ¿No te hace alegrar esto?

Regocíjate hoy. Sin importar las cosas que puedan ir mal o los sentimientos que te dominen, alégrate. Respira hondo, dibuja una sonrisa en tu rostro y piensa en Jesús. Tu corazón alegre será un buen remedio para cualquier mal.

Señor Jesús, me alegro en ti.

KO

18 DE OCTUBRE

Los rumores son deliciosos bocaditos
que penetran en lo profundo del corazón.

Proverbios 18:8, NTV

Se conoce como bocadito a un pastel o torta diminuto, que por lo general se rellena de nata o crema con sabores diversos. También se usa para señalar alguna porción pequeña de alimento que se puede atravesar con un palillo. En algunos lugares, los bocaditos o bocadillos son un arte, tanto así que no puedes ir a Madrid y no probar un bocadito de calamares en algún lugar de la Plaza Mayor. Sin embargo, en este proverbio los bocaditos ilustran algo diferente.

¿Te has reunido con un grupo de amigas para tomar un café? Si estamos tomando un café, ordenaremos una bebida caliente y algunos bocadillos o aperitivos. Pero, como dice nuestro proverbio, quizá los "bocaditos" más deliciosos sean los rumores que escucharemos de labios de nuestras amigas sobre otras personas. ¿Y cuál es el problema de escuchar estos rumores que al principio resultan exquisitos?

El problema es que estos rumores penetrarán hasta lo profundo del corazón, y una vez ahí, crearán problemas. Los chismes distorsionan la imagen que tenemos de los demás. Como no sabemos si son verdad, pintan un cuadro que quizá no sea verdadero ni confiable. Además, alimentan nuestro orgullo cuando nos sentimos, por un momento, superiores a aquel de quien se está hablando.

¿Qué hacer si estás en una reunión donde se empiezan a servir estos "bocaditos"? Lo mejor es desviar la conversación y no escuchar. Hace mucho aprendí que, antes de hablar sobre alguien más que no está presente, debo preguntarme: ¿es verdad? ¿Es útil? ¿Es inspirador? ¿Es necesario? ¿Es amable? Si respondo "no" a cualquiera de estas preguntas, lo mejor será no servirlo en la mesa.

Padre, dame la fuerza para evitar los chismes y los rumores.

KO

19 DE OCTUBRE

Adquirir sabiduría es amarte a ti mismo;
los que atesoran el entendimiento prosperarán.

Proverbios 19:8, NTV

Robert O'Connor tiene el récord Guinness por haber coleccionado 1,221 objetos relacionados con la película *Los cazafantasmas.* Desde que cumplió cuatro años, cuando se estrenó la primera cinta de la saga, comenzó a adquirir objetos de colección que no creo lo hagan más sabio. Sin embargo, el proverbio de hoy nos dice que hacemos bien si adquirimos sabiduría.

Cuando ponemos de nuestra parte para poseer entendimiento, estamos mostrando amor hacia nosotras mismas. Vivir sabiamente nos protege, es una manera de cuidarnos y de prosperar también. Cuando tomamos decisiones prudentes obedeciendo lo que Dios nos dice y cuando vivimos con temor de Dios, amamos nuestra alma.

Para vivir con prudencia, sensatez y propósito necesitamos que Dios nos revele su voluntad y nos dé sabiduría divina. Dios nos sigue diciendo lo que a Josué: "Nunca se apartará de tu boca este libro de la ley, sino que de día y de noche meditarás en él, para que guardes y hagas conforme a todo lo que en él está escrito; porque entonces harás prosperar tu camino, y todo te saldrá bien" (Josué 1:8, RVR1960).

¿Coleccionas algo? Es bonito juntar estampas o tazas de otros países, incluso miniaturas o postales. Sin embargo, hay algo mejor: atesora los consejos que nuestro Padre nos ha dejado en su Palabra.

Señor, gracias porque Tú siempre quieres lo mejor para mí.

MG

20 DE OCTUBRE

La misericordia y la verdad sostienen al rey;
su trono se afirma en la misericordia.

Proverbios 20:28, NVI

Cuando una persona del cine muere, se enumeran sus éxitos más que sus fracasos. Se menciona cuántas películas filmó, cuántos años estuvo en la industria, cuántos títulos obtuvo, cuántos premios o galardones ganó, pero de muy pocos se enlistan sus actos de devoción o sus obras piadosas.

Lee con atención esto: "Los demás hechos de Ezequías, y sus misericordias, he aquí todos están escritos en la profecía del profeta Isaías hijo de Amoz, en el libro de los reyes de Judá y de Israel" (2 Crónicas 32:32, RVR1960). Si lees con detenimiento la vida de Ezequías, te darás cuenta de que fue un rey bueno y fiel de corazón para con Dios. Dios le concedió muchas peticiones cuando oraba. Además, hizo cosas grandes. Si algún día visitas Jerusalén, podrás pasar por un acueducto que él construyó a través de una montaña para llevar agua a la ciudad.

¿A cuántas personas de su pueblo les habrá mostrado misericordias el rey Ezequías? Seguramente a muchas y su Dios lo sostenía y afirmaba su trono. Podemos estar seguras de que Dios se complace en que mostremos misericordia. Lo dice el proverbio de hoy.

Mostrar misericordia es algo que está a nuestro alcance. Mostramos misericordia cuando sabemos de alguien enfermo y le llevamos un poco de comida. Mostramos misericordia cuando cuidamos a los niños de alguien que está en un apuro. Mostramos misericordia cuando compartimos algo de lo que tenemos cuando alguien nos pide o nos damos cuenta de su necesidad. Nuestro Dios se complace en eso y ¡va a sostenernos!

Padre de misericordias, quiero ser como Tú.

YF

21 DE OCTUBRE

El regalo en secreto calma el enojo,
el soborno por debajo de la mesa aplaca la furia.

Proverbios 21:14, NTV

La palabra *soborno* nos trae a la mente la imagen del dinero que damos a un servidor público para que acelere nuestro trámite o acepte una documentación incompleta. Pensamos, también, en el oficial de tránsito que prefiere algo para su "refresco" en lugar de levantar la multa. O en el jefe que recibe botellas de vino en Navidad para incentivarlo a darnos un ascenso o estar en buenos términos con él. Pero el soborno también puede darse en casa.

La pareja discute y al otro día el esposo trae flores y la esposa cocina un excelente manjar. La madre se siente culpable por trabajar fuera de casa y descuidar a los niños, así que les compra juguetes para sentirse mejor. Ahora que, según el proverbio de hoy, estos regalos secretos y sobornos suavizan el terreno y aplacan el enojo. Tristemente, ¡no solucionan el problema! Y lo mismo sucede en nuestra vida espiritual.

Ofrendamos mucho para no sentirnos tan culpables por no leer la Biblia u orar. Asistimos a todas las reuniones, pero no dejamos los pecados del chisme y la envidia que nos consumen. ¿Y sabes qué? Ni las personas ni Dios quieren nuestros sobornos. Dios dijo: "Quiero que demuestren amor, no que ofrezcan sacrificios. Más que ofrendas quemadas, quiero que me conozcan" (Oseas 6:6, NTV).

Más que flores y una cena, debemos pedir perdón a nuestra pareja. Más que juguetes, tomemos el poco tiempo que tenemos con nuestros hijos para hacer algo significativo, como jugar o conversar. No caigamos en el juego del soborno, sino que hagamos las cosas con orden y dejemos que Dios obre milagros. Vayamos a Él con el corazón desnudo y lo llenará de amor.

Señor, líbrame de sobornar a otros. Dame un corazón recto.

KO

22 DE OCTUBRE

[No] te juntes con los que pierden los estribos con facilidad, porque aprenderás a ser como ellos.

Proverbios 22:24-25, NTV

En nuestro mundo digital hacemos "amigos" con cientos de contactos; en ocasiones no los conocemos en persona. Aun a la distancia podemos ver por sus comentarios que algunos son irritables e irritan a los demás. Si les contestamos en el mismo estilo, "aprenderemos a ser como ellos". A la larga, la mejor decisión puede ser darlos de baja como contactos.

Al llegar a casa, el esposo de una amiga inmediatamente empezó a enojarse con ella por algún detalle sencillo. Ella le preguntó: "¿Qué te pasó hoy?". Resultó que había chocado en el camino, había llegado a molestarse con el otro conductor y se estaba desahogando con ella. Al perder los estribos podemos lastimar a los demás sin necesidad.

En este pasaje, Salomón nos exhorta a evitar la amistad con gente irritable que pierde los estribos con facilidad porque podremos seguir su mal ejemplo. Saber responder de forma apropiada requiere gran dominio propio. Practiquemos lo siguiente: "Todos deben estar listos para escuchar, y ser lentos para hablar y para enojarse; pues la ira humana no produce la vida justa que Dios quiere" (Santiago 1:19-20, NVI).

¿Nos juntamos con gente irritable? ¡Cuidado! Podemos volvernos como ellos. Peor todavía más, ¿somos irritables y perdemos los estribos con facilidad? Pidamos ayuda a Dios hoy mismo.

Padre, ayúdame a practicar el dominio propio para no reaccionar con ira.

MH

23 DE OCTUBRE

Aplica tu corazón a la enseñanza,
y tus oídos a las palabras de sabiduría.

Proverbios 23:12, RVR1960

En la naturaleza encontramos grandes ejemplos de madres. Por ejemplo, las nutrias marinas dan a luz en el agua. El pequeño nace con los ojos abiertos, diez dientes y un pelaje espeso que le impide hundirse. La mamá lo mantiene sobre su vientre para amamantarlo. Cuando va por comida, lo amarra con algas para que la corriente no se lo lleve. Cuando crece un poco, su mamá le enseña a nadar, a sumergirse y a buscar alimento. Incluso se sabe que algunas hembras adoptan a una cría huérfana.

Nosotras también modelamos con nuestras vidas comunicando un mensaje en cada una de nuestras acciones y palabras. Las madres somos maestras de tiempo completo para nuestros hijos, para nuestra familia y toda la gente que nos observa. Cada ejemplo de nuestro comportamiento es una lección ofrecida de manera voluntaria e involuntaria.

En la epístola de Tito, el apóstol Pablo escribió claramente que las ancianas deben ser maestras del bien y deben enseñar a las jóvenes. Toda mujer madura es llamada a compartir su experiencia de vida a las siguientes generaciones. ¿Cuál es el temario? Materias sobre "cómo amar al marido y a los hijos" o "cómo cuidar de la casa".

Somos maestras de tiempo completo, así que apliquémonos de corazón. Si eres jovencita, presta oído a las palabras de sabiduría de las mujeres maduras. Cuando ellas te enseñan, lo hacen porque Dios así se los ha encomendado. Así que hay momentos en que nos toca ser alumnas y a veces nos toca ser maestras. Aprendamos para enseñar; somos bendecidas al bendecir la vida de otros.

Ayúdame, Señor, a mantener un corazón dispuesto a aprender.

MG

24 DE OCTUBRE

No te alegres cuando caiga tu enemigo,
ni se regocije tu corazón ante su desgracia.

Proverbios 24:17, NVI

"Le salió el tiro por la culata" es una expresión que se usa para decir que a alguien le salió mal lo que había planeado, y no solo no salió como esperaba, sino que se perjudicó. La Biblia nos habla de uno que se alegró muchísimo de su enemigo, pero todo le salió mal.

Simei hijo de Gera, un familiar de Saúl, consideraba al rey David su enemigo. Seguramente pensaba que David le había robado el trono a su pariente, así que se alegró muchísimo de que a David lo traicionara Absalón, su propio hijo. David iba pasando por Bahurim y Simei le salió al encuentro arrojándole piedras y maldiciéndolo, incluso en el nombre de Dios. Estaba realmente haciendo una fiesta al ver a David derrotado. ¡Pero qué desencanto se llevó cuando el Señor restauró el reino de David! Simei tuvo que tragarse sus palabras y salió a recibir a David para pedirle perdón. Cuando Salomón fue rey, le puso un límite a Simei, el enemigo de su padre, que él no guardó y tuvo que morir.

No sé si al escribir este pasaje Salomón pensó en Simei, pero el siguiente versículo nos explica la razón de por qué no debemos alegrarnos de lo malo que les pasa a nuestros enemigos: "no sea que el Señor lo vea y no lo apruebe, y aparte de él su enojo" (Proverbios 24:18, NVI).

¡Qué difícil es no alegrarnos por lo malo que les sucede a nuestros enemigos! Muchas veces he deseado ver cómo les va mal a los que alguna vez me hicieron maldad. Seguramente a ti te pasa lo mismo. Pero para el Señor no pasan desapercibidas las cosas. Él nos pide perdonar.

Señor, que no me alegre de la desgracia de otros.

YF

25 DE OCTUBRE

Con larga paciencia se aplaca el príncipe,
y la lengua blanda quebranta los huesos.

Proverbios 25:15, RVR1960

Román Casiodoro dijo: "La humanidad puede vivir sin oro, pero no puede vivir sin sal". La sal no solo potencia el sabor de la comida, sino que también relaja las proteínas de la carne y la ablanda. La sal es importante incluso en el mundo de la fantasía, pues Samwise Gamgee, un hobbit en *El Señor de los Anillos* dice: "Nunca sabes cuándo necesitarás sal, así que es mejor tenerla cerca y lista para un viaje inesperado". La sal, según la Biblia, también es necesaria para la conversación.

Las palabras suaves, como el ablandador, pueden quebrar los huesos, el corazón más duro. ¿Te ha pasado que alguien explota contra ti, quizá a causa de su propia frustración, y tú respondes con tranquilidad? ¿Qué sucede? La persona baja la voz, regulariza su respiración y conversa contigo con más paciencia.

Pablo dijo: "Sea vuestra palabra siempre con gracia, sazonada con sal, para que sepáis cómo debéis responder a cada uno" (Colosenses 4:6, RVR1960). ¿Qué clase de sazonadores podemos usar? La gracia, la prudencia y la santidad en nuestras palabras actúan como la sal.

Quizá hoy tengas algo importante que decir con tu voz o por escrito. Tal vez quieras debatir un tema que consideras esencial. Tus palabras pueden ser "carne" o "verduras", elementos esenciales y nutritivos, sin embargo, si no van acompañadas por la sal, si no están sazonadas con gracia, no serán bien recibidas. Busca decir todo con amor, paciencia y suavidad, y así como Samwise, ten la sal siempre lista y cerca para tus conversaciones de hoy.

Señor, que mis palabras hoy vayan sazonadas con la sal de tu amor y tu Palabra.

KO

26 DE OCTUBRE

Cava una fosa, y en ella caerás;
echa a rodar piedras, y te aplastarán.

Proverbios 26:27, NVI

En tiempos pasados, para atrapar animales era común cavar una fosa y cubrirla con tierra y hojas. Según este proverbio, el cazador puede caer en su propia trampa. Las piedras enormes se usaban como armas de guerra, pero si rodaban sobre el que las movía, podían aplastarlo.

En el imperio persa bajo el mandato del rey Asuero, el visir Amán preparó un complot para matar a todos los judíos del reino. También mandó hacer una horca para colgar a Mardoqueo, primo y padre adoptivo de la reina Ester, también judíos. Al final, el rey mandó a que Amán fuera ahorcado en el instrumento de su propia creación.

En este versículo y en muchos más, la palabra de Dios enseña que el pecado acarrea consecuencias. En especial, el que desea dañar a otros caerá en su propia "fosa". El Señor nos recuerda que no nos toca buscar venganza cuando nos causan daño: "Mía es la venganza; yo pagaré" (Romanos 12:19, NVI).

¿Nos han lastimado con palabras hirientes? ¿Nos han robado objetos de valor? ¿Nos han tratado injustamente? No guardemos rencor ni deseos de vengarnos. Reconozcamos que el juez eterno es Dios y Él hará justicia.

Señor, reconozco que está en tus manos, no en las mías, hacer justicia.

MH

27 DE OCTUBRE

El hierro con hierro se afila,
y un hombre aguza a otro.

Proverbios 27:17, LBLA

Cuando era niña, iba con mi mamá al mercado. Había una carnicería grande donde varios trabajadores, con su bata y gorrito blanco, atendían incansablemente a los compradores. Aplanaban la carne golpeándola con un pesado metal sobre un enorme tronco, y para realizar un buen corte afilaban sus enormes cuchillos con un artefacto parecido a una espadita redondeada llamado chaira. Cuando se frotan dos cuchillas de hierro, cada una se vuelve más afilada y, por lo tanto, más efectiva.

Cuando compartimos amistad, intereses, experiencias y ministerio con otros creyentes, el resultado de dicho trato es la edificación mutua. Juntos nos hacemos mejores, pulimos nuestro carácter y talentos. En mi vida cristiana, he tenido mentores que me han ayudado a aprender. Aceptar recomendaciones requiere humildad y ganas de superarnos. A veces, como dos machetes que se frotan, podemos "sacar chispas", pero el resultado es positivo.

Nuestros mejores logros en la vida son los que realizamos con ayuda de otros. El sabio predicador dijo: "Es mejor ser dos que uno, porque ambos pueden ayudarse mutuamente a lograr el éxito. Si uno cae, el otro puede darle la mano y ayudarle; pero el que cae y está solo, ese sí que está en problemas" (Eclesiastés 4:9-10, NTV). Amistades hermosas surgen cuando cuidamos la reciprocidad, es decir, la ayuda mutua.

¿Haces equipo para lograr tus objetivos? ¿Te interesas genuinamente por el logro de las metas de tus amigas o tu esposo? Acércate a las personas que pueden ser una buena influencia en tu vida y con las que puedas hacer sinergia. Ora para que el Señor te guíe; por algo las ha puesto cerca de ti.

Capacítame, Señor, para trabajar en equipo para tu gloria.

MG

28 DE OCTUBRE

El rico se cree muy sabio,
pero el pobre e inteligente puede ponerlo a prueba.

Proverbios 28:11, DHH

¿Te has topado con alguna persona que, por su dinero, piensa que todos deben atenderlo y mostrarle preferencia? Generalmente, estas personas, debido a sus influencias, compran puestos poderosos y hacen negocios fraudulentos. Humillan y desprecian a los que no tienen el dinero que ellos tienen.

En una ocasión en la que debía salir a la guerra, el rey David se quedó en su palacio. Fue entonces que conoció a Betsabé y ofendió al Señor. El profeta Natán lo visitó y le contó la historia de un hombre rico con mucho ganado, que se aprovechó de un hombre pobre y le robó la única corderita que tenía y a la que amaba, pues era como de su familia. Al oír este relato, David se enfureció y juzgó al hombre rico como digno de muerte, y dijo que debía pagar cuatro veces el valor de la corderita. Natán aprovechó para decirle a David que él era ese hombre malvado, pues, valiéndose de su superioridad como rey, se apoderó de la mujer de un hombre pobre como Urías.

Pareciera que en este tiempo David se había vuelto engreído y petulante. No consideró necesario salir a la guerra con su ejército, ni tampoco respetar a la mujer de su prójimo como lo dice la Palabra de Dios. Se creyó muy sabio y tuvo que ser un hombre pobre el que lo puso a prueba, pues Urías demostró más fidelidad que David.

Vamos a toparnos con personas que se creen muy sabias y que pueden humillarnos. Lo único que podemos hacer en estos casos es orar por ellas, para que encuentren un pobre que los ponga a prueba y se den cuenta de su falta de sabiduría.

Señor, dame sabiduría y defiéndeme.

YF

29 DE OCTUBRE

El pobre y el opresor tienen esto en común:
el Señor les da la vista a ambos.

Proverbios 29:13, NTV

Muchos acuden al museo del Louvre para ver la famosa Mona Lisa. Algunos solo le dedican una mirada pasajera para cumplir con el ritual; otros la admiran durante horas si no hay mucha gente. Su creador, Leonardo da Vinci, escribió que la persona promedio: "mira sin ver, oye sin escuchar, toca sin sentir, come sin probar, inhala sin percibir las fragancias, y habla sin pensar".

Nuestro proverbio de hoy nos recuerda que algo tenemos todos en común, sin importar el estilo de vida que elijamos: Dios nos ha dado cinco sentidos. Sin embargo, muchos vamos por la vida sin realmente usarlos. Amar a Dios con nuestra alma implica tener un corazón lleno de asombro que guarda silencio ante la grandeza del Creador.

Dice la Biblia que cuando contempló su obra creadora: "vio Dios que [todo lo creado] era bueno" (Génesis 1:25, RVR1960). ¿Lo hacemos nosotras? Cuando nos topamos frente a una tempestad en potencia, ¿nos sacudimos al reconocer nuestra pequeñez y alzamos las manos en adoración al que hizo los relámpagos?

¿Cuándo fue la última vez que nuestros ojos bebieron un paisaje cautivador, que comimos lentamente y disfrutamos cada explosión de sabor, que escuchamos música y exprimimos el sonido de cada instrumento, que tocamos la piel de la mano de un ser querido y nos dejamos embargar de amor, que inhalamos y dejamos que el aroma de tierra mojada nos robara el aliento? Tenemos un gran regalo en los sentidos. Dejémonos asombrar hoy por Dios al contemplar su creación.

Señor, quiero estar quieta y reconocer que eres Dios. Pues todo lo que has hecho, lo veo, y es bueno.

KO

30 DE OCTUBRE

Nunca difames al empleado ante su patrón.

Proverbios 30:10, NTV

Cuando un periódico británico difamó a Keira Knightley diciendo que sufría un desorden alimenticio, ella los demandó y ganó el juicio. El dinero que recibió lo donó a una obra caritativa. ¿Y qué es difamar? Significa decir en público o escribir cosas negativas en contra del buen nombre, la fama y el honor de una persona. Algunos sinónimos son calumniar, denigrar, desacreditar o desprestigiar, y expresan la idea de dañar la reputación de una persona.

Un conocido ha perdido su trabajo en una institución reconocida porque lo difamaron. Antes, tenía muy buena reputación y esperaba continuar allí por muchos años. No hay forma de comprobar las acusaciones falsas, así que los abogados consideran que dentro de pocos años es probable que pueda volver. Mientras tanto, en lo económico y sobre todo en lo anímico, ha sido un golpe bajo para mi amigo. Será difícil volver a establecer su prestigio.

Este proverbio aconseja no difamar "al empleado ante su patrón". Hacerlo puede acarrearle desconfianza, regaños y aun la pérdida de su empleo. El Nuevo Testamento nos ofrece una enseñanza similar, pues nos invita a no acusar a un hermano en la fe antes de hablar personalmente con él o ella. "Si tu hermano peca contra ti, ve a solas con él y hazle ver su falta" (Mateo 18:15, NVI). La difamación, de hecho, es un arma muy usada por Satanás. ¿Recuerdas que habló mal de Job delante de Dios?

A pesar de lo que procura hacer nuestro principal enemigo, podemos escudarnos bajo la protección de nuestro Abogado. "¿Quién acusará a los que Dios ha escogido? Dios es el que justifica" (Romanos 8:33, NVI). Seamos cuidadosas y evitemos también acusar injustamente a los demás.

Padre, gracias por cubrir mis errores. Ayúdame a alejarme de la difamación de otros.

MH

31 DE OCTUBRE

Sus hijos y su esposo la alaban y le dicen:
"Mujeres buenas hay muchas, pero tú eres la mejor de todas".

Proverbios 31:28-29, DHH

"A ti que me diste tu vida, tu amor y tu espacio" dice la canción "Señora, Señora" de la cantautora brasileña Denise de Kalafe. Esta canción que se ha vuelto un himno se escucha en muchas versiones el día de las madres en México. Un día, Denisse se sentó al piano y, sintiendo nostalgia por su madre, empezó a escribir en una bolsa de papel de estraza un canto de admiración y reconocimiento. Este es el canto que miles hacemos nuestro al menos un día del año.

Mi mamá murió siendo todavía joven y de forma repentina. Le dije: "Te amo", pero no lo suficiente. No le di el suficiente reconocimiento, gratitud y alabanza que merecía.

Afortunadamente, los hijos de la "Mujer virtuosa" de Proverbios 31 sí lo hicieron. Tal vez aprendieron de su ejemplo. Ella era tan bondadosa que seguramente procuró y honró a su propia madre. Alabar es expresar con palabras lo bueno que una persona es y hace.

Si tienes la bendición de tener a tu mamá, hónrala con tus mejores palabras y los más sentidos versos. La mayoría de los hijos pensamos que nuestra mamá es la mejor de todas. Asegúrate de decírselo lo suficiente.

Señor, te doy gracias por la madre que me diste.

MG

1 DE NOVIEMBRE

Entonces me llamarán, y no responderé;
me buscarán de mañana, y no me hallarán.

Proverbios 1:28, RVR1960

Los alimentos industrializados muestran la fecha de vencimiento, ya que después de cierto momento se echan a perder. Las garantías de los electrodomésticos también caducan luego de un tiempo. El *software* de las computadoras deja de funcionar bien cuando no se actualiza. Comprendemos que pocas cosas "duran para siempre". El proverbio de hoy nos da una fecha de caducidad también. Llegará el momento en que la sabiduría no estará disponible ya más.

Muchos enemigos de la Biblia dicen que si Dios es amor, debe perdonar a todos. Sin embargo, ellos mismos reclaman por justicia y castigo a los que pisotean los derechos de otros. Dios es amor, pero también es justo. Su amor y su justicia van de la mano. Hay un tiempo para todo, y así como hoy es el tiempo de buscar la sabiduría, puede llegar el día que no la podamos encontrar, y esto es justo.

En Mateo 25, Jesús cuenta la historia de diez damas de honor en una boda. Cinco de ellas escucharon a la sabiduría y se prepararon con aceite para sus lámparas. Las otras cinco, que actuaron como necias, no contaban con suficiente aceite y cuando se les acabó, tuvieron que ir a la tienda para comprar. Mientras iban, llegó el novio a la boda y cerró la puerta con llave. ¡Era demasiado tarde!

Hoy es el día para buscar a Dios. Hoy es el momento para escuchar a la sabiduría. Hoy es la oportunidad para prepararnos y estar listas para cuando Jesús venga otra vez. Mañana puede ser demasiado tarde. Un día, aunque los hombres la busquen, la sabiduría no responderá. ¡No seamos necias!

Señor, quiero estar preparada. Hoy te quiero escuchar e invitarte a ser parte de mi vida.

KO

2 DE NOVIEMBRE

Tiende la mano al pobre,
y con ella sostiene al necesitado.

Proverbios 31:20, NVI

En México hay pobreza. A diario vemos limosneros que estiran la mano en las calles, o niños que hacen maromas en las encrucijadas para pedir una cooperación. Hemos visto casuchas en condiciones lamentables y personas que tiritan de frío por la falta de ropa adecuada.

Maggie Gobran era jefe de un departamento de la Universidad Americana de El Cairo. Cuando vio la terrible situación de los barrios bajos que vivían de los basureros, dejó su carrera y su vida cómoda para ministrar a los pobres y mitigar su sufrimiento. Fundó Stephen›s Children, que ha provisto ropa, alimentos y educación para unos treinta y tres mil niños. Maggie es cristiana copta y fue nominada al Premio Nobel de la Paz en el año 2020.

La mujer de Proverbios 31 "tiende la mano al pobre, y con ella sostiene al necesitado". No solo le interesa su propia familia; es generosa para con los demás. En el sitio web de la organización de Maggie Gobran se destaca este versículo: "Si te dedicas a ayudar a los hambrientos y a saciar la necesidad del desvalido, entonces brillará tu luz en las tinieblas" (Isaías 58:10, NVI). Jesucristo mismo sirvió en especial a los pobres, a los enfermos y a los menospreciados de la sociedad. Dios nos invita a traer esperanza a los que sufren en ese mundo.

¿Cómo podemos ayudar a los necesitados que nos rodean? Pidámosle a Dios formas de "tender la mano" a los pobres con más que "una limosna".

Señor, haz que tenga el corazón sensible a los que sufren y pueda darles esperanza.

MH

3 DE NOVIEMBRE

Sus caminos son deleitosos,
y todas sus veredas paz.

Proverbios 3:17, RVR1960

Una tendencia en el diseño de los jardines en la antigüedad fueron los laberintos. Todavía existen suntuosos castillos que poseen al frente hermosos jardines. Caminar por sus enredados caminos es como una aventura de fantasía. Los unicursales o clásicos son los que tienen un solo camino que, aunque está muy enredado, siempre conduce al centro. Los multicursales son los que tienen más de una entrada y más de un camino para elegir; incluso pueden llevarnos a un callejón sin salida.

La vida es como estos jardines. En algunas ocasiones no tenemos alternativa salvo continuar por un camino enredado para llegar al final. En otras, tenemos que elegir entre varias opciones. Este recorrido puede ser angustiante cuando, desde nuestra perspectiva terrenal, ignoramos hacia dónde nos lleva el camino. Para poder transitar por las veredas con deleite y en paz, necesitamos una vista aérea de la ruta. Esa vista celestial nos la brinda la sabiduría divina.

Cuando reconocemos a Dios en nuestros caminos, Él nos conduce por la senda correcta. Que nuestra petición sean las palabras del salmista: "Enséñame, oh, Jehová, el camino de tus estatutos, y lo guardaré hasta el fin. Dame entendimiento, y guardaré tu ley, y la cumpliré de todo corazón" (Salmos 119:33-34, RVR1960).

Una vida tranquila y deleitosa está directamente relacionada con el tipo de decisiones que tomamos. Sé sabia y filtra cada cosa que hagas bajo la luz de la Palabra de Dios. Cuando ella ilumina el camino la vida, el recorrido es plácido y puedes disfrutarlo plenamente.

Señor, quiero obedecerte con cada una de mis decisiones.

MG

4 DE NOVIEMBRE

Porque os doy buena enseñanza;
no desamparéis mi ley.

Proverbios 4:2, RVR1960

¿Qué significa no desamparar la ley de Dios? ¿Será posible hacerlo? Hay muchas personas que aceptan que la Biblia es la Palabra de Dios, pero nunca la leen ni siguen sus enseñanzas. Otros solo son cristianos los domingos o delante de otros cristianos, pero su vida deja mucho que desear.

El padre de Flor heredó la religión cristiana de sus padres, quienes eran creyentes de domingo. Para él, no era importante seguir la Palabra de Dios, así que en la familia de Flor se oían malas palabras, se veían peleas, había odio entre parientes y otras cosas más. Así que a ella le parecía que era normal vivir la vida cristiana sin leer la Biblia ni obedecerla. Se casó con un chico porque salió embarazada, pero él no creía en Dios. Su vida se convirtió en un infierno: soportó golpes, infidelidades, el divorcio y tuvo muchas relaciones fugaces y malas. Enfermó de los nervios, no podía conciliar el sueño y su salud se vino abajo. Viéndose sumida en la depresión y enfermedad, pidió la ayuda de Dios y entendió que debía entregar su vida a Cristo. Sus problemas no se han resuelto del todo, pero tiene paz. Sabe que el Señor está de su lado.

¡Qué importante es no abandonar la ley del Señor! ¿Cómo habría sido la vida de Flor si en su familia se hubiera amado y seguido la Palabra del Señor? La Biblia no es un libro que deba estar solo en el librero o deba llevarse en la bolsa el domingo, sino que debe ser un texto que amamos, leemos y obedecemos.

Si amas la Biblia, si la sigues con todo el corazón, si tienes respeto y amor por los que están más próximos a ti, ellos van a seguir tu ejemplo, especialmente tus hijos. ¿No crees que vale la pena hacer caso de este hermoso proverbio?

Padre, no quiero desamparar tu ley. Ayúdame a seguirte con todo el corazón.

YF

5 DE NOVIEMBRE

¡Aléjate de ella!
¡No te acerques a la puerta de su casa!

Proverbios 5:8, NTV

En el preescolar nos enseñan a interpretar las señales con las que convivimos día a día. Estas van desde señales de tránsito hasta las que nos advierten de peligro. Aunque los niños no sepan leer, queremos que en su mente se haga una conexión entre los colores, el diseño y las letras para evitar accidentes. Tristemente, cuando crecemos olvidamos revisar las señales de peligro en una relación y caminamos directo hacia las trampas.

José era un joven soltero y apuesto. Además, era trabajador y exitoso. Su posición como esclavo no permitía que tuviera los mismos derechos que un hombre libre, pero comenzó a detectar señales de acoso de parte de la esposa de su jefe. La mujer lo deseaba y abusaba de su posición de autoridad. José pudo haber decidido actuar de muchas maneras, pero hizo lo que enseñamos a los niños cuando se acercan a un contacto de electricidad o a una barranca: ¡huir! Se alejó de ella.

En el capítulo 5 de Proverbios, el padre aconseja al hijo lo mismo. Le dice en otras palabras: "Cuando a tu puerta toque el adulterio, aléjate". No existe otra forma de evitar el peligro. Si seguimos la relación con alguien que no nos conviene, diciéndonos que nos detendremos en el momento que las cosas se compliquen, nos engañamos a nosotras mismas. Debemos huir.

Si eres casada, no profundices en relaciones con el sexo opuesto. Huye del adulterio. Si eres soltera, aléjate de hombres casados o novios que te pidan más y más. Huye de la fornicación. Sé sabia, y ¡no te acerques a personas que te pueden lastimar o a situaciones que te pueden comprometer!

Dios, dame la sabiduría para percibir las señales de peligro y las fuerzas para huir de él.

KO

6 DE NOVIEMBRE

Hay cosas que el Señor odia...
el corazón que trama el mal, los pies que corren a hacer lo malo...
Proverbios 6:16, 18, NTV

Escuchamos en nuestros días que debemos ser "tolerantes", pero desafortunadamente se tiende a usar este término para pasar por alto las malas acciones de las personas. Se culpa a la familia, a la escuela, a la sociedad, para quitarle la responsabilidad al individuo.

El profesor universitario de Marcela era muy inteligente y simpático. Ella empezó a hacer amistad con él, aunque sabía que era casado. Él admiraba sus composiciones e ideas. Incluso, parecía estar abierto cuando Marcela le platicó de su fe cristiana. Un día ofreció llevarla a su casa y, al final, quiso abusar sexualmente de ella. Ella huyó, pero aprendió que las apariencias engañan.

Solo hasta que vemos "los pies que corren a hacer lo malo", nos damos cuenta de que desde antes iniciaron con "el corazón que trama el mal". Los seres humanos somos excelentes para disfrazar nuestras intenciones reales, pero el Señor "escudriña todo corazón y discierne todo pensamiento" (1 Crónicas 28:9, NVI). En nuestro interior nace el pecado, con sentimientos de celos, venganza, lujuria, codicia y más. Todos los programas de rehabilitación fallarán si no hay una verdadera transformación de nuestro ser, que solo ofrece Jesucristo.

Dios ve "todo corazón" y nuestra tendencia al pecado, especialmente en las áreas que no le hemos entregado completamente. Dejemos que Él examine y nos muestre esos "errores ocultos" (Salmo 19:12) para que nos rindamos a Él y obre sanidad en nosotros.

"Examíname, oh, Dios, y sondea mi corazón" (Salmo 139:23, NVI).

MH

7 DE NOVIEMBRE

... como un ciervo que cayó en la trampa.

Proverbios 7:22, NTV

Karen Carpenter cantó estar "en la cima del mundo mirando la creación" y la única explicación era el amor de un hombre. La voz de Karen me fascina, y aún escucho sus canciones, sobre todo en la temporada navideña. Tristemente, ella cayó en la trampa del pecado.

Karen empezó a hacer dietas desde la preparatoria porque se consideraba "gordita". En la cima de su carrera, vio una foto de sí misma en un concierto, y pensó que se veía pasada de peso. Contrató un entrenador personal que le sugirió cambiar su dieta, pero molesta ante los resultados, empezó a hacer su propia rutina y eligió qué comer. Karen padecía anorexia. Finalmente, perdió la batalla a los treinta y dos años. La anorexia surgió de una imagen pobre que tenía de sí misma, una relación complicada con sus padres y un divorcio que la devastó.

En el proverbio de hoy, se compara a un joven necio que va tras una adúltera con un ciervo que ha caído en una trampa. El pecado es como esa trampa. Todos hemos pecado y "la paga que deja el pecado es la muerte" (Romanos 6:23, NTV). Sin embargo, Jesús vino para saldar esa cuenta. El regalo que hoy nos da Dios es la vida eterna por medio de Cristo Jesús nuestro Señor. ¿Y sabes qué más hace? "Me hace andar tan seguro como un ciervo, para que pueda pararme en las alturas de las montañas" (Salmos 18:33, NTV).

Jesús libra al ciervo de la trampa y lo pone en la "cima del mundo", como cantaba Karen. La canción de The Carpenter nos dice que el amor de un ser humano es la única explicación para ese sentimiento de victoria, pero eso no es verdad. Es el amor de Dios, el saber que está con nosotras, lo que nos libra de la trampa y nos coloca en las alturas.

Señor soberano, dame "pie firme como al venado, capaz de pisar sobre las alturas" (Habacuc 3:19, NTV).

KO

8 de noviembre

Por mí reinan los reyes
y promulgan leyes justas los gobernantes.

Proverbios 8:15, NVI

¿Por qué hay malos gobernantes en el mundo? ¿Te lo has preguntado alguna vez? Algunas personas piensan que Dios pone a todos los gobernantes, pero la realidad es que nosotros los elegimos o llegan por medios incorrectos. Dios lo "permite", mas no los coloca en el trono.

Podemos citar muchos malos líderes en nuestras sociedades. Muchos de ellos son elegidos por cada nación. Por esa razón es tan importante participar en las elecciones de nuestros países y apoyar los partidos o los líderes que promueven leyes justas y que buscan ayudar a los pobres y a los menos afortunados.

En la historia de Israel encontramos muchos reyes, algunos buenos, otros malos. Cuando un gobernante es benévolo con su pueblo y promulga leyes justas, Dios le respalda y le da sabiduría para seguir gobernando. Detrás de un buen gobierno, también hay un pueblo sediento de justicia y rectitud.

¿Qué debemos hacer ante gobiernos corruptos? Lo primero es orar. Oremos porque Dios toque sus corazones y les mueva a buscar justicia. Pero una manera muy poderosa de levantar nuestra voz es con nuestro ejemplo. No nos prestemos a la corrupción, votemos y elijamos con conocimiento, no solo porque otros lo hacen. Seamos ciudadanas ejemplares.

Señor, actúa sobre el gobierno de mi país.

YF

9 DE NOVIEMBRE

Y no saben que allí están los muertos,
que sus convidados están en lo profundo del Seol.
Proverbios 9:18, RVR1960

Eilene Zimmerman escribió sobre su difunto esposo Peter en su libro *Smacked, una historia de ambición de cuello blanco.* Peter, exitoso abogado y con una casa de ensueño, murió por una sobredosis. Ni su exesposa ni sus hijos adivinaban que había caído en la pesadilla de la adicción hasta que fue muy tarde. Por lo tanto, Zimmerman declara que no solo los vagabundos y pobres pueden caer en la trampa de las drogas, sino también doctores, abogados, hombres de negocios e, incluso, amas de casa.

Eilene descubrió que su esposo había empezado a consumir cocaína para aliviar el estrés. Otros profesionales han dicho que las drogas les ayudan a ser más productivos en un mundo cada vez más demandante. Quizá algunos simplemente quieren emoción en una vida que les parece cada vez más tediosa. Tristemente, acudir a cualquier sustancia —legal o ilegal— que nos controle, es escuchar la voz de la necedad que describe Proverbios 9.

El escritor de Proverbios nos recuerda que seguir el consejo de la mujer insensata, que nos engaña con atajos, es ir directo a la muerte. Moisés le dijo esto al pueblo de Israel cuando les presentó la ley: "Mira, yo he puesto delante de ti hoy la vida y el bien, la muerte y el mal… escoge, pues la vida" (Deuteronomio 30:15, 19, RVR1960).

Elijamos la vida. Huyamos de las drogas como huiríamos de una serpiente venenosa, y busquemos ayuda si hemos sido atrapadas por sus tentáculos. Enseñemos a nuestros niños y jóvenes sobre sus peligros.

Señor, no permitas que caiga en las drogas. Hoy te pido también por todos los que luchan con adicciones. ¡Que encuentren en ti la salida!

KO

10 DE NOVIEMBRE

Pasa la tormenta y desaparece el malvado,
pero el justo permanece firme para siempre.

Proverbios 10:25, NVI

Todos podemos pensar en alguna persona importante que estuvo en la cumbre del éxito y se desplomó: algún político que cayó en la corrupción, algún artista que sufrió por abusar de las drogas. Después desaparecen de las noticias y de la memoria. En contraste, otros logran mantener el rumbo y resisten las "tormentas" y tentaciones.

Estuve en la costa de Canadá cuando pasó la cola de un huracán, con tremendos vientos. Al día siguiente fui a dar una vuelta por el pueblo y el bosque; fue lamentable ver enormes árboles tirados en el suelo. Luego me di cuenta de que, junto al camino, unas margaritas habían agachado la cabecita, y al otro día, estaban derechitas. Pensé: "Así aguantan los pequeños fieles que siguen firmes, aunque los poderosos caigan".

De la misma manera, Salomón nos enseña que el malvado desaparece después de la tormenta, "pero el justo permanece firme para siempre". Hubo grandes reyes que se desviaron del camino correcto y sufrieron las consecuencias. Del rey Joacim se profetizó: "Será enterrado como un asno, y lo arrastrarán y lo arrojarán fuera de las puertas de Jerusalén" (Jeremías 22:19, NVI). De hecho, muchos no nos acordamos ni de su nombre.

¿Cómo nos va en las tormentas de la vida? ¿Nos dejan tiradas en el suelo, vencidas? Confío en que, como "el justo", nos mantengamos firmes, arraigadas en el Señor.

Señor mío, aunque me sienta débil, contigo soy fuerte. Contigo a mi lado, sé que permaneceré firme.

MH

11 DE NOVIEMBRE

El fruto del justo es árbol de vida;
y el que gana almas es sabio.

Proverbios 11:30, RVR1960

En Instagram puedes encontrar la cuenta *De Meal Prepper*, creada por Jolanda Stokkermans. Jolanda empezó a compartir consejos y recetas de cocina, pero, impulsada por sus hijos, decidió ir a otro nivel: las presentaciones de sus platillos son retratos de animales y personajes de la cultura pop. La comida que prepara ofrece nutrición y arte, ¿pero vida? Jolanda ha ganado fama y reconocimiento, pero ¿almas? ¿A qué se refiere el proverbio de hoy? ¡A ganar personas para Jesús!

Pluvia es una mujer que tiene un don especial para hablar del amor de Dios a las personas. Un día fue a visitarme, pero yo llegué a casa unos minutos tarde. Mientras esperaba, ella conversó con la señora que me ayudaba con los quehaceres domésticos. Cuando llegué, pasamos un rato juntas y al despedirse solo me dijo: "Ah, la señora ya es salva; hizo conmigo su decisión para aceptar a Cristo".

Todos somos llamados a compartir las buenas noticias de salvación. Al inicio de nuestra vida cristiana, nos resultaba fácil conversar del tema con alguna compañera de escuela o amiga de la infancia, incluso con la persona que iba sentada junto a nosotras en el transporte público. Pero debemos seguir haciéndolo. El proverbio de hoy dice que el creyente da fruto y ese fruto es la vida eterna para el alma que podamos ganar para Cristo.

Somos sabias cuando proclamamos las buenas nuevas de salvación. Gracias demos a nuestro Padre por el interés y amor que puso en la persona que nos mostró cómo llegar a los pies de Cristo. ¡Hagamos lo mismo por otros! Jesús es la única esperanza para un mundo en tanta necesidad.

"Señor, pon un alma en mi corazón... que dulcemente haga mi deber de ganarla para ti".

MG

12 DE NOVIEMBRE

Las palabras veraces soportan la prueba del tiempo;
pero las mentiras pronto se descubren.

Proverbios 12:19, NTV

En Rumania, cuando alguien está a punto de mentirte, dicen una expresión que se traduce como "vendes donas". Las donas o rosquillas son uno de los panes favoritos de muchos, pero con esta expresión los rumanos advierten que alguien no dice la verdad.

Nuestro proverbio nos recuerda una de las pruebas más importantes para saber si algo es o no verdad: la prueba del tiempo. Podemos mencionar una lista de propuestas que en su momento fueron novedosas, pero hoy han quedado en el olvido porque no fueron ciertas. Sin embargo, un libro que ha soportado la prueba del tiempo, de la crítica y de la persecución, hoy sigue en pie trayéndonos paz.

"Los seres humanos son como la hierba, su belleza es como la flor del campo. La hierba se seca y la flor se marchita. Pero la palabra del Señor permanece para siempre" (1 Pedro 1:24-25, NTV). La Biblia es única en que, a pesar de haber sido escrita por más de cuarenta autores diferentes en un lapso de muchos años, tiene un hilo conductor: Jesús mismo. Él es el tema central de la Biblia, y no ha pasado de moda.

Las mentiras se descubren tarde o temprano. La gente, incluso, puede adivinar cuando les estamos intentado "vender donas", pero la verdad soporta la prueba del tiempo. Cree la verdad. Mantente firme en la verdad. Aférrate a la verdad. No te arrepentirás.

Tu Palabra es verdad, Señor.

KO

13 DE NOVIEMBRE

Los justos odian las mentiras.

Proverbios 13:5, NTV

Cuando Pilato estaba juzgando a Jesús se preguntó qué era la verdad. ¿Debía confiar en la palabra de Jesús? Pilato, tristemente, no estaba interesado en saber qué o quién era la verdad. Más bien, evaluó las consecuencias de lo que creía. Pensó en la rebelión que podía levantarse de parte de los judíos si los enfadaba y en lo que sus superiores demandarían de él. La verdad quedó a un lado.

Lo mismo hacemos hoy. No nos importan los hechos: que el feto ya es un ser humano; que Dios creó hombres y mujeres y no se equivocó; que el uso desmedido del plástico afecta el planeta... Muchas veces, lo que nos importa es qué consecuencias tiene lo que creemos para nosotros. Si seguir la verdad puede afectar nuestra reputación, puede hacernos perder dinero o puede obligarnos a dejar nuestro estilo de vida pecaminoso, elegiremos ignorarla.

La verdad es un tema complejo en el mundo moderno. Al parecer, a nadie le importa "la verdad" sino cómo afecta nuestra comodidad y, de acuerdo con eso, la aceptamos como tal —una verdad— o la catalogamos como una mentira. ¿Odiamos las mentiras? ¿Las toleramos por conveniencia? Los que pertenecemos a Dios hemos escuchado la verdad de parte de Dios y su Palabra. Así que debemos responder a la pregunta de Jesús: "Y si les digo la verdad, ¿por qué, entonces, no me creen?" (Juan 8:46, NTV).

Nuestro compromiso debe ser con la verdad sin importar las consecuencias. En otras palabras, debemos creer y hacer lo correcto, aunque ello conlleve burlas, desprecio o problemas.

Señor, quiero odiar las mentiras. Ayúdame a amar la verdad.

KO

14 DE NOVIEMBRE

Quienes oprimen a los pobres insultan a su Creador,
pero quienes los ayudan lo honran.

Proverbios 14:31, NTV

Regateamos para reducir el precio de una artesanía y el creador indígena no recibe lo justo por su trabajo. No les pagamos vacaciones ni aguinaldo a los empleados domésticos. Tenemos un pequeño negocio que apenas da el salario mínimo y no ofrece un seguro de salud. Existe todo tipo de maneras de discriminar a los pobres.

Una pareja ha empezado un ministerio de niños de bajos recursos en mi ciudad. Un día observaron a un hombre que pasaba lenta y fatigosamente, con dificultad para respirar. Entablaron amistad con él y supieron que sufre de fibrosis pulmonar. Como resultado, no puede tener un empleo estable. Su vivienda carecía de un techo que lo protegiera bien del frío y se acercaba el invierno. La pareja y otros cristianos juntaron material y mano de obra para colocar un piso firme y láminas en el techo.

Este proverbio dice que al oprimir al pobre ¡insultamos al Creador! Y al ayudarlo, honramos a Dios. Jesús mismo aseveró que vino a cumplir la profecía de Isaías, ya que su Padre lo "envió para dar buenas noticias a los pobres" (Lucas 4:18, TLA). También nos indicó que al mostrar compasión hacia los pobres, le ministramos a Él: "Cuando tuve hambre, ustedes me dieron de comer" (Mateo 25:35, TLA).

No solo nos toca ministrar a los necesitados con alguna ayuda en especie. Podemos ir más allá y proveer oportunidades de mejorar su forma de vivir. Debemos interesarnos en que se les trate con justicia y con respeto a sus derechos.

Señor, abre mis ojos a maneras de aliviar el sufrimiento de los pobres.

MH

15 DE NOVIEMBRE

Jehová está lejos de los impíos;
pero él oye la oración de los justos.

Proverbios 15:29, RVR1960

¿Has estado en medio de una tormenta? La primera vez que escuché el retumbar de los truenos yo tenía seis años. Parecía que el cielo estaba enojado y enviaba sus rayos para desahogar su ira. Entonces, para colmo, la luz eléctrica falló. Afortunadamente, estaba mamá y su abrazo. "Pues vamos a orar. Tú pídele a Dios que ya venga la luz y se acabe la lluvia". Mamá siempre me decía que Dios escuchaba todas las oraciones. Empecé a orar. Justamente al decir "amén" y abrir los ojos ¡vino la luz! Fue tal nuestra sorpresa que empezamos a reír de gusto.

Hoy agradezco que mi mamá inculcara en mí la certeza de que Dios me escucha. Aunque a veces parezca que nuestra oración es demasiado insignificante como para modificar lo que está predestinado, oremos de todos modos, porque Él está atento. Roguemos por el que padece cáncer y por quienes no tienen trabajo y alimento. Clamemos por el que vive atrapado en alguna adicción y por los niños que tienen que trabajar. Por los refugiados, los gobernantes, las víctimas de la trata de personas, la inseguridad y la delincuencia... ¡hay tanto por lo cual orar!

El proverbio de hoy es claro. El Señor oye nuestras oraciones. El Nuevo Testamento lo ratifica: "Acerquémonos, pues, confiadamente al trono de la gracia, para alcanzar misericordia y hallar gracia para el oportuno socorro" (Hebreos 4:16, RVR1960) ¡Cuán preciosa invitación!

No permitas que esta hermosa comunicación se vea interrumpida por el pecado. Vive justamente, en obediencia y procurando la integridad. Comprobarás que una oración puede hacer que la luz nos ilumine de nuevo en tiempos de oscuridad.

"Señor, delante de ti están todos mis deseos y mi suspiro no te es oculto".

MG

16 DE NOVIEMBRE

Tras el orgullo viene el fracaso;
tras la altanería, la caída.

Proverbios 16:18, DHH

¿Te imaginas romper la nariz de una estatua famosa? De eso trata el libro *Rompiéndole la nariz a Stalin*, en el que un niño de diez años, además de desencantarse del comunismo, teme las represalias por el accidente que ha provocado en el busto del héroe soviético. Stalin quiso ser venerado y se creyó el salvador del pueblo ruso hasta que vino la caída. Y de eso trata nuestro proverbio.

El rey Uzías siguió el ejemplo de su padre Amasías al querer honrar al Señor. Buscó al Señor con todo su corazón y Él le prosperó. Le ayudó a vencer a los filisteos, los árabes y los amonitas, y la historia bíblica cuenta que llegó a ser tan poderoso que contaban su fama por todas partes. Tristemente hay un "pero". Dice la Biblia que cuando ya era fuerte, su corazón se enalteció. Creyó que todo se lo merecía. A tal grado creció su orgullo que pensó que ya no necesitaba un sacerdote que mediara entre él y Dios, así que entró al templo a ofrecer incienso en lugar de los sacerdotes. Cuando el sacerdote Azarías le reconvino, él se enfureció y, en su ira, le brotó lepra en la frente.

El gran rey Uzías fue humillado delante de sus súbditos. No pudo seguir siendo rey. Tuvo que vivir separado de su pueblo y de su familia porque fue leproso por el resto de su vida. Por algo, Pedro dice que "Dios resiste a los soberbios, y da gracia a los humildes" (1 Pedro 5:5, RVR1960).

Todas queremos ganarnos el corazón de los demás. ¿No es lo que ansían muchos políticos como Stalin? Nos gusta ser las "salvadoras" de los demás, pero esto solo nos lleva al orgullo. ¡Cuidado! Reconozcamos cuál es nuestro lugar en este mundo y demos a Dios el lugar que merece.

Padre, líbrame del orgullo.

YF

17 DE NOVIEMBRE

Cuando se perdona una falta, el amor florece,
pero mantenerla presente separa a los amigos íntimos.

Proverbios 17:9, NTV

Después de su despedida de soltera, una amiga, de modo juguetón, empujó a Rachelle Friedman Chapman a la piscina donde nadaban. Tristemente, Rachelle cayó mal y quedó tetrapléjica. ¿Puedes imaginar la tragedia? Obviamente la boda se pospuso, aunque un año después, Rachelle se casó con su prometido. Aún más increíble resulta el pacto que Rachelle hizo con las cuatro amigas que estuvieron presentes ese día junto a la piscina. No nombrarían quién había sido la que la había empujado, y desde el 2010 han mantenido su promesa.

¿Algún amigo te ha traicionado u ofendido? ¿Has sido herida por alguien que aprecias? Conozco amigas que por una situación menos dramática dejaron de hablarse y no pueden ni siquiera oír el nombre de la otra sin sentir un escalofrío. Ignoro si Rachelle y sus amigas cumplirán su pacto por siempre, pero en la Biblia tenemos ejemplos poderosos de perdón, principalmente del mismo Dios.

El apóstol Pedro hizo eco de este proverbio en su epístola cuando escribió: "Lo más importante de todo es que sigan demostrando profundo amor a otros, porque el amor cubre muchos pecados" (1 Pedro 4:8, NTV). El perdón, como Pedro mismo experimentó, es la prueba más grande de amistad. ¿Recuerdas que Pedro negó conocer a Jesús antes de que lo mataran? Y aun así, Jesús siguió siendo su amigo y le dio la misión de compartir la buena noticia de su resurrección. ¡Lo perdonó!

El perdón no implica ignorar el mal cometido ni minimizar el daño. El amor más bien elige tratar de unir los lazos fraternos con el otro. Ciertamente no es sencillo, pero es el mejor camino. ¿Qué haremos al respecto?

Padre, ayúdame a perdonar a aquellos que me ofenden o lastiman,
así como tú me has perdonado.

KO

18 DE NOVIEMBRE

Quien halla esposa halla la felicidad:
muestras de su favor le ha dado el Señor.

Proverbios 18:22, NVI

Existen muchos mitos en cuanto al matrimonio. Supuestamente las chicas sueñan con su príncipe azul... ¿y los hombres? ¡Quizás con su princesa rosa! Se habla también de encontrar "un alma gemela". Sin embargo, esas imágenes de perfección pronto se desploman a la luz de la realidad.

Poco antes de casarme, una sobrinita me preguntó: "¿Por qué te casas con mi tío?". Le dije que nos amábamos y queríamos servir a Dios juntos. Ella dio su propia interpretación: "Creo que él no quiere hacerse viejito y estar solito". Seguramente algo de razón tenía, pues él ya tenía cuarenta años.

Aunque este proverbio menciona "la felicidad" como una de las bondades del matrimonio, nunca expresa que pueda haber alguna pareja perfecta. Del esposo se dice: "Muestras de su favor le ha dado el Señor". Recibimos bendición cuando escogemos dentro de la voluntad de Dios para nosotros. Formar equipo es una ventaja de la pareja: "Más valen dos que uno, porque obtienen más fruto de su esfuerzo" (Eclesiastés 4:9, NVI). A la vez, mantener una unión fuerte requiere esfuerzo personal y fe en el Señor.

Si eres soltera, confía que Dios te indicará en su momento ese hombre con el que puedas formar equipo. Si eres casada, recuerda que el Señor te quiere usar para que tu hogar sea feliz.

Padre, ¡gracias por el don de dar felicidad!

MH

19 DE NOVIEMBRE

No hay testigo falso que salga bien librado;
todo mentiroso recibe su castigo.

Proverbios 19:5, TLA

Cierta mañana, Armando se encontró con un amigo en el autobús, quien le saludó diciendo: "¡Hola, Arturo! ¡Qué gusto verte!". Quizá por el miedo que tenía de corregir a otro o su necesidad por quedar bien, Armando no dijo nada. El gozo de la persona que lo saludaba fue suficiente para él. Pero seis meses después, Armando comprendió algo. Todas las mañanas, entre siete y siete media, se llamaba Arturo.

Situaciones así son comunes. Si no decimos la verdad en el momento, podemos quedar envueltos involuntariamente en una mentira. No existen las mentiras "sin importancia". Cuando aparentamos algo que no es, aun cuando no pronunciamos palabras, creamos una situación engañosa como fingir que no hemos visto un mensaje en el celular o no contestar el teléfono de casa para que piensen que no estamos ahí.

Tristemente, "nada hay encubierto que no haya de ser revelado, ni oculto que no haya de saberse. Por lo cual, todo lo que habéis dicho en la oscuridad se oirá a la luz, y lo que habéis susurrado en las habitaciones interiores, será proclamado desde las azoteas" (Lucas 12:2-3, LBLA). Es necesario proponerse en el corazón actuar siempre con verdad.

¿Consideras este aspecto como algo que puedes mejorar en tu vida? Si tuvieras que evaluar con qué frecuencia has recurrido a una mentira, ¿qué responderías? ¿Nunca, a veces o con frecuencia?

Dios, ayúdame a recordar que daré cuenta de todas mis palabras.

MG

20 DE NOVIEMBRE

Una herencia que se obtiene demasiado temprano en la vida al final no es de bendición.

Proverbios 20:21, NTV

El gran pintor Rembrandt se identificó con el hijo pródigo de la parábola de Jesús, pues, en su juventud, actuó de manera despilfarradora y arrogante. Como dice nuestro proverbio de hoy, el hijo pródigo recibió temprano su herencia, pero le fue de tropiezo. Rembrandt pintó en su edad madura un poderoso cuadro donde el padre recibe al hijo y posa las manos sobre los hombros de este en señal de perdón. Muchos años después, este cuadro causó un profundo impacto en Henri Nouwen, un pensador y escritor cristiano. Nouwen habló del segundo hijo de esta historia.

Rembrandt y Nouwen también se podían identificar con el hijo mayor, resentido por el perdón que el padre daba al hijo menor y reacio a perdonar y dar una segunda oportunidad. Los dos hijos en esta historia, retratados por Rembrandt, podemos ser tú y yo. Pero Nouwen da un paso más allá y nos habla del padre compasivo.

El padre compasivo representa a Dios, quien "esperará a que ustedes acudan a él para mostrarles su amor y compasión" (Isaías 30:18, NTV). Nosotras, aun cuando somos más parecidas a ambos hijos, podemos convertirnos eventualmente en ese padre compasivo y ayudar a otros.

Seamos como el padre que "se estira a todo el que sufre, pone sus hombros para que descansen todos los que vienen a él, y ofrece la bendición que surge de la inmensidad del amor de Dios". Busca el cuadro del *Regreso del Hijo Pródigo* de Rembrandt y reflexiona más en esta historia mientras interactúas con los personajes principales. ¿Somos como el hijo menor, el mayor o el padre?

Señor, dame compasión por otros.

KO

21 DE NOVIEMBRE

La rapiña de los impíos los destruirá,
por cuanto no quisieron hacer juicio.

Proverbios 21:7, RVR1960

Los holandeses no solo monopolizaron el comercio de la canela en el siglo XVI, sino también el de la nuez. La nuez moscada crecía en unas pocas islas en lo que hoy es Indonesia. Los holandeses hicieron lo posible para que solo creciera en las islas de Banda y Ambonia, como cortar los árboles en otros lugares. Sin embargo, no contaban con los pájaros. A ellos no les interesaron las leyes y reglas de los holandeses, y esparcieron las semillas en las islas alrededor. A pesar de los esfuerzos del hombre, la naturaleza mostró generosidad. Sin embargo, el robo, el saqueo y la violencia usada para acaparar no está solo en la historia.

¿Has visto adultos y niños compitiendo por los premios de una piñata? ¿No buscamos siempre ganar y tener el pedazo más grande del pastel o el mejor regalo de la rifa? ¿No tratamos de destruir a la competencia? Ganar. Tener. Acaparar. Monopolizar. En nuestra cultura, estos verbos se han vuelto sinónimo de "superación personal", sin embargo, revelan algo oscuro de nuestro interior.

Jesús contó la historia de un rico que neciamente acaparó riquezas, pero que al final, perdió todo. Concluyó la historia diciendo: "El que almacena riquezas terrenales pero no es rico en su relación con Dios es un necio" (Lucas 12:21, NTV).

¿Somos necias? ¿Nos parecemos a esos holandeses del pasado que querían para ellos las ganancias del comercio de especias en lugar de compartir lo que la naturaleza tan generosamente da? Almacenar, acaparar, monopolizar son palabras que no deben describir nuestras acciones ni actitudes. Más bien, seamos generosas y "ricas" en nuestra relación con Dios.

Señor, no quiero ser necia y pensar que la vida se mide por cuánto tengo. Líbrame de la avaricia.

KO

22 DE NOVIEMBRE

No engañes a tu vecino cambiando de lugar los antiguos límites de propiedad establecidos por generaciones pasadas.

Proverbios 22:28, NTV

Habrás visto en el campo unos postes gruesos de concreto o piedra, aparentemente en medio de la nada. Una vez supe que se llaman mojoneras y que algunas son muy antiguas. El término todavía se usa para explicar los límites de las propiedades que están marcados en los planos de un terreno o construcción.

En siglos pasados, no existía forma de medir la latitud y longitud para determinar la ubicación exacta de un terreno, ni mucho menos un sistema como el GPS. Por lo tanto, esos marcadores eran sumamente importantes para indicar la extensión de una propiedad. Moverlos era terriblemente engañoso, pues obviamente se hacía para el beneficio propio.

Este proverbio enseña que no se debe engañar al vecino cambiando de lugar las mojoneras. Otros pasajes bíblicos nos prohíben otro tipo de engaño: "No emplees medidas falsas cuando midas la longitud, el peso o la capacidad" (Levítico 19:35, NTV). Ser personas honestas tiene que ver no solo con las palabras sino con las acciones; debemos vivir con justicia.

Cuídate de no caer en acciones que perjudican a tu prójimo. Si tienes un negocio, trata justamente a tus clientes y empleados. Dales el cambio exacto a quienes te paguen algo. Procura que tus acciones y tu vida sean transparentes, para que Dios sea glorificado.

Señor, haz que no solo mis palabras sino también mis acciones sean agradables ante ti.

MH

23 DE NOVIEMBRE

No rehúses corregir al muchacho;
porque si lo castigas con vara, no morirá.

Proverbios 23:13, RVR1960

Aunque parezca increíble, un niño muere cada cinco días por atragantarse con algo que comió. Es una de las causas principales de muerte entre los niños menores de catorce años. Por ejemplo, los malvaviscos que tanto gustan a los pequeños podrían quedarse atorados en su garganta si no mastican bien. ¿Y si un niño de dos años lanza una rabieta por querer un alimento que tú sabes que puede matarlo? ¿Se lo darías?

Nuestro proverbio de hoy nos invita a reflexionar sobre que hay cosas que los niños desean, pero debemos negárselas. Y al hacerlo, confiar que no morirán. De hecho, ¡podemos salvarlos de un accidente! Pensemos en ejemplos como qué comer, cuántas horas de pantalla al día o con quién salir y jugar. Una maestra me dijo un día: "¿Quieres que tu hija lea? ¡Permite que se aburra! Que yo sepa, nadie se ha muerto por no tener qué hacer. Al contrario, ha sido la puerta a la creatividad".

No tengamos miedo de decir "no" a nuestros hijos. El Señor hace lo mismo con nosotras motivado por el amor. Él sabe que muchas veces no tenemos lo que deseamos porque no se lo pedimos. En otras, no lo recibimos porque pedimos "con malas intenciones" (Santiago 4:3, NTV). Deseamos solamente lo que nos dará placer.

Quizá tus hijos, nietos o sobrinos quieren lo que les traerá placer, desde comida chatarra que no los nutre, hasta video juegos o exceso de tiempo en pantalla, pero esto afectará su desarrollo. Aprendamos a decir "no". Como concluye el proverbio, la disciplina "puede salvarlos de la muerte" (Proverbios 23:14, NTV).

Señor, tu deseas hallarnos irreprensibles. Ayúdanos a vivir en obediencia y enseñar a nuestros hijos a tener disciplina.

KO

24 DE NOVIEMBRE

No te excusas diciendo: "Ay, no lo sabíamos".
Pues Dios conoce cada corazón y él te ve.

Proverbios 24:12, NTV

Cuando Andrea se graduó como enfermera, consiguió trabajo en una clínica bajo el mando de un doctor especializado en obstetricia. Como enfermera quirúrgica, estaba allí en los partos y se sorprendió de la maravilla de los milagros de Dios. Sin embargo, empezó a percibir que su jefe no la invitaba a ciertos procedimientos y lo atribuyó a su falta de experiencia. Entonces se desilusionó.

Otra compañera le contó que el doctor no la invitaba a realizar los muchos abortos con que se enriquecía. Él sabía que Andrea era cristiana y no aprobaba esta práctica, pero ahora ella se encontraba en una disyuntiva. Si bien al principio había ignorado lo que se hacía en esa clínica, ahora no podía excusarse y decir que no lo sabía. Decidió renunciar.

En la vida tendremos muchas oportunidades de mostrar dónde está nuestra lealtad. Quizá trabajemos en lugares donde se abusa de los trabajadores o se practican cosas deshonestas. Contadores y administradores se pueden encontrar en una disyuntiva, incluso maestros a quienes se les exija mentir o enseñar falsedades. El proverbio añade: "El que cuida tu alma sabe bien que tú sabías" (Proverbios 20:12, NTV).

Dios cuidó del alma de Andrea al darle el valor para buscar un nuevo trabajo. Del mismo modo, cuando sepamos que algo erróneo se lleva a cabo a nuestro alrededor, no finjamos ignorancia. Recordemos que Dios nos ve, nos conoce y nos cuida. Y si la injusticia en el mundo nos hace sentir impotentes, el proverbio culmina: "**Él pagará a cada uno según merecen sus acciones**".

Padre, pesa mi corazón y mira por mi alma. Tú la conoces.

KO

25 DE NOVIEMBRE

Los mensajeros confiables refrescan como la nieve en verano.

Proverbios 25:13, NTV

Una parte de la historia que causa controversia es la Conquista de México. Muchos religiosos que pisaron nuestro país, movidos por la codicia y la avaricia, solaparon la actitud violenta de los primeros conquistadores. Fueron malos mensajeros del Evangelio de Jesús. Sin embargo, hubo otros que fueron fieles.

Fray Bartolomé de las Casas es todavía recordado como un defensor de los derechos indígenas. Renunció, por ejemplo, a la encomienda que se le había concedido para mostrar que esa forma de institución era esclavitud encubierta. Insistió en la evangelización como única justificación de la presencia de España en América y propuso reformar las leyes para dar más oportunidades a los nativos de estas tierras.

¿Qué clase de mensajeras somos? ¿Vamos por ahí anunciando lo que la Biblia dice, pero sin tener una convicción propia ni vivir lo que predicamos? ¿O somos mensajeras fieles que no se limitan a defender lo que Jesús dice, sino que encarnamos su amor y bondad? Las Escrituras dicen: "¡Qué hermosos son los pies de los mensajeros que traen buenas noticias!" (Romanos 10:15, NTV).

Si hemos creído en Jesús, tenemos un mensaje que compartir con los demás, un mensaje de amor y de esperanza: que Jesús murió para perdonar nuestros pecados y nos ofrece vida eterna. Seamos fieles mensajeras con pies hermosos que traen vida a los demás.

Señor, quiero ser una mensajera confiable. Que viva lo que predique.

KO

26 DE NOVIEMBRE

La lengua mentirosa odia a los que oprime,
y la boca lisonjera causa ruina.

Proverbios 26:28, NBLA

El huapango es un tipo de canción mexicana que se traduce como "sobre la tarima", en referencia al lugar donde se baila. Su principal característica es el falsete que utiliza el trovador para alcanzar los tonos altos y ligar los versos, que muchas veces son improvisados. Un famoso huapango es el de Elpidio Ramírez, que dice: "¡Qué bonitos ojos tienes, debajo de esas dos cejas!". Nos referimos a *La Malagueña*. ¿Y qué mujer no quiere oír esto en una serenata?

El piropo, la flor, la lisonja nos halagan en ocasiones. Las mujeres somos propensas a creer estas palabras y a caer bajo su encanto. En México, las tradicionales serenatas combinan el romanticismo y la música para tocar las cuerdas de corazones sensibles. Desafortunadamente, las lisonjas no siempre son ciertas.

Una vez más la Biblia habla del poder de la lengua. Cuando las palabras nacen del egoísmo y el odio, son destructoras y traen ruina. Los que mienten pueden perseguir ganancias deshonestas: Algunos "son fanfarrones que se jactan de sí mismos y adulan a otros para conseguir lo que quieren" (Judas 1:16, NTV).

La gente puede expresarse con zalamerías que no son sinceras. Tengamos cuidado con las personas que nos hacen cumplidos, porque esa adulación puede nacer del deseo de recibir algún favor o de alejarnos del Señor. ¿Cómo saber si una canción de amor es sincera? Sigamos el consejo de las abuelitas: que sus palabras vayan acompañadas de sus hechos.

Hazme sensible, Señor, a tu voz, y no a esas voces que me quieren engañar.

MH

27 DE NOVIEMBRE

El que se aleja de su hogar
es como el ave que se aleja de su nido.

Proverbios 27:8, NTV

Perdió sus riquezas de la noche a la mañana. En un día, sus diez hijos fallecieron. Para colmo fue afectado por una enfermedad que le provocaba intenso dolor y picazón, así como el repudio de quienes lo veían. Nos referimos a Job quien, en un momento de angustia, recordó sus días felices y exclamó: "Entonces pensaba: 'En mi nido moriré, y multiplicaré mis días como la arena'" (Job 29:18, LBLA). ¿Quién no quisiera morir en su nido, en su lugar de consuelo y comodidad?

Nuestro proverbio, sin embargo, nos recuerda que algunos nos alejamos del nido, quizá empujados por el exilio, las circunstancias, o movidos por una decisión personal. Quedamos a merced de los depredadores.

El libro de Job nos da un claro panorama del sufrimiento y de cómo muchas veces no hay una explicación terrenal para las tragedias de la vida, sino una celestial. Job no estaba sufriendo por haber hecho algo particularmente malo o por haberse apartado de Dios. Su dolor provenía de una "apuesta cósmica". Satanás quería saber si la fe de Job era verdadera o si solo buscaba a Dios por conveniencia.

Quizá hoy te sientes como un ave lejos de su nido. ¿Estás sufriendo como Job? En lugar de preguntar por qué a mí o para qué, aférrate a tu fe. Tal vez Satanás también ha hecho una apuesta: que te apartarás de Dios en medio de tus lágrimas. Como Job, recuerda que la fe no es algo que sostienes en tu mano sino algo que te sostiene a ti en las tormentas. "Pon en la peña tu nido" (Números 24:21, RVR1960). Que tu hogar sea Dios y que como Job puedas decir: "El Señor me dio lo que tenía, y el Señor me lo ha quitado. ¡Alabado sea el nombre del Señor!" (Job 1:21, NTV).

Señor, la vida es injusta, pero Tú eres justo. Aunque no entiendo muchas cosas, confío en ti.

KO

28 DE NOVIEMBRE

Cuando los justos triunfan, se hace gran fiesta;
cuando los impíos se imponen, todo el mundo se esconde.

Proverbios 28:12, NVI

En la lucha libre mexicana hay dos bandos representando el bien y el mal. Por un lado, los contendientes que respetan las reglas y que luchan con honor son "los técnicos"; y por el otro lado están "los rudos", quienes hacen trampa y quieren ganar a como dé lugar. Así que, en un encuentro, cuando ganan los técnicos, todo el mundo grita de alegría, pero cuando ganan los rudos, se oyen silbidos y ruidos de desaprobación.

En Números 22, Dios, como el luchador estrella, está en el bando de Israel. Balac, en el bando de los moabitas —los rudos—, está buscando la destrucción del pueblo de Dios. El réferi es Balaam. Así que Balac, con trampas, trata de destruir a Israel y comprar a Balaam para que lo maldiga, pero no cuentan con que Dios es el que protege a Israel y hace que Balaam más bien bendiga a Israel.

Desde que existe el pecado en el mundo, ha sido así: los impíos contra los justos. Pero también tenemos la promesa de que "los justos heredarán la tierra, y vivirán para siempre sobre ella" (Salmos 37:29, RVR1960). Ciertamente en muchas ocasiones parecerá que el mal va triunfando, pero existe un final que ya está asegurado donde Jesús será el Rey de reyes para siempre.

Puede que por ahora los impíos vayan ganando el combate, pero tenemos de nuestro lado al Dios omnipotente, quien, al final, les dará su merecido a los malvados y ¡nosotros haremos fiesta! ¿A qué bando apoyas?

Señor, gracias porque estás de mi parte. No temeré.

YF

29 DE NOVIEMBRE

Él cuida las sendas de los justos
y protege a los que le son fieles.

Proverbios 2:8, NTV

Escuché la canción *Not While I'm Around (No mientras yo esté aquí)* en la voz de Barbra Streisand e imaginé que era una tierna canción de una madre a su hijo. Fue compuesta por Stephen Sondheim para el musical *Sweeney Todd,* donde el huérfano Tobías se la canta a la Sra. Lovett, quien no resulta ser nada buena, a pesar de haberlo acogido. Sin embargo, la canción nos recuerda lo que todos anhelamos.

"Nada va a hacerte daño, no mientras yo esté cerca… Nadie va a lastimarte, nadie se va a atrever, no mientras yo esté cerca". La realidad es que, aunque le cantemos esto a nuestros hijos, en el fondo sabemos que no es posible cuidarlos todo el tiempo. Sin embargo, hay alguien que sí puede prometernos esto y mucho más.

El proverbio de hoy dice que el Señor nos protege, y esta promesa se repite vez tras vez en la Biblia. Escucha esta promesa que Dios hizo a su pueblo Israel, pero que hace hoy a todos los que son parte de su familia: "Los he protegido desde que nacieron; así es, los he cuidado desde antes de nacer. Yo seré su Dios durante toda su vida; hasta que tengan canas por la edad. Yo los hice y cuidaré de ustedes; yo los sostendré y los salvaré" (Isaías 46:3-4, NTV). Quizá has sentido el cuidado de Dios desde niña. Quizá tú digas: "Tuve una infancia terrible. He vivido cosas muy malas. ¿Dónde estaba Dios?". Nuestras circunstancias más difíciles tienen el propósito de traernos de vuelta a los brazos protectores del Padre. Nuestras decisiones suelen alejarnos de Él, y es posible que sucedieran cosas malas en nuestra familia cuando no se le tomó en cuenta. Pero eso no implica que Él no pueda, incluso, cambiar tu pasado en algo nuevo y bello.

Señor, solo Tú puedes cuidarme y protegerme. Gracias porque lo has hecho, lo haces y lo harás.

KO

30 DE NOVIEMBRE

Los damanes no son poderosos
pero construyen su hogar entre las rocas.

Proverbios 30:26, NTV

Los procávidos o damanes son mamíferos que abundan en África y Arabia. Muchas personas suelen confundirlos con los conejos. Son conocidos porque viven en grupos y se comunican mediante diversos gritos. Las especies terrestres son diurnas y habitan las madrigueras y grietas en las rocas. Pero no son los únicos.

Los hombres también han aprendido a usar las rocas naturales para vivir allí. Capadocia, en el centro de Turquía, se caracteriza por una formación geológica única en el mundo. Debido a la erosión, hay muchas cavernas, naturales y artificiales, que han sido habitadas durante siglos. De hecho, hoy puedes visitar el lugar y encontrar muchas iglesias de la era bizantina, con frescos y pinturas que testifican la herencia cristiana de sus habitantes.

¿Cuáles son las ventajas de vivir en las peñas? Protección y permanencia. Desde tiempos de Moisés, Dios usó la figura de una Roca para hablar de sí mismo. Aun cuando cuidó de su pueblo en su travesía por el desierto, y proveyó para ellos agua de una roca, el pueblo "abandonó a Dios; quien lo había creado; se burló de la Roca de su salvación" (Deuteronomio 32:15, NTV). Leemos también que descuidaron la Roca que los engendró. Se olvidaron del Dios que les dio la vida.

Por una parte, Moisés les recuerda a los israelitas que la roca de sus enemigos no es como su Roca. Hasta los enemigos se daban cuenta. ¿Y nosotras? Por otra parte, advierte que todos estamos en peligro de refugiarnos en las rocas equivocadas. Seamos sabias como los damanes y hagamos de Dios nuestra Roca.

Roca de la eternidad, sé mi escondedero fiel.

KO

1 DE DICIEMBRE

El temor del Señor es la base del verdadero conocimiento
pero los necios desprecian la sabiduría y la disciplina.
Proverbios 1:7, NTV

El ruso Iván Pavlov realizó experimentos de reflejo condicionado con perros. Hacía sonar una campana para alimentarlos y ellos relacionaban la campana con comida. Llegó un momento en que el mero sonido activaba el sistema digestivo de los perros. Pavlov proponía que los seres humanos también podían ser entrenados para cambiar su comportamiento mediante la relación estímulo-conducta. Quizá nosotras hemos pensado que el propósito de los proverbios es modificar nuestra conducta. "Si hago esto, pasa aquello". ¡Pero no es así!

Hemos hablado mucho de la lengua. Quizá pensemos: "Si no abro la boca, seré sabia". En cierto modo, esto es verdad. Pero la sabiduría nos pide un poco más. La sabiduría nos enseña que: "Dios te ha creado a ti y al otro". Cuida del otro como Dios cuida de ti". ¿Notas la diferencia?

La base de los proverbios está en el temor del Señor. En otras palabras, la verdadera sabiduría mira quién es Dios, cómo gobierna al mundo y actúa conforme a esas verdades. El temor de Dios nos invita a responder no a un estímulo o recompensa sino a la misma persona de Dios. No hacemos las cosas para ganar puntos, sino porque queremos agradar a un ser supremo, ¡Dios mismo!

Los experimentos de Pavlov funcionan para amenazar y provocar respuestas, pero los estudiosos han concluido que los seres humanos somos más que simples animales. Dios está de acuerdo. La sabiduría no se trata de conductas externas sino de corazones cambiados, que la gloria de Dios sea más que una recompensa.

Señor, quiero conocer más de ti y responder dándote la gloria.

KO

2 DE DICIEMBRE

Engañosa es la gracia, y vana la hermosura;
la mujer que teme a Jehová, ésa será alabada.

Proverbios 31:30, RVR1960

Primero las revistas, luego la televisión, y ahora los medios digitales nos llaman casi a gritos: ¡Tú puedes ser más bella! Usa este maquillaje, esta crema antiarrugas, esta ropa y este perfume para ser atractiva y popular. Este producto te quitará los kilos que te afean... y así por el estilo.

Una vez caí en la trampa. Me aplicaron un producto en un lado de la cara y quedé asombrada de ver cómo se veía más tersa que el otro lado. Sí, costaba demasiado, pero me gustaba la idea de verme más joven. Luego, mucho antes del tiempo estimado de duración, el producto se secó. No me interesó volver a perder mi dinero así.

"El encanto es engañoso, y la belleza no perdura, pero la mujer que teme al Señor será sumamente alabada", dice la Nueva Traducción Viviente. La hermosura de la mujer ha sido el tema de miles de poesías y cantos. Así como las mujeres suelen soñar con su fuerte príncipe azul, los varones anhelan conquistar a la bella, curvilínea princesa. La Biblia nos advierte que aquello es engañoso porque es superficial y vano; se acaba con el tiempo. Nos ofrece muchísimos ejemplos de mujeres que destacan, no tanto por sus atributos físicos, sino por su fe en Dios. Esas serán alabadas.

Cuidamos nuestra apariencia y no tiene nada de malo. Nos arreglamos para sentirnos bien y agradar a otros, pero si no cuidamos nuestra relación con Dios, no "arreglamos" nuestro espíritu y esa belleza interior. Con la presencia de Cristo, "aunque por fuera nos vamos desgastando, por dentro nos vamos renovando día tras día" (2 Corintios 4:16, NVI).

Padre, quiero que la belleza de Cristo se refleje en mí.

MH

3 DE DICIEMBRE

Larga vida hay en su mano derecha,
en su mano izquierda, riquezas y honra.

Proverbios 3:16, LBLA

Si pudiera pedir tres deseos al genio de la lámpara maravillosa, mi primer impulso sería pedir un pastel de chocolate, ser delgada y tener la colección completa de libros de Max Lucado. Sin embargo, la lista del proverbio de hoy ofrece algo más interesante: larga vida, riquezas y honra. ¿Y todas las personas sabias obtienen estas tres cosas?

Un recorrido por la Biblia y por la historia de la Iglesia te dirá que no. Algunos murieron jóvenes, como el mártir Esteban o el misionero David Brainerd. No todos tuvieron riquezas, sino que murieron en la pobreza. Otros, como el profeta Jeremías, fueron menospreciados por sus contemporáneos. Entonces, ¿a qué se refiere nuestro proverbio?

Como hemos aprendido, si eres prudente evitarás accidentes que acorten tu vida. Si eres ahorradora y buena administradora, no te faltarán recursos. Si guardas tus labios, serás honrada. Pero recuerda que los proverbios son piezas de un rompecabezas. Los proverbios no son amuletos para llevar en la bolsa. Ese es un gran error de muchas personas que siguen el cristianismo y tarde o temprano se desilusionan.

Dios no es un genio en una lámpara maravillosa. Su propósito no es cumplir nuestros caprichos o darnos una fórmula para el éxito. Él busca ser nuestro Padre, nuestro Amigo, nuestro Dios. Por lo tanto, el camino de fe no implica un camino sin obstáculos, sino un peregrinaje para conocerle más a Él. Te felicito por haber llegado hasta aquí en la lectura de este devocional. ¿Qué nuevas cosas has aprendido del Señor Todopoderoso? ¡Ese es el verdadero tesoro! Poder decir cada día que sabemos un poquito más de Él y que le amamos un poquito más que ayer.

Tú sabes que te amo, Señor.

MG

4 DE DICIEMBRE

No te desvíes a la derecha ni a la izquierda;
aparta tu pie del mal.

Proverbios 4:27, RVR1960

John Bunyan, un predicador inglés del siglo XVII, escribió un libro llamado *El Progreso del Peregrino*, en donde relata la historia de un hombre llamado Cristiano en su camino a la Ciudad Celestial. El libro es una hermosa historia sobre la vida cristiana y, después de la Biblia, ha sido uno de los textos más traducidos.

En una de sus aventuras, Cristiano y su amigo Esperanzado tienen que caminar por el camino angosto y recto, que tiene muchas piedras, así como subidas y bajadas. Cansados y fatigados, ven una pradera con un camino que corre junto al angosto. Está lleno de flores y de *un* pasto verde, así que deciden caminar por él. Más adelante, se encuentran con Vana Confianza, otro caminante que les asegura que el segundo camino dirige a la Puerta Celestial. Cuando cae la noche, Vana Confianza cae en un pozo y, comienza a llover torrencialmente. Se dan cuenta de que ese no es el camino correcto y deciden regresar. Al tomar un descanso, el gigante Desesperación, que es dueño de aquellas tierras, los hace sus prisioneros en el Castillo de la Duda.

Esta historia ejemplifica lo que dice nuestro proverbio: "No te desvíes ni a la derecha ni a la izquierda". ¡Cuántas veces tenemos que decidir hacer el bien! A veces pensamos que es mejor decir una mentirita blanca o tomar prestado algo que pensamos devolver. Nos pasamos al camino contiguo pensando que no es tan grave lo que estamos haciendo. Como Cristiano, debemos depender de las promesas que el Rey de la Ciudad Celestial nos ha hecho y confiar en Él para soportar lo duro del camino que tenemos por delante.

Señor, enséñame a tomar las decisiones correctas.

YF

5 DE DICIEMBRE

Sus caminos son inestables; no los conocerás si no considerares el camino de vida.

Proverbios 5:6, RVR1960

¿Qué tienen en común Ludwig van Beethoven, Claude Debussy y George Gershwin? ¿O Bono, Jimi Hendrix y Keith Moon? Todos son considerados virtuosos de la música. Sin embargo, en la Biblia la palabra "virtuoso" es más amplia. De hecho, hay todo un poema en el último capítulo en el libro de Proverbios dedicado a la mujer virtuosa. Pero, cuando vemos nuestras vidas, solo podemos llegar a una conclusión: no somos ejemplares.

Nuestros caminos son, más bien, como los que describe este proverbio: inestables. Quizá no nos interesa el camino de la vida. Tal vez vamos tambaleantes por un sendero torcido ¡y ni nos damos cuenta! Más que parecernos a la mujer virtuosa de Proverbios 31, nos parecemos a las mujeres descritas en otros proverbios.

Salomón escribió: "Dios creó al ser humano para que sea virtuoso, pero cada uno decidió seguir su propio camino descendente" (Eclesiastés 7:29, NTV). ¿No es increíble? Dios nos hizo para ser capaces y de carácter noble. Nosotras hemos tomado malas decisiones, prefiriendo hacer lo que nos gusta a lo que Dios manda, o buscando la aprobación de los demás y no la de Dios. ¿Cuál es nuestra esperanza?

Jesús vino a enderezar lo torcido. Él vino a darnos paz con Dios. Si queremos ser mujeres virtuosas que regresen al plan original de Dios, hay un solo camino: venir a Jesús y dejar que Él transforme nuestro carácter. Elijamos hoy un camino ascendente y dejemos que Dios sea parte de nuestra vida.

Señor, no quiero andar ya más por senderos inestables, sino ser la mujer virtuosa que Tú creaste.

KO

6 DE DICIEMBRE

El que es malvado y perverso
anda siempre contando mentiras.

Proverbios 6:12, DHH

Es muy conocida la frase "mentiras blancas", también llamadas "piadosas". Supuestamente son menos dañinas y más aceptables que otras falsedades. Se cuentan para proteger a una persona o para no ofender. Eso no excusa al culpable, pero las mentiras "negras" definitivamente tienen una motivación egoísta, como obtener un beneficio o evitar la culpa.

Una mujer visitó nuestra iglesia poco después de un temblor en la zona. Con gran congoja nos platicó que venía de un pueblo, que había caído su casa y había perdido todo. Después de la reunión, varios platicaron con ella personalmente y le dieron un donativo. Más tarde supimos que los detalles que daba diferían. ¡Habíamos caído en una trampa!

"¿Cómo son las personas despreciables y perversas? Nunca dejan de mentir", dice la versión de la Nueva Traducción Viviente. Otras versiones se refieren al mentiroso como "bribón", "sinvergüenza", "vagabundo" y "depravado". En este caso no es una falla ocasional, sino un hábito constante, la prueba de un carácter corrompido. En Apocalipsis leemos una sentencia terrible. Junto con los asesinos y otros pecadores, "los idólatras y todos los mentirosos recibirán como herencia el lago de fuego y azufre" (Apocalipsis 21:8, NVI). Digan lo que digan nuestra cultura y nuestras amistades, la mentira es grave.

"Pero solo digo mentiras chiquitas", solemos decir. Desgraciadamente, cuando empezamos con una, se hace hábito y podemos seguir con mayores. No solo hacemos daño a otras personas, sino a nuestro propio ser, al acostumbrarnos a este pecado. Si nos ha ocurrido, seamos valientes para confesarlo ante Dios y pedir perdón a las personas afectadas.

Dios, tú conoces mi corazón y mi lengua. Límpiame del pecado de la mentira.

MH

7 DE DICIEMBRE

Y así lo sedujo con sus dulces palabras.

Proverbios 7:21, NTV

En cierta ocasión, un cliente del famoso pintor Rembrandt se negó a pagar diciendo que el retrato que le había hecho era muy feo. Rembrandt tenía un estilo "realista". En otras palabras, pintaba lo que veía. Tristemente, a muchos no nos gusta ver las cosas como son.

En el proverbio de hoy, un joven caminaba por la calle cuando una mujer se le presentó y le dijo que lo estaba buscando. Su esposo había salido de viaje, así que lo invitaba a entrar a su casa y ser su amante. Lo engatusó con sus artimañas, prometiendo una cama con colchas hermosas y el mejor de los vinos. Este joven no estaba viendo una pintura realista, sino una que ocultaba la verdad. La mujer olvidó mencionarle los peligros del adulterio y del sexo sin protección.

Regresando a Rembrandt, cuando el comprador volvió a visitar al artista, quien exigía su pago, vio en el piso una moneda de oro y decidió recogerla. ¿Qué crees que pasó? ¡No era real! ¡Rembrandt la había pintado! Del mismo modo, cuando nos acostumbramos a las mentiras de un mundo que solo finge para evitar que veamos la realidad del pecado, nos llevaremos una desilusión. Aquello que realmente vale, será una ilusión. ¿Y qué es eso? Pudiera ser el amor verdadero de una pareja.

Cuando veas una pintura realista que no te agrade, recuerda que es mejor ver lo que es cierto y no vivir en el engaño. La Biblia, precisamente, nos pinta un cuadro real cuando describe el corazón de los hombres como "engañoso" y "perverso" (Jeremías 17:9, RVR1960), pero también nos recuerda que Dios nos puede dar un "corazón nuevo" (Ezequiel 36:26, RVR1960). ¿Qué ves hoy a tu alrededor?

Dame, oh, Dios, un nuevo corazón, un corazón tierno y receptivo.

KO

8 DE DICIEMBRE

Ustedes los inexpertos, ¡adquieran prudencia!

Proverbios 8:5, NVI

Un chico había enviado su currículo a una empresa reconocida. Cuando fue a la entrevista de trabajo, desde que entró el entrevistador lo veía escrutadoramente poniéndolo incómodo. Después de un rato, la persona le preguntó al muchacho si era verdad lo que había puesto en el currículo y si podía comprobar toda su experiencia.

"¿Experiencia?", preguntó el muchacho un poco confuso. "¡Pero si acabo de terminar la carrera!". El escrutador le mostró al joven el currículo que había enviado. Sin poder creerlo, soltó una carcajada. El escrutador, extrañado, lo miraba molesto hasta que el muchacho le explicó que, por alguna razón, le había enviado el currículo de su padre y no el suyo. Para este joven, aceptar que se había equivocado y que no tenía la experiencia necesaria para ese trabajo fue una muestra de valor y de humildad.

Nuestro versículo nos llama "inexpertas", inexpertas en el camino de conocer a Dios. Necesitamos la humildad necesaria para aceptar que no conocemos, ni siquiera un poquito, al Dios infinito ante el cual estamos. Necesitamos el valor y la humildad necesarios para reconocer que no tenemos prudencia, que todo nos sale mal por nuestra inexperiencia.

Si en alguna ocasión has sentido que ya te sabes la Biblia, si has sentido que no tienes necesidad de orar, si ya no quieres asistir a las reuniones porque te parece que ya lo sabes todo, entonces, detente y recuerda: ante el Señor somos inexpertas. ¡Acude a Él y aprende!

Señor, no lo sé todo, pero gracias porque Tú me enseñas.

YF

9 DE DICIEMBRE

Si fueres sabio, para ti lo serás;
y si fueres escarnecedor, pagarás tú solo.

Proverbios 9:12, RVR1960

Los teléfonos modernos y las redes sociales han sido diseñados para ser adictivos. Permiten que ciertas de nuestras conductas sean reforzadas por estímulos o recompensas. Por ejemplo, cuando pones algo en Facebook, recibes el estímulo de un *me gusta*. Entre más *me gusta*, mejor te sientes, así que te vuelves adicta a recibir atención.

Llega un momento en que ya no importa la calidad de una foto, solo deseas ver cuántas personas te siguen en Instagram o cuántas reaccionan a lo que publicas. Tristemente, esto se vuelve un juego de aceptación. Ponemos nuestro valor y nuestra identidad en ese reconocimiento virtual en el que hemos sido atrapadas. La realidad, sin embargo, es que ni los teléfonos ni las redes sociales van a desaparecer.

¿Qué podemos hacer entonces? Ser sabias. La sabiduría es una decisión personal. Nosotras podemos decidir no caer en el juego de los *me gusta* en las redes sociales, y encontrar aceptación en Jesús. A final de cuentas, Pablo nos recomienda: "Todo lo que hagan o digan, háganlo como representantes del Señor Jesús" (Colosenses 3:17, NTV).

El único *me gusta* que cuenta es el que Jesús da a lo que hacemos, decimos o publicamos en las redes sociales. ¿Y qué es lo que Él observa? El corazón. No se trata de lo que subimos sino del porqué. Si solo buscamos aceptación, reconocimiento y adulación, no hallaremos satisfacción. Si buscamos compartir algo útil, animar a otros en su andar con Dios o agradecer lo que Dios nos ha dado, nuestra motivación no está en la recompensa de un *me gusta*, sino en ayudar a otros y ser fieles representantes del Señor Jesús.

Señor, quiero escuchar de tus labios: "Buena sierva y fiel". Es el me gusta más importante del universo.

KO

10 DE DICIEMBRE

Las esperanzas del justo traen felicidad,
pero las expectativas de los perversos no resultan en nada.

Proverbios 10:28, NTV

El autor Jim Rohn dijo: "Existen dos maneras de enfrentar el futuro. Una manera es con aprensión, la otra es con anticipación". Si nuestra mirada hacia el futuro se basa en lo que vemos, este no es muy halagüeño, aunque una versión del proverbio usa esta palabra en el sentido de que algo da indicios de éxito o de que causará satisfacción (NVI). La violencia, el crimen, la trata de personas, el divorcio y otras situaciones tristes van al alza.

En medio de la pandemia del año 2020, el futuro era especialmente impredecible. Por un lado, había quienes decían que el virus nunca se iría y pintaban un cuadro muy oscuro. Por otro lado, los que tenían expectativas positivas planeaban "ahora sí" aprovechar al máximo cada día, sabiendo más que nunca lo frágil de esta vida.

"Las esperanzas del justo traen felicidad", ya que se basan en la fe en lo que Dios puede hacer. "La fe es la certeza de lo que se espera, la convicción de lo que no se ve" (Hebreos 11:1, RVR1960). Es confiar que Dios está en control. En contraste, "las expectativas de los perversos no resultan en nada". Surgen del egoísmo, del orgullo o del temor.

Se acerca el año nuevo. ¿Cuáles son tus expectativas? Si se basan en lo que Dios quiere hacer en tu vida, en tu familia y en tu comunidad, sin duda traerán gran felicidad.

Oh, Señor, ¡anhelo un futuro lleno de crecimiento y de oportunidades de vivir!

MH

11 DE DICIEMBRE

Hay quienes reparten, y les es añadido más;
y hay quienes retienen más de lo que es justo, pero vienen a pobreza.

Proverbios 11:24, RVR1960

Las más grandes compañías trasnacionales productoras de chocolate obtienen el cacao por medio de la explotación y el trabajo infantil. Muchos no ven a sus padres en años, subsisten de manera precaria. Hay adultos cuyo medio de vida es "conseguir" niños para el trabajo. Retienen más de lo que es justo, pero viven también en la miseria. La mezquindad produce más escasez. Quien es dadivoso y desprendido genera abundancia.

Rick Warren, autor del superventas *Una vida con propósito*, desde temprana edad se propuso comprometerse con ofrendar el diezmo, y Dios le proveía de manera milagrosa para sus necesidades. Luego, decidió dar más que el diezmo. Con el paso del tiempo, ha logrado vivir muy bien con el 10% de sus ganancias, entregando a Dios el 90% restante.

Sin embargo, en la Biblia tenemos un ejemplo increíble. Jesús un día estaba en el templo y observó a los ricos que depositaban sus ofrendas. Luego pasó una viuda pobre y echó dos monedas en la caja. Entonces comentó: "Les digo la verdad, esta viuda pobre ha dado más que todos los demás... ella, con lo pobre que es, dio todo lo que tenía" (Lucas 21:3-4, NTV).

Medita en estos tres ejemplos. ¿Eres como los comerciantes de cacao que explotan a los demás o retienen lo que corresponde a otros? ¿Ofrendas como Rick Warren y le das a Dios más del diez por ciento? ¿Eres como la viuda pobre que ha dado todo lo que tiene? Tu manejo del dinero habla mucho de lo que hay en tu corazón.

Señor, examíname y dime cómo vivir.

MG

12 DE DICIEMBRE

La preocupación agobia a la persona;
una palabra de aliento la anima.

Proverbios 12:25, NTV

Muchas canciones de Navidad giran en torno a esa joven chica de Israel que se encontró de repente embarazada, probablemente rechazada por su familia y con miedo. Un ángel le había dicho que el Espíritu Santo vendría sobre ella y tendría un bebé. ¿Pero cómo? ¿Por qué ella? ¿Habrá sentido miedo, preocupaciones y ansiedad? Supongo que sí. Afortunadamente, recibió una palabra de aliento.

En su momento de más miedo, acudió a la única persona que podía comprenderla. Visitó a su prima Elisabet quien, por cierto, también estaba embarazada y había concebido en su vejez. Ella también estaba experimentado un milagro y le dijo al verla: "Eres bendita porque creíste que el Señor haría lo que te dijo" (Lucas 1:45, NTV). ¡Qué hermoso regalo recibió de su prima!

Ya sea que tengamos noticias tristes o alegres, necesitamos compañeras en el camino, personas que nos ofrezcan aliento. Nuestras cargas pueden aligerarse o compartirse cuando alguien sabio y en quien confiamos responde a ellas. ¿Tenemos amigas sabias?

¿Y dónde encontrarlas? Pide a Dios que abra tus ojos y te muestre mujeres sabias, obedientes, que teman al Señor. Cuando las preocupaciones te agobien, acude a una buena amiga que te aliente con la Palabra del Señor. Imagino qué dulces fueron esas semanas para María en compañía de Elisabet. Juntas oraron, cantaron y soñaron con sus bebés. ¡Que Dios te conceda hoy la bendición de una amiga que te aliente!

Dame, oh, Dios, palabras de aliento hoy.

KO

13 DE DICIEMBRE

La gente buena deja una herencia a sus nietos,
pero la riqueza de los pecadores pasa a manos de los justos.
Proverbios 13:22, NTV

¿Sabías que recibimos el 50% de ADN de nuestros abuelos paternos? Sin embargo, ese 50% no es homogéneo. Quizá tengamos un 19% de la abuela y el resto del abuelo. Conocí a una abuela que en su testamento dejó algo para cada nieto. ¡Qué gesto tan conmovedor! Sin embargo, el proverbio de hoy quizá no habla de la herencia genética ni de la monetaria. Piensa esto: ¿qué tienen los abuelos que no tienen los padres?

Si tuviera que describir qué había en casa de mis abuelos que no había en mi hogar, además de libros, fotografías y comida, sería tiempo. En casa de mis abuelos el tiempo parecía detenerse y avanzar con más lentitud que en casa de mis padres. Por supuesto que es solo una apreciación, pues las mismas veinticuatro horas regían ambos lugares. Sin embargo, en mi mente sentía que mis abuelitas no llevaban prisa por cocinar, y quizá por eso había más abundancia y una larga sobremesa.

El apóstol Pablo conoció bien a la abuela del joven Timoteo, y le impresionó tanto su fe que le dijo: "Me acuerdo de tu fe sincera, pues tú tienes la misma fe de la que primero estuvieron llenas tu abuela Loida y tu madre, Eunice, y sé que esa fe sigue firme en ti" (2 Timoteo 1:5, NTV). ¡Qué herencia más hermosa de parte de Loida! Una fe sincera, firme y, que seguramente, sembró con horas de escuchar y conversar.

Si eres una abuela, usa el regalo que Dios te ha dado: tiempo. Invita a tus nietos a casa y, además de consentirlos con una buena comida, escúchalos. Ellos quieren conversar, ser oídos y tener un auditorio cautivo. Tú les puedes ofrecer eso, acompañado de oraciones y consejos.

Padre, quiero dejar a mis nietos una herencia espiritual.

KO

14 DE DICIEMBRE

La justicia engrandece a la nación,
pero el pecado es la deshonra de cualquier pueblo.
Proverbios 14:34, NTV

La caída del gran Imperio romano se debió a diversos factores, pero el autor Edward Gibbon la atribuyó sobre todo a causas internas en su libro *Historia de la decadencia y caída del Imperio romano.* Entre ellas, "las legiones victoriosas... adquirieron los vicios de extranjeros y mercenarios".

Otro autor, el español César Vidal, ha hecho un análisis de los países que históricamente se basaron en principios bíblicos, en comparación con otros. Se vieron afectados los valores, las leyes, la educación y el arte, entre otros aspectos. Podríamos decir que la justicia y la moral prevalecieron entre los primeros —y seguimos viendo diferencias marcadas el día de hoy.

La justicia engrandece a una nación y hace prosperar a sus ciudadanos, de modo que la nación gana la admiración de otros países. Cuando lo opuesto prevalece, "el pecado es la deshonra de cualquier pueblo". La desigualdad, la corrupción y la falta de respeto a los derechos humanos son algunas de las características de los países sin justicia. En los tiempos del rey Salomón, maravilló a muchos la sabiduría que Dios le concedió para administrar la justicia. Pero luego el pecado de unirse con mujeres paganas y construir altares para sus dioses ocasionó la división del reino.

¿Qué predomina en mi país: la justicia o el pecado? ¿Cómo puedo contribuir al engrandecimiento de mi nación? ¿Cómo puedo orar por mi país?

Señor todopoderoso, te ruego por mi nación, Que levantes líderes que amen la justicia.

MH

15 DE DICIEMBRE

El Señor no soporta la conducta de los malvados,
pero ama a quien vive una vida recta.

Proverbios 15:9, DHH

El mito griego cuenta que la ninfa Eco se enamoró perdidamente de Narciso, pero él despreció su corazón. Desolada y ofendida, se encerró en un lugar solitario y dejó de comer y cuidarse. Se fue consumiendo poco a poco y el dolor la hizo desintegrarse en el aire. Solo quedó su voz que repetía las últimas palabras de cualquiera. Hoy le llamamos "eco". Esta es una de las historias más emblemáticas del amor no correspondido. ¿Lo has experimentado?

Entregar el corazón a alguien que nos rechaza lo deja herido. Familiares que debieron amarnos y no lo hicieron o amigos que no nos visitaron en tiempo de enfermedad nos lastiman. Lo cierto es que el amor humano puede fallar.

Solo el amor de Dios es perfecto. Solo nuestro Padre nos ha amado con un amor cuya llama no se extingue. Él nos dice: "Con amor eterno te he amado; por eso te sigo con fidelidad". (Jeremías 31:3, NVI). Nuestro corazón está sediento por este tipo de amor. No busques satisfacerlo con el amor humano porque no hay persona que lo supere. Tu corazón tiene un vacío con la forma de Dios, y solo Él lo puede llenar.

Pero te invito a pensar en algo más. ¿No será que Dios es quien sufre más de amor no correspondido? Él está constantemente buscando al ser humano, a través de la naturaleza y su Palabra. ¡Dio a su propio Hijo! Recuerda que Él nos amó primero. ¿Cómo correspondemos a su amor? Escuchemos hoy el eco de su voz.

"Yo quiero oír el eco divino de tu voz… que diga a mis oídos que no me has de dejar" (del Himnario de Suprema Alabanza).

MG

16 DE DICIEMBRE

El que atiende a la palabra prospera.
¡Dichoso el que confía en el Señor!

Proverbios 16:20, NVI

La búsqueda de la prosperidad ha hecho que los seres humanos seamos capaces de muchas cosas, desde trabajar sin descansar, hasta ofrecer sacrificios humanos. Quizá pensamos que la vida de fe es similar.

Tenemos la idea de que, si oramos más, leemos más o vamos a más reuniones, Dios nos recompensará. Ciertamente si hacemos caso de los principios bíblicos hallaremos bendiciones, pero quizá no sean como los imaginamos. Obedecer a Dios, por ejemplo, no implica seguridad económica o falta de enfermedad.

Rut pertenecía al pueblo de Moab que había recibido una maldición. Se casó con un joven israelita que murió joven. Cuando su suegra decidió volver a su pueblo, Rut decidió perder un futuro asegurado, cerca de su familia y de su gente, y se arriesgó a seguirla. ¿Cómo es que Rut decidió atender a la Palabra de aquel Dios extraño para ella? ¿Te has preguntado qué conversaciones tendrían estas dos mujeres sobre el Dios de Israel? Rut estaba dispuesta a todo. Y el Dios de los hebreos, el Dios de la Biblia, vio la decisión de su corazón y quiso hacerla dichosa al darle un esposo y un hijo.

Sin embargo, no veamos su historia como una de prosperidad en términos humanos. Si bien Rut se casó y tuvo un hijo, probablemente siguió derramando lágrimas por muchas razones. Su dicha surgió de algo más profundo y duradero: haber sido aceptada en la familia de Dios. Como Rut, nosotras no teníamos la más remota posibilidad de formar parte del pueblo divino, pero ahora, pertenecemos a ese pueblo, y lo que nos queda es adorar al Dios maravilloso que nos aceptó a través de su Hijo Jesucristo.

Gracias, Señor, por hacerme parte de tu pueblo.

YF

17 DE DICIEMBRE

Comenzar una pelea es como abrir las compuertas de una represa, así que detente antes de que estalle la disputa.

Proverbios 17:14, NTV

Gran parte del territorio de Holanda está bajo el nivel del mar. Los holandeses han construido grandes represas o diques que están en constante mantenimiento para detener el agua. La noche del 31 de enero de 1953, el mar venció los diques que colapsaron en doscientos puntos diferentes. La inundación afectó 133 pueblos y aldeas. Murieron más de mil quinientas personas, y se perdió mucho ganado y también se perdieron otros animales. El mar fue un enemigo cruel.

Este proverbio nos recuerda la gran tragedia que puede surgir por comenzar un pleito, ¡tan terrible como una inundación! Muchas veces hablamos sin pensar dos veces, seguras de que no pasará nada, y cuando nos damos cuenta, ¡ya estamos peleando con alguien más! Es como un río desbordado imposible de controlar.

¿Qué es lo que causa las peleas entre los seres humanos? Santiago nos dice que "surgen de los malos deseos que combaten" en nuestro interior (Santiago 4:1, NTV). La envidia nos hace luchar por quitar a otros lo que tienen y nosotras deseamos; el orgullo nos lleva a querer lucir mejor que los demás; la ira nos hace explotar y hablar antes de tiempo. ¿Y cuál es el antídoto? "No tienen lo que desean porque no se lo piden a Dios" (Santiago 4:2, NTV). Pidamos a Dios la sabiduría para detenernos y no pelear.

Sigamos el consejo de este proverbio. ¡Detengámonos antes de comenzar una pelea o una discusión! Frenemos nuestros labios, de lo contrario, deberemos atenernos a las consecuencias.

Padre, no permitas que sea yo quien empiece un pleito. Ayúdame a parar antes de abrir la boca.

KO

18 DE DICIEMBRE

Hay quienes parecen amigos pero se destruyen unos a otros; el amigo verdadero se mantiene más leal que un hermano.

Proverbios 18:24, NTV

Es popular hoy la expresión "personas tóxicas" para referirse a los que siempre hablan de sus problemas, critican y encubren la verdad. Son celosos y manipuladores; se resisten a cambiar. Sobre todo, se les llama así porque su veneno puede influir en nosotros para mal.

Sin duda, cualquiera de nosotros puede mencionar al menos a una persona que aparentaba ser amiga, pero que en realidad nos destruía. El que quiso aprovecharse de ti; la que solo te buscaba para contarte chismes; los que querían convencer a tu hija de que no le afectaría "un trago más", y después subieron fotos suyas a las redes sociales con expresiones que la avergonzaban...

El ejemplo más famoso de "un amigo verdadero... más leal que un hermano" es el de Jonatán para con David, sobre todo porque ¡el padre del primero quería matar al último! Jonatán salvó la vida a su amigo en uno de esos arranques de ira del rey Saúl. En contraparte, el apóstol Pablo menciona a "peligros de parte de falsos hermanos" (2 Corintios 11:26, NVI). Es una triste realidad que algunas personas se muestran como amigos y cristianos sin serlo, y su influencia puede ser peligrosa.

¿Somos destructoras o leales? Espero que lo último. Que sepamos evitar el contacto cercano con las personas tóxicas. Sobre todo, seamos "amigos verdaderos".

Señor, con tu ayuda quiero ser una amiga leal.

MH

19 DE DICIEMBRE

El temor del Señor conduce a la vida,
para dormir satisfecho sin ser tocado por el mal.

Proverbios 19:23, LBLA

En mis tiempos de estudiante de odontología, hacíamos jornadas médicas en las poblaciones rurales como parte de nuestras prácticas. En una ocasión fuimos a un poblado donde nos ofrecieron las instalaciones de una escuela para pernoctar. A la hora de dormir, mis compañeras encendieron una grabadora portátil para escuchar música. Para mi sorpresa, era un método que varias utilizaban, pues les incomodaban el silencio, los remordimientos, los recuerdos y el terror.

La hora de dormir es el cierre del día. Nuestros pensamientos tienden a hacer una evaluación de nuestros actos, y la conciencia que Dios ha puesto en nosotros nos redarguye. El enemigo de nuestras almas y rey de la oscuridad empieza su actividad en medio de la noche. Luchas espirituales entre principados y potestades se libran en los antros y las calles donde la inmoralidad y la delincuencia tienen sus dominios.

Los creyentes no somos perfectos, pero tenemos temor de Dios. Somos privilegiados porque podemos dormir con la paz de un bebé. Sabemos que "el ángel de Jehová acampa alrededor de los que le temen, y los defiende" (Salmos 34:7, RVR1960). Cuando no podamos dormir, tal vez sea hora de ponernos a cuentas con Dios, o de practicar nuestra confianza en su cuidado.

No tenemos por qué sentir temor. Nuestro Padre nos cubre bajo sus alas, y así como los pollitos duermen calientitos y seguros bajo las alas de su mamá, nosotros podemos descansar en un profundo sueño lleno de paz.

En paz puedo acostarme y asimismo dormir, porque solo Tú, oh, Dios,
me haces vivir confiada.

MG

20 DE DICIEMBRE

La furia del rey es como el rugido del león;
quien provoca su enojo, pone en peligro su vida.

Proverbios 20:2, NTV

Cuando los hermanos Pevensie escucharon sobre Aslan en el reino de Narnia, creado por C. S. Lewis, se mostraron temerosos. ¿Acaso podían confiar en un león? Pero se les aseguró: "¡Por supuesto que es peligroso! Pero es bueno".

Como dice nuestro proverbio, el rugido de un león nos pone a temblar. Los leones son peligrosos. Si nos topamos con uno, ponemos en riesgo nuestra vida. Los seres humanos también respetamos al Creador, al Dios omnipotente. Los israelitas que vieron su manifestación en el monte Sinaí tuvieron tanto miedo que le pidieron a Moisés que intercediera por ellos. ¡Morirían si intentaban acercarse a ese Dios poderoso y desconocido!

Pero tal como escribió C. S. Lewis, Dios es peligroso, sí, pero también bueno. En los salmos encontramos una y otra vez que los salmistas cantan, repiten y se susurran a sí mismos que Dios es bueno. ¡Qué cualidad más extraordinaria! Si bien podemos respetar el rugido del Señor, quien es el Todopoderoso, también podemos descansar en el hecho de que nos ama y de que su esencia es la bondad.

¿Qué debemos hacer ante el León de Judá? Lo mismo que hizo uno de los personajes en las Crónicas de Narnia. Descubrió "que podía mirar directamente a los ojos del león". ¿Por qué? Porque al hacerlo olvidó sus preocupaciones y se sintió totalmente complacido. Acudamos a Dios. Él es bueno.

Gracias, Señor, porque eres bueno.

KO

21 DE DICIEMBRE

El Justo sabe lo que ocurre en el hogar de los perversos; él traerá desastre sobre ellos.

Proverbios 21:12, NTV

¿Has sentido curiosidad sobre cómo es la vida de los más terribles criminales a puerta cerrada? ¿Era Hitler un hombre feliz? ¿Dormía Stalin en paz? ¿Cómo es la relación familiar de los muchos hombres y mujeres que son inmorales y que hacen lo malo? Más triste es descubrir que, detrás de la apariencia de moralidad de muchas personas, dentro de sus casas son tiranos, acosadores y golpeadores. Muchos incluso están enredados en la pornografía, la trata de personas y la violencia. Sin embargo, este proverbio nos recuerda que Dios sabe todo sobre ellos.

Emanuel Kant, un agnóstico, pensaba que las personas debían vivir como si existiera un Dios. ¿Por qué llegó a esa conclusión? Porque al ver que mucha gente mala no recibía su castigo aquí en la tierra —o por lo menos no de forma visible— debía existir justicia en la eternidad.

¿Has pensado así? ¿No es verdad que muchas veces nos sentimos frustradas porque los malos no parecen recibir castigo? Sin embargo, confiamos en un Dios justo. Él todo lo ve y no tomará por inocente al culpable. Por otra parte, quizá este proverbio también debe ser una advertencia para nosotras. ¿Cómo somos en casa? ¿Qué pensarían otros si vieran cómo tratamos a nuestro esposo, a nuestros hijos, a nuestros padres o a nuestros hermanos?

Que cuando otros piensen en nosotras, puedan contar a los vecinos: "Entró Jesús otra vez en Capernaum (*pon aquí el nombre de tu ciudad*) y se oyó que estaba en casa" (Marcos 2:1, RVR1960), y que esa "casa" sea la tuya y la mía.

Señor, Tú miras la casa del perverso y del recto. Entra a mi casa y limpia lo que se deba limpiar. Que sea un lugar donde te sientas cómodo y seas siempre bienvenido.

KO

22 DE DICIEMBRE

¿Has visto a alguien realmente hábil en su trabajo?
Servirá a los reyes en lugar de trabajar para la gente común.
Proverbios 22:29, NTV

Hemos visto en las noticias varios casos de personas importantes que "compraron" sus grados académicos o hicieron trampa para conseguirlos. Seguramente hubo quienes se dieron cuenta de que, por mucho que algún documento lo declarara, esos falsos profesionales carecían de las habilidades reales de esa profesión.

Un gran lingüista y traductor bíblico era todo un genio y creador de una teoría lingüística. Alguna vez alguien se lamentó de que desperdiciara sus talentos en la obra misionera. Su respuesta: "¡Dios merece lo mejor que podamos darle!".

El proverbio de hoy recalca que "alguien realmente hábil en su trabajo" algún día "servirá a los reyes". Otra versión describe a alguien "solícito" (RVR1960). El rey Salomón buscó a los mejores artesanos para la construcción del templo, que incluía trabajos de orfebrería y diseño textil. David mismo llegó a ser rey después de ser fiel y hábil como pastor y valiente defensor de ovejas.

Dios no quiere las sobras de nuestra vida, sino lo mejor. Nos ha dado habilidades que podemos desarrollar para así ser fieles. Con su guía, serviremos al Rey de reyes.

Señor, Tú mereces lo mejor. Hazme hábil y fiel para servirte.

MH

23 DE DICIEMBRE

Hijo mío, si tu corazón fuere sabio,
también a mí se me alegrará el corazón.

Proverbios 23:15, RVR1960

Así como se guardan las más preciadas joyas en un alhajero, María, la madre de Jesús guardaba muchas cosas en su corazón. Seguramente atesoró momentos, recuerdos y vivencias con su hijo, uno siempre obediente, sabio y amable que alegró y llenó su vida. La Biblia dice que Jesús vivió sujeto a sus padres terrenales. También fue obediente a su Padre celestial, obediente hasta la muerte, y muerte de cruz.

Cuando Jesús fue bautizado, Dios estaba tan complacido con su hijo, que su voz pudo escucharse en los cielos expresando su predilección. Así como los hijos terrenales alegran el corazón de sus padres, Jesús hizo sentir muy orgulloso a nuestro Padre Dios.

Cuando obramos mal, Dios, en la persona del Espíritu Santo que mora en nosotros, se entristece. Quienes somos padres podemos comprender lo que siente el corazón cuando un hijo actúa de manera necia. Nos duele profundamente porque sabemos que las consecuencias le harán sufrir. El gran amor de un padre desea lo mejor para su hijo.

Considera que no contristar al Espíritu es un mandamiento. ¿Te gustaría dibujar una sonrisa en el rostro de Dios? Sírvele con fidelidad, santidad y amor y algún día escucharás: "Bien hecho, sierva buena y fiel; sobre poco has sido fiel, sobre mucho te pondré; entra en el gozo de tu Señor".

Señor, ¡cuánto me gustaría verte sonreír! Un día mis ojos podrán contemplarte.

MG

24 DE DICIEMBRE

El que es sabio tiene gran poder,
y el que es entendido aumenta su fuerza.

Proverbios 24:5, NVI

En muchos países del mundo los niños suelen escribir una carta a Papá Noel o a los Reyes Magos para pedir sus juguetes de fin de año. Algunas listas nos hacen sonreír, como cuando piden algo de comer, como una torta de jamón. Otras veces desean cosas más serias, como que sus papás no discutan o que cese una guerra.

Cuando el Señor le dice a Salomón: "Pide lo que quieras que yo te dé", el joven rey tenía la oportunidad de pedir cualquier cosa que quisiera. Podría haber pedido el dominio sobre el mundo entero; o no morir jamás; o quizá viajar al espacio exterior. ¡Pero le pide sabiduría! Y el Señor le da sabiduría y le añade otras cosas más: riqueza, paz, dominio e influencia. Recuerda que la Biblia dice que fue uno de los más grandes reyes de Israel y, en ese entonces, del mundo entero.

Podemos reflexionar sobre cuánto poder tenía Salomón sólo por buscar la sabiduría divina. Como dice el proverbio de hoy, Salomón aumentó su fuerza. Temer al Señor no sólo nos da sabiduría, también poder y fuerza.

Nosotras podemos ser como Salomón: con gran poder, con mucha fuerza, y así podemos influir en los demás y causar respeto. Lo único que tenemos que hacer es pedir la sabiduría, así como lo hizo Salomón. Entonces la sabiduría demostrará estar en lo cierto "por la vida de quienes la siguen" (Lucas 7:35, NTV).

Señor, dame más sabiduría.

YF

25 DE DICIEMBRE

Con qué gusto se recibe el agua fresca cuando se tiene sed;
así se reciben las buenas noticias que vienen de tierras lejanas.

Proverbios 25:25, TLA

El cristianismo llegó al continente americano por medio de la conquista. De México hasta Argentina, la iglesia católica se estableció como la encargada de evangelizar a los nativos, pero la corrupción y los celos internos, hicieron que en muchos países se volviera una influencia política y social más que espiritual. Entonces, en 1818, un hombre llamado James Thomson llegó a Buenos Aires.

Thomson, mejor conocido como Diego Thomson, era un pastor bautista escocés que movido por Dios, viajó a Argentina comisionado por la Sociedad Bíblica Británica y Extranjera, a fin de establecer un sistema educativo. A la par que ayudaba a la alfabetización, distribuyó Biblias en diversos países. En 1827, arribó al México independiente con trescientas Biblias y mil Nuevos Testamentos. Su amigo el sacerdote José María Luis Mora, animó al pueblo a leer la Biblia y estudiarla.

Para una sociedad sedienta de buenas noticias, la llegada de Thomson trajo agua fresca. En su tiempo, Pablo también se consideraba un enviado con buenas nuevas y cuando escribía a los corintios, les recordaba algo con lo que seguramente Diego Thomson concordaría: "Lo importante no es quién anuncia la noticia ni quién la enseña; el único importante es Dios" (1 Corintios 3:7, TLA).

Regalemos Biblias y Nuevos Testamentos cuando tengamos la oportunidad. No hay nada mejor que repartir la Palabra de Dios. También podemos sembrarla en nuestras redes sociales colocando versículos y palabras de ánimo.

Señor, ¿cómo puedo llevar hoy las buenas noticias a los demás? Muéstrame una manera hoy.

KO

26 DE DICIEMBRE

Como la puerta gira sobre sus goznes,
así da vueltas el perezoso en su cama.

Proverbios 26:14, NBLA

Este proverbio resulta hasta cómico. Sabemos que dar vueltas en la cama no nos cuesta nada de trabajo a la mayoría. Así de fácil "la puerta gira sobre sus goznes". Es demasiado fácil ser perezoso, pero a la larga no deja ningún fruto.

Una característica de la era moderna es buscar hacer la vida más fácil. Por ejemplo, los electrodomésticos nos ahorran tiempo y trabajo. El GPS nos ayuda a no perdernos, aunque ahora evitamos aprender bien el camino. Las alarmas y los calendarios digitales nos recuerdan los compromisos, aunque si se descarga la pila, podemos faltar a una reunión importante.

En una parábola de Jesús, un amo encomienda sus bienes a sus tres siervos. Da cierto número de monedas a cada uno de ellos. Dos de ellos invierten lo recibido y duplican su valor. El otro elige el camino menos difícil y entierra su bolsa de plata. Por supuesto no se multiplica y, de hecho, el amo le quita lo poco que le había encomendado (Mateo 25:14-30). El mensaje es que no seamos irresponsables con lo que Dios nos proporciona, ya sea poco o mucho.

Quizá este año hemos dado vueltas en la cama, pero hoy tenemos la promesa de una nueva oportunidad. Solo porque la gracia de Dios es gratuita, no significa que no la valoremos. El Señor también nos regala tiempo, recursos y dones. Desechemos la pereza espiritual y busquemos aprovechar al máximo lo que nos ha dado.

Padre, el día de hoy quiero usar mi tiempo y mis talentos para honrarte.

MH

27 DE DICIEMBRE

El enojo es cruel, y la ira es como una inundación,
pero los celos son aún más peligrosos.

Proverbios 27:4, NTV

Uno de mis personajes favoritos en la infancia era *Campanita,* la diminuta hada voladora, compañera inseparable de Peter Pan. Una de sus características es que ella constantemente se encela de la atención de Peter y cualquiera provoca sus celos, particularmente Wendy. Cuando eso sucede, la hermosa hada usa sus polvos mágicos para convertir a la otra en una piedra o un ratón. Sí, despertar los celos en una mujer puede ser peligroso.

En la vida real, los celos son cosa seria. Nos hacen sufrir, nos despiertan inseguridad y nos hacen llorar. Unos celos descontrolados han terminado en agresiones físicas, suicidios y hasta homicidios. Fuimos diseñadas con la capacidad de experimentar diferentes sensaciones, y los celos son una respuesta emocional que surge cuando una persona percibe una amenaza. La buena noticia es que podemos controlarnos.

Aprendamos de Sara. Ella enfocaba su mente y energía en hacer el bien y no se preocupaba de lo demás. "Sara obedecía a Abraham, llamándole señor; de la cual vosotras habéis venido a ser hijas, si hacéis el bien, sin temer ninguna amenaza" (1 Pedro 3:6, RVR1960). En vez de aventar polvos de reclamo, enojo e inseguridad, desarrollemos una personalidad agradable y ocupémonos en ser mejores cada día.

No temas ninguna amenaza. Entrega tus celos a Dios y Él peleará tus batallas. Cuando Él te entrega algo, nadie puede quitártelo. No te preocupes, ¡ocúpate!

Dios, líbrame de los celos y dame tu paz.

MG

28 DE DICIEMBRE

El que encubre sus pecados no prosperará;
mas el que los confiesa y se aparta alcanzará misericordia.

Proverbios 28:13, RVR1960

En el Código Penal de México está estipulado que la persona que comete un delito y niega haberlo hecho, una vez que queda al descubierto se le castiga con la pena máxima. Sin embargo, al que confiesa voluntariamente su crimen, se le reduce la condena a menos de la mitad de la sentencia. Esto no les gusta a muchos. Piensan que no hay justicia para la víctima cuando alguien comete un crimen con premeditación, alevosía y ventaja, y después se entrega voluntariamente para evitar la severidad del castigo. ¿Tú qué piensas?

El rey Manasés es calificado en la Biblia como el peor de todos los reyes anteriores a él. Además de adorar a dioses ajenos, construyó altares a esos dioses en el templo del Señor. También sacrificó a sus propios hijos en el fuego; practicó la hechicería, la adivinación y la brujería. Llenó a Jerusalén de sangre inocente e hizo que Judá hiciera más maldad que todas las demás naciones. Por esa razón, Dios decretó destruir Jerusalén a través de los caldeos.

A causa de su maldad, los asirios hicieron prisionero a Manasés y lo llevaron a Babilonia. Una vez allí, oró al Señor, grandemente humillado. El Señor oyó su oración y restituyó su reino. Entonces Manasés finalmente se dio cuenta de que el Señor es el único Dios. El Señor quiere que lleguemos a Él con arrepentimiento, reconociendo nuestro pecado. Él ya murió en la cruz por esos pecados. Ya se ha hecho justicia. Sólo tenemos que venir a Él con humildad y confesando nuestra maldad, así sea del tamaño de la de Manasés.

Si crees que tu pecado es grande y que el Señor no va a perdonarte, recuerda a Manasés. ¡Confiesa tu pecado y alcanzarás misericordia!

Gracias, Señor, por perdonar mis pecados.

YF

29 DE DICIEMBRE

Pues la sabiduría entrará en tu corazón,
y el conocimiento te llenará de alegría.

Proverbios 2:10, NTV

En la famosa película del *Rey León,* Simba, triste porque se culpa por la muerte de su padre, se topa con Rafiki, quien le dice que su padre vive y que se lo mostrará. Rafiki lo lleva a un río y le pide mirar abajo. Simba se desilusiona. Solo se trata de su reflexión. Pero Rafiki le dice: "Mira más a fondo… él vive en ti". Después sigue una canción que repite: "*Él vive en ti, él vive en mí, está observando, lo que ves ahí… está en tu reflejo… ten fe*". Tristemente, esta canción no es del todo verdad.

Si bien somos la imagen de nuestros padres, ellos no viven en nosotros. Nuestros ancestros no observan todo lo que hacemos, ni cambian nuestro destino. Las ideas del Rey León provienen del panteísmo que concibe al universo y la naturaleza como el concepto teológico de lo que muchas religiones consideran como "dios". Sin embargo, el panteísmo, que dice que todo es un dios, no resuelve los problemas más profundos del hombre.

En nuestro proverbio de hoy se nos dice que la sabiduría entra al corazón para alegrarnos y alumbrarnos. Pero en el Nuevo Testamento se nos confirma que Jesús es la sabiduría de Dios. Lee sus palabras: "Todos los que me aman harán lo que yo diga. Mi Padre los amará, y vendremos para vivir con cada uno de ellos" (Juan 14:23, NTV). *El Rey León,* en cierto modo, tenía razón en una cosa: alguien puede vivir en nosotros y podemos ser reflejo de su persona. Ese alguien es Dios mismo.

El corazón está vacío mientras no sea llenado por Dios. Muchas veces tratamos de encontrar un huésped: el dinero, la fama, el amor a seres humanos que nos fallan. Pero solo Cristo puede llenarnos de alegría.

"Ven a mi corazón, oh, Cristo, pues en él hay lugar para ti".

KO

30 DE DICIEMBRE

Las lagartijas son fáciles de atrapar
pero se encuentran hasta en los palacios reales.

Proverbios 30:28, NTV

En los palacios y en las residencias u oficinas presidenciales no entra cualquiera. Existe una lista de protocolos por cumplir. Generalmente se necesita una invitación especial, y probablemente se requiere que la persona haya alcanzado algún logro de importancia. Pero hoy veremos a un pequeño ser que no espera ser invitado.

Me da pavor cuando encuentro un ratón o una rata en la casa, y si veo algo escurridizo con cola quiero asustarme hasta que veo que es una lagartija. Si aparece uno de estos animalitos, no lo matamos; lo agarramos y lo sacamos a su ambiente natural. De hecho, es benéfico y se come los insectos del jardín.

Este versículo es parte de varios que muestran cómo lo pequeño puede mostrar la sabiduría. De la misma manera, Dios puede usar a personas sencillas, "sin título". Me acuerdo de la pequeña criada judía que aconsejó que su amo, el comandante Naamán, fuera a consultar al "profeta de Samaria" para que sanara su lepra (2 Reyes 5). Él le hizo caso ¡y fue sanado! Dios la usó grandemente, pues Naamán llegó también a creer en el único Dios todopoderoso.

Tú y yo, sin duda, sentimos que carecemos de privilegios e importancia social. Tal vez tengamos estudios superiores, tal vez no. Lo más seguro es que nuestras familias no sean de la realeza. Pero el Señor nos puede usar en donde no imaginamos. De hecho, influimos en nuestros hijos, amigos, jóvenes o alumnos que podrían tener impacto en la nación o más allá. Sobre todo, ¡podemos acercar a otros al Rey eterno!

Mi Dios, por muy insignificante que yo me sienta, ¡confío en que Tú me puedes usar!

MH

31 DE DICIEMBRE

Fuerza y dignidad son su vestidura,
y sonríe al futuro.

Proverbios 31:25, NBLA

¿Has visto la trilogía *Volver al futuro*? El "Doc" Emmet Brown y Marty McFly se transportan al pasado o al futuro tratando de "arreglar" las cosas. Lo hacen a bordo de un automóvil DeLorean, equipado con un "condensador de fusión" que les permite viajar en el tiempo. Desde su primer viaje se dan cuenta de que su intervención altera el destino de las personas.

En cierto sentido, la lógica de la película es correcta. Lo que vivimos hoy es resultado de nuestras decisiones de ayer, y lo que queremos ser mañana depende de lo que hagamos hoy. Hay cosas en las que podemos influir, pero otras solo están en manos de Dios.

El libro del profeta Daniel dice: "Él muda los tiempos y las edades; quita reyes, y pone reyes; da la sabiduría a los sabios, y la ciencia a los entendidos" (Daniel 2:21, RVR1960). Dios está en control. La mujer de Proverbios 31 lo sabía. No tenía temor del porvenir y sonreía al futuro. El gozo del Señor era su fortaleza, así que se enfocaba en su presente y actuaba con sabiduría. Sabía que Él tiene cuidado de sus hijos y quiere lo mejor para ellos.

¿Te has sentido afligida por el futuro alguna vez? Es natural sentir temor a la enfermedad, la soledad, las carencias y la muerte. Podemos enfocarnos en tomar las mejores decisiones en el presente y hallar fuerza en el Señor. Billy Graham dijo: "He leído la última página de la Biblia. Todo saldrá bien". Hoy es el último día del año. Sonríe al futuro recordando la promesa en Isaías 41:10: "No temas porque yo estoy contigo" (RVR1960).

Gracias, Dios, porque estuviste conmigo este año. Así como me has ayudado en el pasado, sé que lo harás en el futuro.

MG

Sobre las autoras

Keila Ochoa Harris (ko) es una escritora y profesora mexicana con más de veinte títulos publicados por diferentes editoriales. Disfruta viajar y conocer nuevos lugares con su esposo y sus dos hijos pequeños. También le gusta leer y ver buenas series de televisión.

"¡Qué maravilla estudiar los proverbios y recordar que Dios tiene muchos tesoros en ellos!".

Margie Hord de Méndez (mh) nació en Honduras de padres canadienses y, años después, se nacionalizó mexicana. Es lingüista, traductora y profesora. Le encanta promover misiones y orar por los misioneros. Tiene dos hijos y siete nietos. Procura caminar mucho y le gusta tomar cursos de diferentes temas.

"Aunque los Proverbios son un gran reto por los temas que se repiten, pude analizarlos con más profundidad".

Mayra Gris (mg) es cofundadora de Insight Gospel Community, canal de ministerios digitales, en el que conduce el segmento para mujeres llamado *Un café con May*. Odontóloga y consejera familiar, está casada con Guillermo Luna desde hace casi treinta años. Tienen dos hijas: Danna y Alisson.

"Escribir sobre Proverbios ha grabado en mi corazón la confianza en las promesas de Dios y se reafirma mi convicción de que vivir en integridad y obediencia siempre tiene su recompensa".

Yuri Flores (yf) trabaja como maestra de redacción y de inglés en Puebla, México. Es la tercera de siete hermanos, quienes le han brindado apoyo en todas las áreas. Sirve como líder de mujeres en la Iglesia Cristiana Ebenezer. Viajar es su pasión, y cuando no se puede, hace visitas virtuales a lugares maravillosos.

"Aprendí tanto de cada porción del libro de Proverbios, que ¡hice mi devocional al escribir cada devocional!".

Índice de temas